キャリアアップを
目指す人のための

経済産業省 経理・財務人材育成事業

FASS

Finance & Accouting Skill Standard

「経理・財務」実務マニュアル

実務マニュアル

上 新版三訂版

石田 正〔監修〕　青山 隆治・馬場 一徳・奥秋 慎祐〔著〕

税務経理協会

序文

　2012 年，初版が店頭にならんでから今年で 11 年が経過しました。この間，改訂をかさね 2018 年には新版として大幅に改訂を加え 5 年が経過しています。今回，出版をお願いしている税務経理協会様の勧めもあり，新版三訂版を出すこととなりました。これもひとえに本書を手元に置いてご利用いただいている読者諸氏のおかげです。改めて厚く御礼申し上げます。2022 年 1 月に新版改訂版 1 刷を発刊してから，まだ 2 年しか経っていませんが，この間にも色々なことが起こっています。

　まず新型コロナのパンデミックです。2020 年初頭，中国武漢を起点に世界中に拡がりましたが 2023 年に入り，何とか収束しつつあります。現在はインフルエンザ並み（第 5 類）になっています。この 3 年間で累計感染者は世界で 6 億 7657 万人（日本 3380 万人），死者は 688 万人（7.5 万人）に達しています。このパンデミックがビジネスの世界に与えた大きな影響の一つは自宅から参加するリモート会議が当たり前になったことです。コロナ前まで日本のビジネスパーソンは何があろうとも出社するというのが常識でしたが，そうではなくなったのです。コロナの前と後では経済のみならず，我々の生活そのものが大きく変わろうとしています。新型コロナが収束しても，もはやコロナ前の状態には戻らないことを覚悟しておかねばなりません。リモート会議は自宅と会社を往復する時間がセーブできるメリットもありますが，会議そのものが画面をとおして行われるため，どうしても無機質になり出席者の微妙な心の変化を捉えることはできません。収束後はおそらくリアルとリモートを組み合わせたハイブリッド型になるでしょう。個々人としては会社と自宅をどのように使い分けていくかがポイントだと思います。

　個人的な意見ですがこれを機会に今，話題になっている日本企業の生産性の低さの改善に結び付けてはいかがでしょうか？　即ち，一定時間自宅での勤務が定着すれば，①本社間接部門のスペースに空きができ，その分家賃を削減で

きます。②また，フリーアドレスの採用により一人当たりの利用効率化が図れます。③そして事務処理のペーパーレス化です。一人々々に PC とスマホを用意する必要はありますが，コピー機の数を減らし，コストのかかる紙代が劇的に下がります。④また，思い切って役員の個室を廃止し，平場に降りてもらってはいかがでしょう？　上下のコミュニケーションが劇的によくなることうけあいです。一度，費用対効果の計算をお勧めします。特に家賃の高い東京に本社機能を持っている企業の場合，一考の余地があります。

　次に，世界を驚かせたのが 2022 年 2 月に起こった，ロシアによるウクライナへの侵攻です。2014 年のクリミア半島への侵攻とは違い，今回は西側諸国の対応が早く，当初プーチン大統領が考えていた数週間では終わらず，1 年半が経過した今でも戦いは続いており，いつ収束するかわかりません。誰かが「戦争というのは行き着くとこまで行かないと終わらない」と言っていましたがまさにその通りです。ウクライナ紛争は世界中に大きな影響を与えています。世界有数の小麦生産国であるウクライナの小麦生産が半分まで減少し，これをきっかけに世界中の小麦の価格が大幅に上がってしまいました。ロシアがヨーロッパにパイプラインを通して輸出していた天然ガスの供給も止まりました。天然ガスの全量をロシアに頼っていたドイツは大変に困り，最後までロシアへの制裁強化に消極的でした。ウクライナから 8 千キロも離れている日本にも大きな影響を与え，生活の根幹である食料と燃料はロシアの侵攻前と比較し大幅に上がっています。現在，世界中がサプライチェーンのネットワークで結ばれており，どこかでヒト，モノ，カネ，のパイプラインの流れが詰まってしまうと，問題は紛争当事国に留まらず世界中に影響を与えてしまうということの証明です。

　米国をはじめヨーロッパ主要国の物価も高騰し，各国の中央銀行は過熱した景気を冷やすため金利を順次上げています。米国の FRB は 2022 年 3 月から利上げを開始し，現在，政策金利は 5.25％です。一方，日本（日銀）は 2022 年 12 月，それまで 0.25％程度に抑えてきた長期金利の上限を 0.5％に引き上げましたが主要国の中では唯一日本のみが金融緩和政策を継続しています。ドル

と円の金利差が拡大した結果，為替は円安に振れ，現在145円近辺を上下しています。インフレ圧力が強まる中，いずれ日本も利上げせざるを得ないでしょう。

このように全世界で物価が底上げされるという大きな環境変化のなかで，本書のテーマにどのような影響を与えるのか，正直わかりませんがはっきりしているのはもとには戻らないということです。日本が資本主義社会のなかで企業が維持されていく限り，企業活動の根幹である財務会計，税務会計の基本は変わりません。財務会計と税務会計，それはコインの裏表といってよく，切り離して考えることはできません。われわれは，日々膨大な量の取引に囲まれて仕事をしています。すべての取引を簿記のルールに従って仕訳に落とし込み，整理をして試算表に集計し，決算書を作成します。そして決算書をベースに税務申告書を作成していくことになります。前回の繰り返しになりますが，定期的に業務の棚卸をし，環境の変化に合わせ，不必要と思われる業務は思い切って削り，時間を捻出し，業務の付加価値を高めるのに使ってください。

今回，新版三訂版を発刊するにあたり，財務会計，税務会計及び管理会計の各分野で事業環境の変化やルール改正にあわせ，情報をアップデートしました。新版三訂版では財務会計の分野として，2026年度から基準改定が予定されているリース会計を取り上げました。この改定で国際財務報告基準（IFRS）と日本基準の主要な差異は解消されます。これにより日本と欧米の会計基準の違いはのれんの償却を除き，ほぼなくなり比較可能性が高まるといえます。現在は公開草案の段階（2023年8月執筆時点）ですが長年の懸案事項であったため，今回取り上げることとしました（詳細は本編第4章，「固定資産管理」を参照）。

尚，今回の改訂と直接関係ありませんが，2021年に岸田内閣が誕生してから「新しい資本主義」という考え方の導入が話題になっています。「新しい資本主義」とはかつて小泉内閣が採用した「新自由主義」と呼ばれた政策に対応するものです。「新自由主義」が過度に実行された結果，所得の配分にばらつきが発生しています。特に中間所得層が影響を受けている中で新型コロナのパ

ンデミック，ウクライナ紛争が発生し，物価高・円安などのさらなる経済的困難が加速されるリスクが増加しているという意見があります。これらの課題を乗り切るための解決策として中間所得層をターゲットにした「所得の再分配政策」を提唱しているのではないかと考えられます。即ち「構造的な賃上げ」を政策の中心に据え，成長と分配の好循環を持続的に実現しようというものです。一般論としては理解できても具体的な政策に落とし込まれていないので，その可否についてコメントできませんが，問題提起としては個人的に興味があります。今後も注意深く見ていきたいと思います。

そして税務会計では2023年10月から新しくインボイス制度が導入されました。現行の請求書に登録番号や税率・税額を追加した「適格請求書（インボイス）」を導入する制度です。これにより曖昧だった項目別の消費税率が明確になり，国税庁にとっては消費税の正確な把握がし易くなります（詳細は本編第15章「消費税申告・インボイス制度」を参照）。

繰り返しになりますが，本書は一見，日々の細かい業務の処理について言及されているように思われますが，それだけではありません。「神は細部に宿る」という言葉があります。日々の作業を通して出会う取引（仕訳）の中には必ず経理・財務及び税務の本質的なテーマが入っています。それらの中で常識的に考えて「これは何かおかしい」と感じたらおかしいのです。この感性を磨き，仕事に生かしてください。

われわれ執筆者としてはこれまでと同様，読者諸氏の手許においていただき，問題点の掘り起こしや，解決のヒントをつかむなど，業務の交通整理に使っていただければ望外の喜びです。

2024年2月

監修者　石田　正

新版三訂版の発行にあたって

　近年，ビジネスの海外・他業種展開が進み，経理・財務部門の役割もかつてないほど広がり，その重要性も高まっています。そして経理・財務部門で働く方たちも「会計・財務の専門家」というよりは，事業部門に密着した「ビジネス・パートナー」であり，経営トップによる暴走の「防波堤」としての役割も求められています。

　「経理・財務」という用語は，かつてこの書籍の監修者であった故金児昭先生が考え出した造語です。金児先生は信越化学工業株式会社の CFO としての職務や公職など多忙な中，経理・財務教育に情熱を傾けられ，100 冊を超える書籍を出版された「スーパー CFO」でした。金児先生の「経理・財務」という用語には，いわゆる会計の世界よりずっと広い「経済・経営・理財・ファイナンス」という考え方が含まれています。金児先生は，「『経理・財務』は企業の中のあらゆる部門・人間を知り，常に企業全体のことを念頭に置き，数値・係数管理を通じて企業の成長性・安全性を確保し，事業部門の経営執行に参画・バックアップをモットーにする。一方で，『にくまれ役』を買って出ることで経営トップが変な方向に走らないようにする『ワクチン』のような役割を果たさなければならない。」と常々唱えておられました。

　さて，経理・財務部門で働く方は，簿記・会計基準・コーポレートファイナンス・法人税法などの「理論」を勉強しつつ，実際の業務を通じて「実務」をマスターし，仕事を覚えていくことが多いと思います。「理論」については世の中に多くの書籍が出回っていますが，「実務」は各社各様で言わば「秘伝のタレ」のようなもので，経理・財務部門の外の方には窺い知ることのない世界でした。

　ところが，2005 年に経済産業省主導で，我が国の優良企業の経理・財務実務担当者が参画し，経理・財務の実務について，汎用的な業務手順（プロセス）をフローチャート等で「見える化」し，各業務に求められるスキルを機能別・

網羅的に整理した「経理・財務サービス・スキルスタンダード（FASS：Finance & Accounting (Service) Skill Standard)」というものが策定されました。さらに日本 CFO 協会がこの FASS に沿って検定試験（FASS 検定）を実施しており，2023 年 9 月末日現在で累計約 8 万人の方々が受験されています。これによって，汎用的な「実務」を経理・財務部門の外の方も学習することができるようになったのです。

　本書は，FASS の章立てに沿って，誰もが，汎用的な経理・財務の理論と実務双方を学習できるように工夫したテキストブックです。さらに，FASS 検定試験を受験する方にとってもその対策になるよう心がけました。

　「経理・財務」をマスターするには，「鳥の目」・「虫の目」・「魚の目」の 3 つの目を持つ必要があります。鳥は高いところから獲物を狙う目を持っています。つまり，大所高所から全体を俯瞰するマクロの目が鳥の目です。一方，虫の目とは，地面に近いところで，即ち現場で足元を見つめる目です。つまり，現場で細かいところまで対応できるミクロの目です。最後に，魚は潮の流れを読む目をもっています。つまり，世の中の流れや時代のトレンドをみる目です。

　本書を読むにあたっては，序章でまず「鳥の目」を，1 章以下各章で，「虫の目」を身につけていただきたいと願っています。「魚の目」については，各章のコラムで，最近のトピックスなどを載せていますが，結局は，読者の皆さんが常に世の中の動きにアンテナを立て，継続的にウォッチしていくことが大切だと思います。本書を通じて皆さんが「経理・財務」を 3 つの目で見ることができるようになり，よい仕事につながっていければ，執筆者としてこの上ない喜びです。

　なお，新版三訂版では，2021 年の 9 月から 2023 年 8 月までの会計基準，税制改正その他関連する法律等の改廃を反映し，所要の見直しを行いました。

　さらに，FASS 検定の試験範囲の見直しに合わせて，消費税インボイス制度・電子帳簿保存法等の対応を行いました。

　末筆になりますが，初版から監修いただいた，一般社団法人日本 CFO 協会

元最高顧問の故金児昭先生，同協会主任研究委員の石田正先生に感謝申し上げると同時に，本書の執筆を勧めていただいたジャスネット・コミュニケーションズ株式会社の皆様，そして，本書をFASS検定の推薦図書に取り上げていただいた，日本CFO協会の谷口宏専務理事をはじめとする多くの皆様に厚く御礼を申し上げます。また，初版発行以来，本書の出版に大きなサポートをしていただきました税務経理協会の大坪克行代表取締役社長及び大川晋一郎さんはじめ編集担当の皆様にこの場を借りて改めて御礼申し上げます。

2024年2月

執筆者一同

目　次

11. ディスクロージャー（外部開示） 233

14. 税効果会計業務 ································· 304

15. 消費税申告・インボイス制度

下巻の内容

16. 法人税等申告・電子帳簿保存法

17. グループ通算制度

18. 税務調査対応

19. 現金出納管理

20. 手形・小切手管理

21. 有価証券管理

22. 債務保証管理

23. 貸付金管理

24. 借入金管理

25. 社債管理

26. デリバティブ取引管理

27. 外貨建取引管理

28. 資金管理

29. 内部統制

本書の使用方法

　本書は，経理・財務部門で実際に業務を遂行しているスタッフの方のための経理・財務業務テキストブックです。日常業務には慣れてきたが，もう少し深く業務を理解したいという方を対象に執筆しました。

　本書で掲載されている項目については，経済産業省が2004年に編纂[注1]した「経理・財務サービス　スキルスタンダード」（以下「スキルスタンダード」と言います）のうち主に「非定型業務」以外の項目を取り上げています。従って，日常発生する経理・財務業務に関しては概ね網羅されているものと考えていただいてかまいません。スキルスタンダードと本書がカバーした項目の比較は次表のとおりです。

　「スキルスタンダード」は経済産業省のホームページで公開されています[注2]が，実務経験が浅い方にとってはこれを読むだけでは理解が進まないのが実状です。

　そこで，本書では，「スキルスタンダード」をより深く理解できるよう，主に次の4つの視点からの切り口で解説することとしました。

1. 業務の流れ

　各経理・財務業務の流れを，主に「スキルスタンダード」の業務プロセス・業務フローに沿って解説をしています。特に実務上重要な業務フローについては，「スキルスタンダード」で公開されているフロー図も追記しました。

2. 会計上のポイント

　実務遂行にあたって重要な会計上の論点を取り上げて解説をしています。なお，会計基準等については，2023年8月末日時点で有効となっている会計基準等に基づいています。

3. 税務上のポイント

　実務遂行にあたって重要な税務上の論点を取り上げて解説をしています。なお，2023 年 8 月末日時点での法律等に基づいています。

4. 内部統制上のポイント

　業務フローの適正性や資産・負債等の評価は適切な内部統制システムに裏打ちされていなければなりません。内部統制の実務上重要となる論点について，解説をしています。

　本書は項目順に読んでいくことで知識の習得ができますが，さらに，上記の 4 つのポイント別に横断的に読んでいくことでも理解が深められるように工夫してあります。

　一方で，本書は FASS 検定（経理・財務スキル検定）B クラス以上の取得を希望されている方のニーズに合致するようにも執筆しました。

　FASS 検定 B クラスは，下表にもあるとおり，「経理・財務分野のほとんどの業務を理解し，業務を遂行できるスキルをもっている」と評価されるレベルです。本書を通じて，FASS 検定範囲の項目につき，知識習得が可能です。

【FASS 検定のスコアと評価】

レベル	スコア	評　価
A	689 点〜	・経理・財務分野について，業務全体を正確に理解し，自信をもって経理・財務部門の業務を遂行できるスキルをもっている。
B	641〜688 点	・経理・財務分野のほとんどの業務を理解し，業務を遂行できるスキルをもっている。分野によって，知識の正確さに個人差があるものの，業務を妨げるようなことはなく，適切に対応できるスキルをもっている。
C	561〜640 点	・経理・財務分野について，日常の業務を行うための基本的なスキルが身についている。 ・自己の経験以外の業務への対応力について，差が見られる。 ・日常の業務であれば，業務を理解して，支障なく対応できるスキルをもっている。

| D | 441 〜 560点 | ・分野によって，知識の正確性に差があり，不十分な部分も多いが，支援を受けながら，最低限の業務を行うスキルをもっている。 |
| E | 〜440点 | ・経理・財務分野について，部分的にしか理解できない。業務には，役立たない。 |

　ただし，FASS検定を受験される方は，他に検定対策として問題演習等を行う必要があります。本書は，検定対策用の受験参考書ではありませんので，例えば，日本CFO協会が企画した『経理・財務スキル検定公式学習ガイド』（株式会社CFO本部発行）又は『キャリアアップを目指す人のための「経理・財務」実務マニュアルワークブック』（税務経理協会）（以下，「ワークブック」と言います）を併用されることをお薦めします。また，FASS検定の範囲外の項目は学習しなくてもよいかというと必ずしもそういう訳ではありません。例えば，「2. 買掛債務管理」，「3. 在庫管理」，「6. 原価管理」は業務としては非常に密接に関連していますので，「6. 原価管理」は検定の対象外ではありますが，本項も一読されることをお薦めします。

　本書は経理・財務業務の全般を扱っているため，各項目の深度はそれほど深いものではありませんが，上巻・下巻全てをお読みいただいた後には頭の中に鳥瞰図ができあがっていることでしょう。この鳥瞰図を持って改めて皆様の業務をふり返ってみると自分が担当する業務の位置付けや関連業務の意義など新たな発見があることを願ってやみません。

（注1）その後2007年に「スキルスタンダード」は内部統制関連業務について，内容が拡充されています。

（注2）経理・財務サービス　スキルスタンダードの公開

　　　下記経済産業省のホームページから，各経理・財務業務を可視化した資料類が入手できます。業務の構築・見直し等に活用できますので，是非ご覧ください。

　　☞ https://www.meti.go.jp/policy/servicepolicy/contents/management_support/files/keiri-zaimu.html

▶ 鳥瞰図：経理・財務業務の全体像を整理。

▶ 業務マップ：各業務・機能・プロセスを一覧表に整理。

▶ プロセスマップ：各業務・機能・プロセスをフローチャートに整理（業務マップに対応）。

▶ スキルディクショナリ（知識）：各業務・機能の遂行に必要な知識を整理（業務マップに対応）

▶ スキルサマリ（知識）：知識ごとのレベルを定義。

▶ スキルディクショナリ（行動）：業務横断的に必要な「行動」を定義。

▶ スキルサマリ（行動）：行動ごとのレベルを定義。

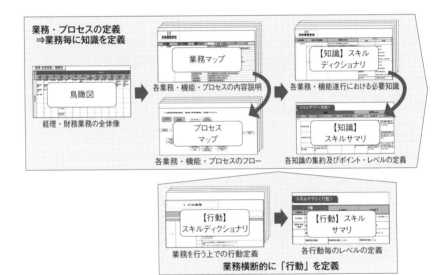

（出所）経済産業省サービス政策課『「経理・財務サービス　スキルスタンダード」の作成について－ダイジェスト版－』3頁より。

【本書の範囲】

	項　目	分　野	「スキルスタンダード」の範囲	FASS検定の試験範囲	「ワークブック」の範囲	本書の範囲
1	売掛債権管理	経理業務	○	○	○	○
2	買掛債務管理		○	○	○	○
3	在庫管理		○	○	○	○
4	固定資産管理		○	○	○	○
5	ソフトウェア・クラウドサービス管理		○	○	○	○
6	原価管理		○	×	○	○
7	経費管理		○	×	○	○
8	月次業績管理		○	○	○	○
9	単体決算業務		○	○	○	○
10	連結決算業務		○	○	○	○
11	ディスクロージャー（外部開示）		○	○	○	○
12	中長期計画管理		○	×	○	○
13	年次予算管理		○	×	○	○
14	税効果会計業務	税務業務	○	○	○	○
15	消費税申告・インボイス制度		○	○	（注1）	○
16	法人税等申告・電子帳簿保存法		○	○	（注1）	○
17	グループ通算制度		○	○	○	○
18	税務調査対応		○	○	○	○
19	現金出納管理	財務業務	○	○	○	○
20	手形・小切手管理		○	○	○	○
21	有価証券管理		○	○	○	○
22	債務保証管理		○	○	○	○
23	貸付金管理		○	○	○	○
24	借入金管理		○	○	○	○
25	社債管理		○	○	○	○
26	デリバティブ取引管理		○	○	○	○
27	外貨建取引管理		○	○	○	○
28	資金管理		○	○	○	○
29	資産流動化業務	非定型業務	○	×	×	×
30	企業買収		○	×	×	×
31	会社分割		○	×	×	×
32	解散・清算		○	×	×	×
33	株式公開		○	×	×	×
34	株式発行増資		○	×	×	×
35	資本政策		○	×	×	×
36	ストック・オプション		○	×	×	×
37	内部統制	内部統制	○	（注2）	（注3）	○

（注1）ワークブック（初版）においては、インボイス制度・電子帳簿保存法は未対応。

（注2）FASS検定においては、内部統制については、業務処理統制がオプション問題として提供されている。

（注3）ワークブック（初版）においては、内部統制については上記の各業務分野の中において出題している場合がある。

法令等の略称

【あ】

IFRS	国際財務報告基準

【か】

外貨建取引等会計処理基準	外貨建取引等会計処理基準（企業会計審議会）
外貨建取引等実務指針	外貨建取引等の会計処理に関する実務指針（企業制度委員会報告第4号）
開示府令	企業内容等の開示に関する内閣府令
外為法	外国為替及び外国貿易法
過年度遡及会計基準	会計上の変更及び誤謬の訂正に関する会計基準（企業会計基準第24号）
金商法	金融商品取引法
金融商品会計基準	金融商品に関する会計基準（企業会計基準第10号）
金融商品会計基準実務指針	金融商品会計に関する実務指針（会計制度委員会報告第14号）
金融商品会計Q＆A	金融商品会計に関するQ＆A（会計制度委員会）
研究開発費等会計基準	研究開発費等に係る会計基準（企業会計審議会）
研究開発費等会計基準実務指針	研究開発費及びソフトウェアの会計処理に関する実務指針（会計制度委員会報告第12号）
減損会計基準	固定資産の減損に係る会計基準（企業会計審議会）

減損会計基準適用指針 　　　固定資産の減損に係る会計基準の適用
　　　　　　　　　　　　　　　　指針（企業会計基準適用指針第6号）

【さ】

財務諸表等規則 　　　　　　　　財務諸表の用語，様式及び作成方法に
　　　　　　　　　　　　　　　　関する規則（内閣府令）

財務諸表等規則ガイドライン 　　「財務諸表の用語，様式及び作成方法に
　　　　　　　　　　　　　　　　関する規則」の取扱いに関する留意事
　　　　　　　　　　　　　　　　項について（金融庁総務企画局）

時価算定会計基準 　　　　　　　時価の算定に関する会計基準（企業会計
　　　　　　　　　　　　　　　　基準第30号）

時価算定会計基準適用指針 　　　時価の算定に関する会計基準の適用指
　　　　　　　　　　　　　　　　針（企業会計基準適用指針第31号）

自己株式等会計基準 　　　　　　自己株式及び準備金の額の減少等に関
　　　　　　　　　　　　　　　　する会計基準（企業会計基準第1号）

資産除去債務会計基準 　　　　　資産除去債務に関する会計基準（企業会
　　　　　　　　　　　　　　　　計基準第18号）

資産除去債務会計基準適用指針 　資産除去債務に関する会計基準の適用
　　　　　　　　　　　　　　　　指針（企業会計基準適用指針第21号）

下請法 　　　　　　　　　　　　下請代金支払遅延等防止法

四半期財務諸表会計基準 　　　　四半期財務諸表に関する会計基準（企業
　　　　　　　　　　　　　　　　会計基準第12号）

四半期財務諸表等規則 　　　　　四半期財務諸表の用語，様式及び作成
　　　　　　　　　　　　　　　　方法に関する規則（内閣府令）

四半期財務諸表等規則ガイドライン 　「四半期財務諸表の用語，様式及び作成
　　　　　　　　　　　　　　　　方法に関する規則」の取扱いに関する
　　　　　　　　　　　　　　　　留意事項について（金融庁総務企画局）

四半期連結財務諸表規則	四半期連結財務諸表の用語，様式及び作成方法に関する規則（内閣府令）
四半期連結財務諸表規則ガイドライン	「四半期連結財務諸表の用語，様式及び作成方法に関する規則」の取扱いに関する留意事項について（金融庁総務企画局）
収益認識会計基準	収益認識に関する会計基準（企業会計基準第29号）
収益認識会計基準適用指針	収益認識に関する会計基準の適用指針（企業会計基準適用指針第30号）
租特法	租税特別措置法

【た】

棚卸資産評価会計基準	棚卸資産の評価に関する会計基準（企業会計基準第9号）
中間財務諸表等規則	中間財務諸表の用語，様式及び作成方法に関する規則（内閣府令）
中間財務諸表等規則ガイドライン	「中間財務諸表の用語，様式及び作成方法に関する規則」の取扱いに関する留意事項について（金融庁総務企画局）
中間連結財務諸表規則	中間連結財務諸表の用語，様式及び作成方法に関する規則（内閣府令）
中間連結財務諸表規則ガイドライン	「中間連結財務諸表の用語，様式及び作成方法に関する規則」の取扱いに関する留意事項について（金融庁総務企画局）
中小企業会計指針	中小企業の会計に関する指針（日本公認会計士協会・日本税理士会連合会・日本商工会議所・企業会計基準委員会）

中小会計要領 　　　　　　　　　中小企業の会計に関する基本要領（中小
　　　　　　　　　　　　　　　　企業の会計に関する検討会）

【は】

包括利益会計基準 　　　　　　　包括利益の表示に関する会計基準（企業
　　　　　　　　　　　　　　　　会計基準第 25 号）

法基通 　　　　　　　　　　　　法人税基本通達

【ら】

リース会計基準 　　　　　　　　リース取引に関する会計基準（企業会計
　　　　　　　　　　　　　　　　基準第 13 号）

リース会計基準適用指針 　　　　リース取引に関する会計基準の適用指
　　　　　　　　　　　　　　　　針（企業会計基準適用指針第 16 号）

連結財務諸表規則 　　　　　　　連結財務諸表の用語，様式及び作成方
　　　　　　　　　　　　　　　　法に関する規則（内閣府令）

連結財務諸表規則ガイドライン 　「連結財務諸表の用語，様式及び作成方
　　　　　　　　　　　　　　　　法に関する規則」の取扱いに関する留
　　　　　　　　　　　　　　　　意事項について（金融庁総務企画局）

序. 経理・財務業務入門

◆ 経理・財務部門の組織と役割

1. 組　織

　経理・財務業務は「経営理財の業務」とも言われるとおり，企業経営をお金・計数の面で支える業務であり，組織として「経理部」「財務部」「主計部」等呼び名は様々ですが，概ね次の業務に大別されます。

(1) 財務会計（制度会計）

　財務会計とは，マネジメントは勿論のこと，株主・投資家，金融機関，債権者等多くの外部の利害関係者（ステークホルダー）に対し，企業活動に関する財務情報を提供し，その利害を調整することを目的とした会計業務を遂行することです。報告基準は会社法，金商法等の法律によって定められており，主に実績値に基づく情報を扱っていることから**「制度会計」**とも呼ばれます。

(2) 管理会計（経営会計）

　管理会計とは，企業もしくはグループ内部のマネジメントのために経営判断

【財務会計と管理会計の比較】

	財務会計（制度会計）	管理会計（経営会計）
1 目的	重点は株主・投資家への報告	会社利益・キャッシュ向上のため
2 必要性	法律に則って作成	会社の必要から作成
3 表し方	全社を表す	事業ごと個別に表す
4 原価の扱い	決められた原価計算	原価低減のために
5 重要なポイント	迅速・正確であること	重点主義で迅速さが重要
6 目の向け方	実績・過去計算	計画・将来計算
7 原価計算の方法	実際原価計算	収益・原価計算
8 売上	売上高は1つ	製品別・地域別・得意先別の売上
9 配当の捉え方	配当の合法性	配当ができる会社にする
10 提供情報	会社全体の決算書	事業を成功させるための諸資料

（出所）金児昭著『ビジネスゼミナール　会社「経理・財務」入門［第2版］』
　　　　（日本経済新聞社）

に必要な財務情報を提供することを目的とした会計業務を遂行することです。主に中長期の事業計画・年次予算等将来の情報を扱います。経営のための会計という意味で「経営会計」と呼ぶこともあります。最近は外資系企業に倣って「FP＆A (Financial Planning & Analysis)」と呼ぶことが増えています。

⑶ 税務会計

　法人税を始めとする各種税務申告の作成・提出や税務調査の対応を行います。昨今，グループ通算制度やグループ法人税制，日本企業の海外進出の増加に伴い税務問題は複雑化しています。定型的税務業務だけでなく連結ベースで実効税率を如何にして最小化するか，海外子会社を含む税務問題の管理等リスクマネジメントの観点からもグローバルなタックスプランニングの必要性がより重要になっています。また最近は税務訴訟になるようなケースも多発しており，日頃から理論武装しておくことも重要です。

⑷ 財務活動

　以上述べた３つの会計業務に加えて，経理・財務業務にはこれらの会計業務とは多少役割が違いますが，企業の財務に関連した「**財務活動（トレジャリー業務)**」があります。財務活動とは主として借入や増資や社債の発行などといった資金調達(貸借対照表の右側)と手元流動性の管理や有価証券の管理などといった資金運用（貸借対照表の左側）から構成され，企業における実際の資金取引を取り扱うことです。財務活動はキャッシュ・フローと密接につながっています。財務活動を広義に捉えれば連結グループ全体のキャッシュマネジメント，M＆A，為替管理もその範疇に含まれ，狭義に捉えれば現預金の出納管理，日々の資金の過不足をきたさないようにする資金繰りも含まれます。

2.「経理・財務」業務の関連性

　一口に「経理・財務」といっても業務は多様ですが，相互に関連しているところがあります。これを各業務の関連性に応じて並べ直したものが下記の図に

なります。

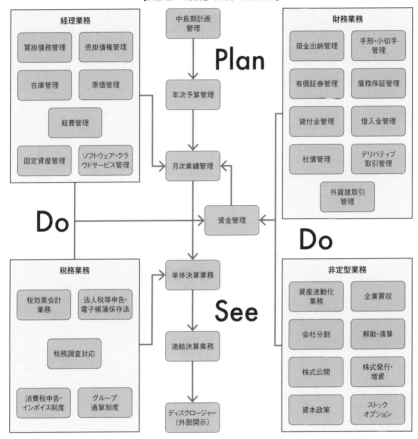

【「経理・財務」業務の関連性】

企業は自ら掲げる業務目標（ミッション）を経営活動の中心にすえ，具体的な業務を「Plan（計画）→ Do（実行）→ See（記録集計・分析・評価）」というサイクルの中で経営を行っています。

これを経理・財務業務の視点で見ていきますと，

● Plan：中長期計画管理・年次予算管理

● Do ：日々経常的に行われる経理業務・財務業務・税務業務・非定型業務

● See：月次業績管理・単体決算業務・連結決算業務・ディスクロージャー（外

部開示）という括りで整理することができます。

とりわけ大企業の経理・財務スタッフは，担当業務が細分化されており，全体を把握しづらくなっていますが，自分の担当する業務が上記のどこに位置付けられているのかを把握していると，自らの業務上の位置付けも明らかになってきます。

3. 経理・財務部門の役割

経理・財務部門の役割として，大きく次の３つの役割があると考えられます。

(1) 財務情報の収集・加工・発信

言うまでもなく，経理・財務部門には様々な財務情報が集まってきます。経理・財務部門はこれらの情報を整理・加工して会計・財務データの作成を行うとともに，経営判断に必要な情報に変換し，経営トップの意思決定に資する役割を担っていることを強く意識しておく必要があります。

(2) バックオフィス機能

経理・財務部門はバックオフィスの一つに位置付けられ，製造部門，営業部門，資材・物流部門等のフロントオフィスをサポートするコーポレートスタッフ機能であることを認識しておく必要があります。経理・財務部門はこれらの部門に対し，財務情報等を通じて各種判断材料を提供する役割を担っているとともに，これらの部門と密接にコミュニケーションをとり「フロントオフィスのよきアドバイザー」としての役割を担っていることを忘れてはなりません。

(3) 内部統制システムの要

経理・財務部門は，各種取引の契約内容や支払依頼書，稟議書等，証憑書類のチェック等を通じて企業の内部統制システムの要の役割を果たしています。お金や計数面で日常業務を見ることができる立場にあるからこそ可能となる役割です。経済・経営評論家で信越化学工業の元ＣＦＯでもあり日本ＣＦＯ協会

元最高顧問であった金児昭先生は，経理・財務の仕事は，「経営が自由に仕事を行えるための一種の自己規律であるワクチン」の役割を果たしていると話されています。即ち，経営に「自己規律」がなくなってしまうと，サブプライムローン問題のような事件を引き起こしてしまいます。経理・財務は経営の暴走の歯止めとなる「ワクチン」のような存在であるとの表現は言いえて妙です。

◆ 経理・財務スタッフの心構え

経理・財務スタッフにはどのような心構えが必要なのでしょうか。まずは，誠実であること，次に秘密を保持できること，そしてコツコツと仕事を積み上げていくこと，勉強熱心なこと等が思い浮かびますが，さらに，近年重要となってきている心構えは，次のものが考えられます。

1. 顧客のために尽くす姿勢

経営学者のドラッカーは，「まず顧客を定義せよ」とその著書『経営者の条件』で述べています。日常業務に埋もれて忙しくしていますと，ついこのような意識を忘れがちです。では，経理・財務部の顧客は一体誰でしょうか。経理・財務部門をコストセンターとして位置付けるならば，営業部門・製造部門・サービス部門等現場のプロフィットセンターが顧客になるでしょう。またマネジメントへの報告機能に焦点を当てれば顧客はマネジメントということになります。ＩＲ（Investors Relations）の観点からですと，自社にファイナンスしてくれる銀行・株主・ベンチャーキャピタルその他投資家が顧客になります。

いずれにせよ，顧客が誰であれ，顧客あっての経理・財務部門です。その顧客のために尽くすというサービス・マインドが大切です。

2. 異文化・多様性に対する適応性

経理・財務部門は専門的な部門であるがゆえに，他部門から独立した存在として見られがちです。しかし，決算をはじめとする経理・財務部門の業務は，様々

な部門との連携なくしては完結しません。経理・財務スタッフは，様々な部門から協力を得られるよう，密接なコミュニケーションを保ち，良好な関係を築くことが大切です。そのためにはまずは相手（顧客）の立場に立ってものごとを考えることです。

　近年は，大企業ばかりでなく中堅・中小企業にあっても海外進出が増加し，グループ内の異なる文化・言語環境下にある海外関係会社のローカルスタッフから情報を求める必要性が出てきています。英語力だけでなく異文化・多様性に対する理解，適応力などが今後ますます重視されることになります。

3. 根拠を追求する姿勢

　筆者の体験談ではありますが，新卒で入社したての頃，上司に仕事の報告をしますと，「なぜこのような処理をしたのか？その理由は？」ということを常に問いかけられました。「例年通り処理しました」などと答えようものなら上司から非常に厳しい叱責が返ってきました。従って，個々の仕訳においても，会計基準・税法等の根拠条文を調べ，的確に答えられるように訓練されました。最初は何も知らなかったものですから，一つ一つ調べるのに多大な時間を要し，大変でしたが，これを習慣付けるとかなり力がついてきます。経理・財務スタッフは，たとえ定型業務であっても，常に「Why So ？」を自ら問いかけていく姿勢が大切です。新しい取引に出会った場合，過去の事例をなぞっているだけでは的確な判断ができません。原則（会計基準・法令・判例等）に戻って判断できるか否かが重要なのです。

4. 自分の仕事に境界線を設けない姿勢

　大企業の場合，個々人の業務分担が明確に決められており，その範囲内で業務を遂行していくことが多いように思われます。しかし昨今，経済状況の変動は激しく，経営方針・制度変更等が頻繁に行われます。それだけ企業経営にスピードが要求される時代に入りました。当然経理・財務実務もその影響を受け，変化に伴い現行業務が大幅に変わることがありますが，こういった変化への対

応能力が問われる場面がよくあります。「自分の担当は○○だから……」と自分の仕事に境界線を設けるのではなく、「なんか面白そう！」と発想を転換してみると興味が出てくると思います。偶然異なる仕事を通じて自分にとって別の何か価値あるもの、違う自分を発見することもあります。これを「セレンディピティ：掘出し上手」と呼ぶようです。

5. プロフェッショナルとしての自覚

　経理・財務分野は専門性が求められる分野でもあることから、社内プロフェッショナルと位置付けられているところが多いかと思います。まずは、「自分の担当業務は自分が第一人者だ」という自覚をもって、問題意識をもって業務に取り組む姿勢が大切です。プロには自分の仕事に対する誇りと責任があります。従って、たとえ役職者でなくても、自分はプロであるという自覚をもっていれば、仕事への取組み姿勢も変わってくるのではないでしょうか。

◆ 経理・財務スタッフのキャリア・プラン

　経理・財務スタッフのキャリア・プランを考えると、皆さんの将来は明るいと思います。どこの会社でも経理・財務部門はなくてはならない機能ですし、ゲーム・クリエーターのように個々人の才能に依存する世界ではなく、誰もが知識と経験を積み上げれば普遍的なキャリア・プランを広げていくことができるからです。また、どうしても経理・財務業務が自分に合わず、他の職種に移りたいという場合でも、経理・財務業務を通じて得た財務諸表作成・分析スキルなどの計数管理能力はビジネスをする上で、他の職種にも生きてくるものです。下図は、経理・財務系の代表的なキャリア・パターンです。大きく5つのキャリアゴールを設けていますが、経理・財務スタッフはどのゴールを目指すかによって、辿ってゆくルートが変わってきますが、他の職種と比べれば、他のレーンからも移行が比較的容易であるのが特徴的です。

【経理・財務スタッフの主なキャリア・パターン】

```
┌──────┐ ┌──────┐ ┌──────┐ ┌──────┐ ┌──────┐
│ 監査役 │ │企業内専門家│ │ CFO  │ │会計士・税理士等│ │財務系   │
│      │ │(エキスパート)│ │      │ │独立専門家  │ │コンサルタント│
└──────┘ └──────┘ └──────┘ └──────┘ └──────┘
   ↑        ↑        ↑        ↑        ↑
                          ┌──────┐
                          │コントローラー・│
                          │トレジャラー │
                          └──────┘
                             ↑        ┌──────┐ ┌──────┐
                                      │監査法人・税理士法│ │財務系コンサル│
                                      │人・会計事務所等│ │ティング会社 │
                                      └──────┘ └──────┘
┌──────┐                 ┌──────┐      ↑        ↑
│内部監査  │              │経理・財務 │
│マネージャー│              │マネージャー│
└──────┘                 └──────┘
   ↑                         ↑
┌───────────────────────────────────┐
│              経理・財務スタッフ              │
└───────────────────────────────────┘
```

1. CFO（Chief Financial Officer：最高財務責任者）

　ＣＦＯは企業の財務関連業務の最高責任者であり，ＣＥＯ（Chief Executive Officer：最高経営責任者）の片腕として経営陣の主要な一角を占めます。海外では経営感覚があるＣＦＯはさらに最高経営責任者であるＣＥＯに抜擢されることも珍しくありません。お金に関連する全ての取引はＣＦＯの責任範囲であるといっても過言ではありません。

　ＣＦＯになるには，まずは経理・財務関連のマネージャー，コントローラー（経理部長）・トレジャラー（財務部長）を経て就任するというルートが一般的です。ただ，ＣＦＯは帳簿の番人といった「過去志向」ではなく，仮説・検証力といった「未来志向」が求められます。常に企業経営と同じく，いくつものストーリーを考えて解決してゆくことが最も大切なのです。

2. 監査役

　一昔前までは，経理担当役員の退任前の最終ポジションと位置付けられ，「閑散役」と揶揄されたり，あまり陽のあたるポジションではなかったのは事実です。しかし，近年，会社法・金商法が整備され，株主に代わって取締役の業務執行

を監査するという立場（コーポレート・ガバナンス）が強化されています。監査役は，健全な企業統治の整備・運用には欠かせない存在になりつつあり，役員として重い責任が課されています。監査役になるには，コントローラー（経理部長）・トレジャラー（財務部長）を経て就任するケースが一般的ですが，異なるスキル・専門性が必要とされることから，近年は経理・財務部門のみならず，内部監査等他部門の経験を経た上で就任するケースがみられるようになりました。

3. 企業内専門家

　大企業のように機能分化が進んでいる会社では，企業内の専門家に高い評価を付与する会社も見られます。特に昨今，企業会計・税務業務・ファイナンス活動等が国際化・複雑化していることから，プロフェッショナルの存在価値は益々高まっています。企業内専門家は外部専門家とは異なり，その企業を取り巻く環境や業界事情に精通している点でも高く評価されます。重要なことは特定の企業だけで通用する専門家ではなく，どこの会社でも通用する専門性を有しているか否かです。今後は実務経験の豊富な公認会計士・税理士・公認内部監査人等の外部会計専門家が企業に途中入社してくるケースが増加するものと思われます。特に公認会計士の場合，日本公認会計士協会内に「組織内会計士（PAIB：Professional Accountants in Business）協議会」を設置し，研修会・交流会等サポートを積極的に行っています。

4. 会計士・税理士等の独立専門家

　公認会計士や税理士等の資格を取得し，監査や税務の専門家を目指すルートです。経理・財務でのキャリアを基盤として，監査法人・税理士法人・会計事務所等で経験を積んだ後に独立して事務所を開設するのが一般的です。しかし独立して成功するか否かは本人の力次第です。大きく事業を拡大していこうという方もいれば，個人事務所で組織に縛られず気楽にやっていきたいという方もいる等様々です。

　日本企業のグローバル化に対応するため会計監査業界，税理士業界も大手の

監査法人，税理士法人が大組織化を図っており，５千人近い有資格者を抱えている大法人も出現しています。このような大法人で活躍するためには公認会計士であれ税理士であれ，国内法に準拠して業務を行うだけでは不十分であり英語は勿論のことグローバルな視点でものを見ることができる人材が求められています。

5. 財務系コンサルタント

　企業が直面する経理・財務の課題解決を外部から支援するコンサルタントを目指すルートです。具体的にはM＆A，企業再生，ＥＲＰ等のコンサルティング業務が挙げられます。コンサルタントを目指す方は会計・税務の専門的知識に加え，問題解決技法等，顧客の要求にこたえるためのコンサルティングスキルも必要となってきます。単なる知識と経験だけでは対処できませんので，最初から独立してコンサルティング業務を行うことは難しく，大手コンサルティング・ファームで経験を積み，一定の経験を積んだ後独立していくのが一般的です。資格をもとに監査法人や税理士法人で働くのとは違い，コンサルタントにはクライアントの要求を的確につかみ，期待に応えるためには「差別化された専門性・独自性」を常に磨いておくことが求められます。

　以上経理・財務部門の組織と役割について概要を述べ，そこで働く人たちの心構えと将来のキャリア・プランについて述べてきました。このマニュアルはこれから専門性に裏付けられた一流の経理・財務のプロフェッショナルとして企業社会で評価を受けるための一助となることを目的に作成しました。
　以下，概要に続いて経理・財務分野の個別論に入ります。

◆ 経理・財務スタッフに求められるスキル

　次に経理・財務スタッフに求められるスキルについて考えてみましょう。まず業務遂行に必要なベーシック・スキル，次に経理・財務の専門知識，最後に

チーム運営に必要なマネジメントスキルの3つに大別されます。

1. ベーシック・スキル

まずは他の職種同様，業務遂行にあたり下記の基本的なスキルが必要です。

(1) 自社のビジネス・基本ルール

自分の所属する会社がどのようなビジネスを行っており，社会にどのような価値を提供しているか，どのように利益を上げているか，会社内にはどのようなルールがあるか，会社はどういう変遷をたどって大きくなってきたのか，等「己を知る」ことによって自分の業務の幅が広がり，奥が深くなることでしょう。

(2) コミュニケーション・スキル

「経理・財務の役割」の項でも述べましたように，経理・財務スタッフは各事業部門のスタッフ機能であり，よきアドバイザーとしての役割を果たすことができれば，様々な部門から喜ばれます。そのためにはコミュニケーション能力がとても重要になってきます。

(3) IT スキル

近年，経理・財務業務を進めるにあたって，Excel・Access・会計パッケージ・ＥＲＰ等IT ツールを使って仕事をすることが当たり前のようになってきました。また最近はRPA（ロボティック・プロセス・オートメーション）や AI を活用した自動化ツールが経理・財務部門にも導入されつつあります。しかし経理・財務スタッフの中で IT ツールに詳しい方はそれほど多くないので，この技術を磨くことで，「経理・財務×IT」と2つの専門性を自分の売りにすることもできます。

2. 専門知識

経理・財務業務の遂行にあたって，会計・財務・税務等の専門知識が必要と

なってくることは言うまでもありません。まずは自分の担当する業務，自分の興味のある業務の関連の知識の拡充に努めることが必要です。また昨今は経済情勢や環境の急激な変化によって，会計基準，税法，関連法規が目まぐるしく変化しています。これらを全てカバーしていくのはかなりの労力を必要としますが，少なくとも自分の仕事に影響のある分野は外部セミナーに参加するなどして常に情報をアップデートすることが求められています。

【経理・財務スタッフの学習分野例】

<table>
<tr><td colspan="2">①導入</td><td>①会社とはなにか　②経営の中の機能　③方針　④組織　⑤勘定科目　⑥仕訳　⑦残高試算表　⑧精算表　⑨B/S　⑩P/L</td></tr>
<tr><td colspan="2">②初級</td><td>①金銭・資金会計　②キャッシュ・フロー　③製品・商品会計　④原材料会計　⑤固定資産会計　⑥決算・予算</td></tr>
<tr><td rowspan="4">③中級</td><td>基礎</td><td>①原価管理　②決算　③予算　④財務モデリング　⑤法人税務</td></tr>
<tr><td>応用</td><td>①予算管理　②経営検討(特殊原価調査)　③科目管理　④会社法(決算)　⑤金融商品取引法(決算)　⑥法人税法(税務申告)　⑦労働法(人件費原価計算)⑧キャッシュフロー経営　⑨財務モデリング　⑩業績評価　連結決算</td></tr>
<tr><td>営業</td><td>①原価管理　②資金管理　③財務モデリング　④法人税務　⑤経営</td></tr>
<tr><td>支店</td><td>①債権管理　②金銭管理　③財務モデリング　④法人税務　⑤経営</td></tr>
</table>

注)財務モデリングとは,Excelのスプレッドシートを使った事業計画や損益計画などのシミュレーションスキルをいう。
(出所)金児昭著『ビジネスゼミナール　会社「経理・財務」入門［第2版］』(日本経済新聞出版社)

3. 英　語

　今までグローバルでなかった企業も，今後内需の低迷の流れにあって外需を取り込むためにグローバル化しなくては生き残れない企業が増加しています。そのためには経理・財務スタッフにおいても英語を使って仕事をする時代になりつつあります。

　例えば，海外の工場の経理担当者がその国のローカルスタッフですと，連結決算に必要な資料のやりとり，質問等は主に英語を中心に行われることになるでしょう。必要に応じて電話会議を行うこともあるでしょう。

　多くの経理・財務スタッフに英語に対する抵抗感があるのは，今まであまり

使用する機会がなかったことや，「完璧を求めすぎる」性格があるからではないでしょうか。英語を母国語とするアメリカ人やイギリス人と同じレベルの会話ができるにこしたことはありませんが，今や世界で英語を話す人の7割はノンネイティヴスピーカーであると言われています。今や英語は「世界語」になっているのです。英語はコミュニケーションのツールであることを前提に恥ずかしがることなく英語を積極的に使っていくことが必要です。経理・財務スタッフにとって有利なことは，一旦会計の専門用語を覚えてしまえばそれを使って海外子会社のローカルスタッフと十分にやりとりができることです。とはいえ，英語の受発信能力を伸ばすには，毎日意識的に英語に慣れ親しむ努力もまた必要です。

4. マネジメント・スキル

　マネージャークラスになると，例えばＥＲＰ，Ｍ＆Ａ，ＩＦＲＳ（国際財務報告基準）導入のような経理・財務部門の枠を超えた組織横断的なプロジェクトチームに参加する機会が多くなります。プロジェクトチームのメンバーは各部門から選抜された人たちの集まりであり，限られた時間内に一定の成果を上げることが要求されます。プロジェクトの目的を達成するには，リーダーシップ，コーチング，モチベーション・マネジメント，ファシリテーション等多様なスキルが要求されます。このような場面では経理・財務部門のスタッフであってもサポート役に甘んじる必要はなく，日頃から意識してプロジェクトリーダーとして組織をリードできる能力を磨いておく必要があります。そのためには，プロジェクト・マネジメント・スキルの習得も必要となります。

5. 応用力

　最後に強調しておきたいのが応用力です。経理・財務部門は専門知識が必要とされることから，会計・税務・スタッフ等の知識習得は必須です。しかし教科書で学んだ知識をそのまま適用できる場面は極めて限られるのが実態です。
　実務家にとって頭に入れておかねばならないのは法律あっての実務ではない

こと。経理・財務の常識に従って取引の適正な処理を行う応用力が必要なのです。法律に書かれていない取引は沢山あります。むしろそれが当たり前といっても良いでしょう。ビジネスの世界では常に新しい取引が発生します。こういった問題に出会っても躊躇することなく解決策を見出していく応用力がなんといっても最も必要とされる能力ではないでしょうか。この能力は一朝一夕には身につけることは難しく、コツコツと日々の実務で自分をトレーニングしていくしかありません。

最後に日産自動車がルノーの傘下に入ったとき親会社からＣＦＯとして派遣され日産自動車の再生に貢献したティエリー・ムロンゲさんの言葉を記しておきます。「ＣＦＯにとって重要なことは、まずは常識であり、次は英語、最後に会計技術である」と言っています。日産自動車での仕事を終えた後は親会社のＣＦＯにもなったフランス人です（ムロンゲさんの活躍ぶりは、井出正介氏の著書『最強ＣＦＯ列伝』（日経ＢＰ社）にも紹介されています）。

◆ 経理・財務パーソンの勉強法

続いて経理・財務スタッフの勉強法について考えてみましょう。まずは自分に欠けているスキルの棚卸を行い、前述のキャリア・プランに向けて、何を学ぶべきかを明確にしましょう。次に、必要とされるスキルをマスターするために、それぞれの目的に合った研修の受講や、資格・試験受験を通して自己啓発をすることはとても有意義なことです。ただし、資格や試験はあくまでも「標準化」された知識であり、各自の業務への応用・適用はあくまでも自分の頭で考えてゆくことであることは言うまでもありません。また、資格や試験にはその取得自体を目的化してしまうという魔力を持っていますので、その魔力にはまらないように留意しましょう。

次の表は経理・財務関連の主な資格・試験を難度別・ジャンル別に挙げたものです。自己啓発の参考にして下さい。

【経理・財務関連の主な資格・試験等】

	初　級	中　級	上　級
財務会計 (日本基準)	・日商簿記3級 ・ビジネス会計検定3級 ・銀行業務検定試験(財務3級)	・日商簿記2級(商業簿記) ・ビジネス会計検定2級 ・銀行業務検定試験(財務2級) ・財務報告実務検定	・日商簿記1級(商業簿記・会計学) ・ビジネス会計検定1級 ・公認会計士試験(財務会計論) ・税理士試験(簿記論・財務諸表論)
財務会計 (IFRS等)		・IFRS検定(ICAEW認定)	・USCPA(Financial Accounting & Reporting) ・Diploma in IFRS(ICAEW認定)
管理会計		・日商簿記2級(工業簿記) ・FP＆A(経営企画スキル検定)	・日商簿記1級(工業簿記・原価計算) ・公認会計士試験(管理会計論) ・USCPA(Business Analysis & Reporting) ・CMA(米国公認管理会計士)
税法	・税務会計能力検定(法人税法・所得税法・消費税法、3級・2級) ・銀行業務検定試験(税務3級)	・税務会計能力検定(法人税法・所得税法・消費税法、1級) ・銀行業務検定試験(税務2級)	・公認会計士試験(租税法) ・税理士試験(各税法) ・USCPA(Taxation & Regulation・Tax Compliance & Planning) ・米国税理士(Enrolled Agent)
監査・ 内部監査等		・CFE(公認不正検査士)	・公認会計士試験(監査論・統計学) ・USCPA(Auditing & Attestation) ・CIA(公認内部監査人) ・CISA(公認情報システム監査士)
ファイナンス		・プロフェッショナルCFO	・証券アナリスト ・CFA(米国証券アナリスト)
経理・ 財務実務	・FASS検定Cクラス ・ビジネス・キャリア検定(経理・財務管理)3級	・FASS検定Bクラス ・ビジネス・キャリア検定(経理・財務管理)2級	・FASS検定Aクラス ・ビジネス・キャリア検定(経理・財務管理)1級
英語	・TOEIC Cクラス(730点未満)以下 ・英検2級以下	・TOEIC Bクラス(730点以上) ・英検準1級	・TOEIC Aクラス(860点以上) ・英検1級
その他 周辺知識	・ITパスポート ・IPO実務検定(SIP)	・ITコーディネーター ・IPO実務検定(AIP)	・公認会計士試験(企業法・経営学・民法) ・USCPA(Information Systems & Controls) ・PMP(プロジェクト・マネジメント・プロフェッショナル)

(注) 1. 上級は概ね300時間以上の学習が必要なもの,中級は100時間以上の学習が必要なものという基準で分類していますが,個人差があるのであくまでも目安にしてください。
　　 2. 本表は,経理・財務系の試験・資格の一例です。

　また，資格や試験受験以外にも，セミナー等で知識を習得する方法もあります。
　さらに，近年社会人が通学できるように授業時間を平日夕刻や土日に設定している大学院（社会人大学院）で，経営，会計，ファイナンス，ビジネスロー等専門分野を深めるようなコースが増えてきています。筆者は30代後半に，業務上体系的なビジネスローの習得の必要性を痛感し，一念発起して筑波大大学院（東京・茗荷谷）で学びました。社会人大学院には自分の専攻分野に詳しい教員から直接御指導いただけるという魅力に加え，問題意識の高いビジネスパーソンが集い，自社の社員とは異なる視点からの意見交換等刺激を受けることも多く，大学院修了後も学会やSNS等，何らかの形でこのネットワークはつながっており，自分にとって一生の財産となっています。

今や世の中は知識や経験をブラッシュ・アップしていく「生涯学習」の時代となってきており，そのためのインフラは充分整備されてきていますので，どんどん有効活用してキャリア・アップを目指していきましょう。

 Column 1 我が国の会計基準の多様化の現状と方向性

1. 我が国の会計基準の国際化の流れ

　我が国の会計基準は，2000年代の会計ビックバンを皮切りに，米国基準やIFRS（国際財務報告基準）等との調和を目指して，連結財務諸表の重視，金融商品の時価評価，税効果会計，キャッシュフロー計算書，退職給付会計，減損会計などが次々と導入され，国際化が進められた。

　また2005年には欧州連合においてIFRSのアドプション（強制適用）が開始され，世界的にもIFRSの存在感が高まってきた。我が国においても，2007年に企業会計基準委員会（ASBJ）とIASB（国際会計基準審議会）が，日本基準とIFRSのコンバージェンス（収斂）に向けた合意（東京合意）を行い，改正作業がスタートした。その後2009年に金融庁によりIFRSのアドプションに向けたロードマップが示され，2010年3月期より一定要件を満たす企業に連結財務諸表でのIFRSの任意適用を認めた。また2013年10月には任意適用の要件が大幅に緩和された。しかしアドプションについては，企業にかかる負担の重さなどから当面見送られ，現在に至っている。

　その一方で，2013年6月に金融庁より，IFRSのエンドースメント（IFRSを自国に適した形に修正承認するアプローチ）が提言され，企業会計基準委員会がIFRSの個々の基準を審議し，日本向けに修正された修正国際基準（JMIS：Japan's Modified International Standards）が公表された。

2. 非上場会社の会計基準制定の動き

　一方，非上場会社においては，日本基準がコンバージェンスにより複雑化している現状に対して，コスト・ベネフィットの観点から，中小企業向けの会計基準として，2005年8月に「中小企業会計指針」（「中小企業の会計に関する指針」）

が制定された。その後，「中小企業会計指針」も，上場企業の会計基準の影響を受けやすく，必ずしも中小企業の実態に合ったものではないという反省から，中小企業関係者等が主体となって，2012年2月に，「中小会計要領」（「中小企業の会計に関する基本要領」）が取りまとめられた。

3. 会計基準の多様化と今後の方向性

我が国の会計基準は今，次の図のとおり，多様化している。とりわけ，上場会社又は金商法開示企業の連結財務諸表においては，日本基準，米国基準，IFRS，修正国際基準の4つの会計基準が選択できるようになっている。

【会社の規模・種類別にみた会計基準】

区　分	会社数	連　結	単　体
①上場会社	約4,000社	日本基準　米国基準	日本基準
②金商法開示企業（①以外）	約1,000社	IFRS　修正国際基準	
③会社法上の大会社（①・②以外）※資本金5億円又は負債総額200億円以上	約7,000社から①・②を除く	作成義務なし	
④上記以外の株式会社	約421万社から上記を除く		中小指針　中小会計要領

(注)日本取引所グループ及び金融庁資料を基に作成(2023年9月)

しかし，我々は「会計は一箇所に収斂する」という言葉を思い出す必要がある。成熟化した日本経済にとって避けられないことではあるが，経済の低迷は2000年初頭から始まり，すでに20年以上が経過し，経済成長は1.0％以下の時代が長く続いている。この間，日本企業は高度成長を続ける中国を筆頭に多くの新興国に工場を移転し，海外取引を増やし，今や50％以上が海外事業という会社も少なくない。このような国際化の中で海外企業と競っていく場合，比較可能性が重要であり会計基準，及び決算日の統一化は避けられないのではないかと考える。

例えば，トヨタ，日立，キャノン等の多国籍企業はIFRS（もしくは米国基準）を採用している。IFRSへの変更手続きの煩雑さや，導入に際しコンサルタント

に支払う報酬が高い等の理由から IFRS 導入を躊躇している企業もあるが，世界の競合と戦っていくには，ローカル基準になってしまった日本基準では対応できない。

　高度成長期を通して日本は長い間，世界第2位の経済力を維持してきたが2010 年，GDP で中国に抜かれ，第3位に転落した。いまや，日本の経済力は中国の 25％前後になっている。現在の中国の勢いを考えれば，経済規模で世界の工場と呼ばれるようになった中国を抜き返すことはないだろうし，その必要もない。かつて日本が経済大国と言われた時代でさえ，日本の会計基準は国内のみで通用するローカル基準で終わってしまった。東京の資本市場が国際化されず，世界のお金を吸収し，再配分するだけの金融総合力がなかったからである。

　日本には4種類の会計基準が存在する。どこに収まるのか一概には言えないが，現在の延長線上で考えれば，国内マーケット主体の企業は伝統的な日本基準を続ける一方，すでに収益の過半数を海外取引に頼っている多国籍企業は IFRS を採用するという，二極分化が始まろうとしている。

Column 2　のれんの会計処理と会計基準の変更について

　のれん（以前は「営業権」と呼ばれていた）とは企業買収等で支払った金額が被買収企業の純資産を上回る金額を言う。一体，のれんは何が原因で発生するのだろう？

　それは，①買収によってシナジー効果が期待できること，②ノウハウ・ブランド価値等，帳簿には載っていない資産があること，③経営のトップがその気になってしまい後に引けず，適正価格を超えて買ってしまうことなどである。

　実務においては EBITDA（金利・税金・償却前利益）や割引率を使って現在価値を求めるなどして，いくらが理論上適正価格なのか，金額が大きいだけにプロジェクトマネージャーはトップマネジメントの意向とプロジェクトチームとの間で大変に苦労する。

1. 会計上の取扱い（日本基準）

　資産に計上されたのれんは 20 年を限度としてその効果の及ぶ期間にわたって定額法その他の合理的な方法によって規則的に償却される。注意しなければならないのは他の固定資産と同様，減損の対象になることだ。即ち買収効果が期待通りの収益を生まない場合，特に償却期間を長期に設定している場合，常に減損リスクが問題になることを忘れてはならない。

2. 税務上の取扱い

　税務上は 5 年間（60 カ月）の均等償却である。会計上，税務処理と違った償却期間を設定している場合は申告調整が必要となる。金額の多寡にもよるが，多くの企業はのれんの償却は税法に合わせて 5 年を採用しているケースが多い。実際に企業会計基準委員会が 2015 年 5 月に公表した「のれんの償却に関するリサーチ」によると，JPX 日経インデックス 400 に含まれている上場企業の直近の年次財務報告書で示されている会計方針の開示をレビューしたところ，のれんの償却期間に関し具体的な年数に言及していた企業が 135 社あった。そのうち償却期間を 5 年としている企業は 74 社（55%），10 年が 13 社（10%），20 年が 19 社（14%），その他の期間が 29 社（21%）という状況になっている。

3. IFRS（国際財務報告基準）

　まずのれんがどの事業（セグメント，会社，資産グループ）に関連しているのか見極め，割り振ることだ。それぞれに減損判定の基準が異なるからである。最終的に割り振られなかった金額がのれんとして計上される。

　次に償却期間をどうするかという点。IFRS の原則的な考え方は時価評価（フェアバリュー：公正価値）だから，日本基準のように一定期間で償却することはなく，非償却なのだ。その代わり減損の兆候があるか否かにかかわらず，毎期減損テストを実施し必要に応じて減損処理をしなければならない。具体的には割引率を使って現在価値を求めるなど，当該事業の予想キャッシュフローを計算しその総額によって決まる。日本基準と比較して減損が認識しやすいともいえよう。

　いずれにしても日本基準と違い継続的に一定額を償却するわけではなく，毎期減損テストをするため判断の領域が多いことで，理由をつけて減損を引き延ばし

ていると将来まとめて減損負担が来るリスクを覚悟しておくべきだ。

4. 会計基準の変更

　最近いくつかの大企業が IFRS に会計基準を変えている。理由はそれぞれだが「のれんの償却」が一つの理由ではないかと考えられる。例えば製薬会社の場合,①買収額が巨額になること。②期間は別にしても定期的な償却だと対象企業の業績が大きく上下するとかえって利益がゆがむ（？）のではないか。③毎期減損テストをすることは手間がかかり, 大変だが政策的な判断の幅が広がる。④海外の競合は IFRS（もしくは米国基準）を採用しており, 日本基準だと比較可能性が難しくなること等が考えられる。

　アドバイスをひとつ, 会計基準を IFRS に変更するときは同時に, 単体決算も合わせて決算期を 12 月に統一することである。トップマネジメントの説得など大変ではあるが, 少なくとも世界の競合と争っていこうとする以上, 彼らと同じ土俵で戦うべきだ。

　世間ではよく「あの会社は益出しのため, IFRS に変更してのれんの償却を止めた」と言われるが皮相的な見方ではないかと思う。自分の会社の現在及び将来の立ち位置を考えた上で, 戦略的にどうすべきか判断し決めるべきであろう。

1. 売掛債権管理

　販売業務は商品等を販売しただけでは取引が完了せず，代金を回収してはじめて完了したと言えます。代金回収が滞りその間現金の不足が生じれば仕入代金や経費の支払にも影響が出てきます。よって販売代金の確実な回収は企業にとって非常に重要です。

　本章では販売に伴って生じる**売掛債権**の管理実務について述べます。

◆ 業務の流れ

1. 与信管理から決済まで

与信管理　〉　契約（受注）　〉　売上計上　〉　請求　〉　決済

(1) 与信管理

　与信管理とはこの企業と取引しても大丈夫かということに加え，この企業とはいくらまで取引額を増やしても大丈夫かという判断を取引先ごとに設定し，定期的にチェックすることです。

　与信管理にあたっては，財務データ等に基づく定量面での分析のほか，自ら顧客訪問等を行う等定性面での分析の両面で判断していくことが望まれます。

① (新規) 限度設定

　新規に取引先が発生した場合は取引先の業界情報，格付データ，財務情報に基づく分析，信用調査機関による評価結果等を判断材料にして**与信限度額**を設定し，契約に際してはそれを超えないよう営業部門に注意を促すことが必要です。

② （継続）評価見直し

継続的取引先に対しては最新の財務情報等に基づいて，取引限度額や取引条件の見直しを継続的に行う必要があります。

【新規の与信限度額設定】

```
信用調査依頼手配
 ├─ 業界情報収集 ─→ 関与部門面談実施
 │                   顧客訪問
 ├─ 調査書回収 ───→ 格付データ収集 ──→ 定性領域検証
 │                                           ↑
 │    登記簿検証    従業員定着度検証        社内与信基準参照
 │    取引金融機関検証  経営者経歴検証            ↓
 │                  資本構成検証
 │
 └─ 財務データ収集 ─→ 財務分析実施 ──→ 分析結果総合評価 → 取引可否判定 → 与信限度額設定 → 与信限度額承認

    財務諸表収集   正常運転資金検証
    借入金情報収集  営業利益率推移検証   仕入債務回転率検証
    売上推移収集    有利子負債推移検証   在庫回転率算定
    決済条件情報収集 フリーCF検証        手元流動性検証
                                        株主資本利益率検証

                                        取引先成長性検証
                                        取引先関係検証
                                        限度超過許容額検討
                                        債権保全策検討
```

⒜ **帳簿によるチェック**

毎月**売掛金元帳**（得意先元帳）等の帳簿から，回収の滞っている取引先がないかチェックします。

⒝ **継続的な債権残高状況のチェック**

継続的な取引契約について一時的な滞納や取引額の大幅な増加があったり，同じ取引先との間で複数の取引を並行して行っていたりすると，債権残高が，その取引先に対して設定した与信限度額を超える可能性も生じます。よって会社全体としての債権残高の状況をタイムリーに把握できるような仕組みを作り，かつ債権残高の状況と与信限度額との対比チェックが継続的・定期的に行われることが望まれます。組織が複雑に

なってくると同じ得意先でありながらグループ企業間で別の得意先コードを設定し管理しているケースがあります。今後は個々の会社単位ではなく連結グループ単位で統一した得意先コードをもつ必要があります。

(c) 外部情報のチェック

　定期的な信用調査，業界情報，口コミなど，情報のアンテナを張っておくことが大切です。

KEYWORD

▶**信用調査**：受注契約を結ぶ前段階として，債権の回収可能性を把握・検証するために，取引先の財務状況，債務の支払状況等を調査すること。信用調査機関へ依頼するケースが一般的であるが，自ら財務諸表等を入手し独自に分析し，判断することが重要である。

▶**与信限度額**：取引先に対して売上債権を許容する最高限度額のこと。

▶**取引条件**：受注契約の締結における契約金額，納期，検収方法，支払方法，支払期限等の各条件のこと。

▶**売掛金元帳（得意先元帳）**：得意先の数が多い場合，その管理のために得意先ごとに口座を設けて，発生・回収を記録整理する帳簿（補助元帳）をいう。

(2) 契約（受注）

① 限度確認

　継続的な取引先に対し，既定の与信限度額への充足状況の確認をし，限度額を上回る見込みの場合は，取引内容の再検討を行います。

② 契約内容検証

　契約締結の際に設定される取引条件には，契約金額，納期，検収方法，支払方法，支払期限，瑕疵担保責任等があります。

　重要な条件の一つが契約金額です。有利な契約をするために，相手から提出された見積書の内容の精査は非常に重要です。

また，取引には独占禁止法・下請法・外為法・各種業法など様々な法規制があるため，契約内容が法的に問題ないかの検証をする必要があります。それを踏まえた上で，会社に不利な条件や条項がある場合には，それらをなくすよう，契約先に対して契約条件の変更を要求します。

(3) 売上計上

　売上の計上基準に従って，売上伝票を起票します（詳細は「会計上のポイント」参照）。

(4) 請　求

　商品が取引先に引き渡されたことを確認したら，事前に取り決めていた回収基準に従い，代金の請求をします。

　請求書は，出荷指示書や売上伝票をもとに作成して，得意先に送付します。請求書には，「納品書兼請求書」のように個別の納品ごとに請求を行う**「個別請求書」**と，取引先の締切日ごとに月１回の請求を行う**「合計請求書」**の２種類があります。

(5) 決　済

① 入金

　入金がなされたら入金内容を確認し，請求書発行記録と照合した上で，入金処理を行います。入金額と債権残高に差異がある場合，関係部門に問い合わせ，原因究明に努めます。

② 債権消込

　入金処理に伴い，対象債権の消込みを行います。毎月又は複数の取引先に対して同額の請求書を発行している取引の場合には，消込み誤りに注意が必要です。

Column 3 クレジット取引

　クレジットという言葉は，英語の **consumer credit**（消費者信用）を略した和製英語で，消費者の信用に基づいた取引を指すが，現在は後払いの支払手段として一般的な言葉になっている。

1. 販売会社がクレジットを利用するメリット

　販売会社は，消費者に対してクレジットという支払手段を用意することにより，商品等の購入に関する選択の幅を広げるとともに，クレジットの特徴を利用した販売促進を期待することができる。また購入履歴データの蓄積により，どのような消費者がどのような商品等を購入したかを把握することができるというメリットがある。

2. クレジットの契約関係

　下図の通り，消費者が販売会社より購入した商品等の代金をクレジット会社が立て替えて販売会社に支払い，後日消費者がクレジット会社に支払うという三者間契約（注）が代表的である。

【クレジットの契約関係】

(注) 昨今は世界中に加盟店を持つ国際ブランドのマークをつけたクレジットカードが主流になっている。このようなカードでは，カードを発行するクレジット会社と加盟店と契約するクレジット会社が異なる場合がある。カードを発行する会社を「イシュアー」といい，加盟店と契約する会社を「アクワイアラー」といい，この場合は四者間契約になる。

3．クレジットの種類

　クレジットは利用方法によって，個別方式と包括方式に分類される。ただし，その信用供与額は方式の違いによる差はない。

(1) 個別方式（個別信用購入あっせん）

　消費者が購入の都度クレジットの申込をして審査（信用審査）を受ける方式。

(2) 包括方式（包括信用購入あっせん）

　消費者が審査（信用審査）を受けて発行されたクレジットカード等を用いて一定の範囲内（有効期限や利用可能枠等）で反復・継続して利用できる方式。

2. 債権管理

(1) 顧客別債権管理

① 債権残高確認

　債権残高を適正に把握し，与信管理の基礎データとするために，売掛金元帳（得意先元帳）で顧客別に管理を行います。

　確認が必要とされる得意先を定義し，該当する得意先に残高確認を行うため，**債権残高確認書**を発行します。得意先から債権残高確認書を回収した後，確認結果を取りまとめます。差異がある場合には，問い合わせを行うとともに差異調整表を作成し，原因究明に努めます。

② 債権回収状況管理

　また，債権管理の重点は回収の督促にあるので，**債権回収状況管理表**を作成し，売掛債権が順調に回収されているかどうかを確認します。特に担当者は顧客別債権滞留日数と顧客ごとの決済条件等を突合し，回収遅延となっている債権を特定し，関係部門に通知する等回収のための措置を講じることが重要です。

【債権回収状況管理】

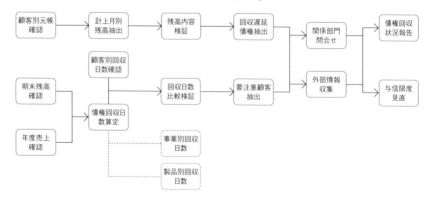

(2) 期日別債権管理

　決済期日別に売掛金の残高が何カ月前から発生しているか調査します。これを「年齢調べ」又は「エイジングテスト（Aging test）」とも呼びます。

　決済期日を超過した売掛金については，その理由を確認します。長期未回収分は滞留債権として別途管理することになります。管理には**売掛金年齢表（エイジングリスト）**を作成し，債権を発生日からの経過月数ごとにまとめます。この作成により異常な回収遅延の早期発見に役立たせることができます。

　担当者は，決済期日が超過している債権内容を確認し，必要に応じて関係部門に連絡をとり，債権回収のための行動を検討します。

(3) 滞留債権対応

① 滞留債権報告

　滞留債権が発生した場合には，得意先の状況に合わせ対応策を検討する必要があります。まずは得意先への督促を行い代金回収に努めますが，回収予定日に入金がなく，再三の請求にも応じないような場合には，内容証明等の活用も対応策の１つとして考えられます。

　滞留債権が発生した場合，貸倒れになることを最小限にとどめるため，以下の措置を講じます。

（与信管理の強化）

- ・得意先の信用度の確認・見直し
- ・取得している担保の確認・見直し
- ・顧客の決算内容やその取引先の調査
- ・顧客との話合い

（債権保全措置の強化・実行）

- ・債務との相殺
- ・担保の追加取得

② 貸倒引当金の計上

　担当者は適切な会計基準及び社内基準に従い，滞留債権につき**貸倒引当金を**

計上します。

3. 売上値引・割戻し

⑴ 値引・割戻し対応

　売上値引・売上割戻しにつき，契約・規程等を参照し，対応します。

　とりわけ売上値引等は商品の動きを伴わない金額のみの減額となることも多く，契約や取引慣行，社内基準等と突合が行われないと不正のリスクが生じやすいため，値引の請求書を受領するか，値引通知書を発行し，明確な記録を残す必要があります。

KEYWORD

▶**売上値引**：商品等の量目不足，品質不良，破損等の理由により，売上代金から控除されるものをいう。

▶**売上割戻し**：一定期間に大量に商品等を購入してもらった得意先に対して売上代金の一部を戻すことで一般的にはリベートと呼ばれている。

▶**売上割引**：売上代金支払期日前の支払に対する売掛金の一部減額をいう。

⑵ 支　払

　売上値引，売上割戻しに関して，直接取引先に支払う処理方法があります。この場合，承認された値引・割戻し内容，及びその請求内容を確認した上で，支払依頼書を作成して支払を実行します。

◆ 会計上のポイント

1. 売掛金の認識，測定基準

　売掛金は，「金銭債権」として会社計算規則，金融商品会計基準等に従って会計処理を行います。

　売掛金等金銭債権は貸借対照表上，原則として取得価額をもって計上します。

　売掛金は，売上によりその発生を認識することになります。企業会計原則では，売上高は実現主義の原則に従って認識しますが，具体的に次のような売上の計上基準があります。

【様々な売上の計上基準】

商品販売の流れ	計上基準	計上する日	内　　容
①注文を受ける	（なし）		
②出荷する	出荷基準	自社の倉庫から出荷した日	商品等を出荷した日を売上計上日とする方法で，最も一般的な方法。出荷の段階をいつにするかの社内基準を作る必要があります。
③商品を引き渡す	引渡基準	相手先より受領した受領書の日付	相手方へ商品を引き渡したという事実をもって売上計上する方法。
④検収を受ける	検収基準	検収確認書の日付	相手方が商品の品質・規格等の検査をし，検収合格してはじめて売上計上する方法。据え付けや試運転の必要な大型機械などに適用されます。
⑤代金を請求する	（なし）		
⑥代金を回収する	回収基準（注）	代金を回収した日付	代金回収が長期にわたる割賦販売など，特殊な業態にのみ例外的に認められている方法。

　このほか，特殊な販売形態として，下記のような基準があります。

【特殊な販売形態の売上収益認識の時期】

販売形態	収益の認識時期	引渡日との関係
委託販売	委託者が受託者に対して商品販売を委託する販売形態。受託者が委託品を販売した日をもって売上収益が実現した日とみなします。	引渡日より後に収益認識
試用販売	買手に買取りの意思のない段階で商品等の引渡しを行う販売形態であり，買手が買取りの意思を表示した日をもって売上収益が実現した日とみなします。	引渡日より後に収益認識
予約販売	買手より商品等の購入予約を受けて予約金を受領するが，その時点では商品等の引渡しが完了していない販売形態であり，商品等の引渡し又は役務提供の完了した日をもって売上収益が実現した日とみなします。	引渡日より後に収益認識
割賦販売（注1）	原則として商品等を引き渡した日に売上収益が実現します。ただし，割賦販売は通常の販売と異なり，その代金回収の期間が長期にわたり，かつ，分割払であることから代金回収上の危険率が高いので，貸倒引当金及び代金回収費，アフター・サービス費等の引当金の計上について特別の配慮を要するが，その算定にあたっては，不確実性と煩雑さとを伴う場合が多い。従って，収益の認識を慎重に行うため，割賦金の回収期限の到来の日又は入金の日をもって売上収益実現の日とすることも認められています。	引渡日又は引渡日より後に収益認識

工事契約 （工事進行 基準） （注2）	工事契約に関して，工事収益総額，工事原価総額及び決算日における工事進捗度を合理的に見積もり，これに応じて当期の工事収益及び工事原価を認識する方法をいいます。工事の進行途中においても，その進捗部分について成果の確実性が認められる場合には，工事進行基準を適用することとなりますが，この要件を満たさない場合には，次の工事完成基準が適用されます。	引渡日より前に 収益認識
工事契約 （工事完成 基準）（注2）	工事契約に関して，工事が完成し，目的物の引渡しを行った時点で，工事収益及び工事原価を認識する方法をいいます。	引渡日に収益認識

(注1) なお,割賦販売等回収基準は収益認識会計基準の導入に伴い,認められなくなりました。

(注2) 工事契約について，上場会社等は収益認識会計基準に準拠することとなりました。

2. 収益認識に関する会計基準（収益認識会計基準）

　今まで売上は「実現主義」に基づき認識されていましたが，国際的に収益認識に関する包括的な会計基準の開発が行われるという流れをうけ，我が国においても，国内外の企業間における財務諸表の比較可能性の観点から，IFRSを基本としつつ我が国の実務慣行等を勘案した収益認識会計基準・同適用指針が導入されました。これは非常に詳細な基準ですので，ここでは基本的な考え方のみ取り上げます。

(1) 適用対象

　上場企業等の連結財務諸表・個別財務諸表が対象。中小企業(監査対象法人以外)については，「中小企業会計指針」や「中小企業会計要領」には本会計基準が反映されていないため，従来の会計基準に従った会計処理（実現主義）が認められています。

(2) 収益認識会計基準の適用範囲

　収益認識会計基準は顧客との契約から生じる収益が適用範囲となり，以下の取引には適用されません。

- 「金融商品会計基準」の範囲に含まれる金融商品に係る取引

- 「リース会計基準」の範囲に含まれるリース取引

- 保険契約（保険法）

- 同業他社との交換取引
- 金融商品の組成または取得において受け取る手数料
- 「不動産流動化実務指針」の対象となる不動産の譲渡
- 暗号資産（資金決済法）及び電子記録移転権利（金商法）関連する取引

⑶ 基本となる原則：５つのステップ

　収益認識会計基準では，「約束した財またはサービスの顧客への移転と交換に，企業が権利を得ると見込む対価の額で描写するように収益を認識する」こととされ，具体的には次の５つのステップで行うことになります。

　例えば，商品販売と保守サービスを提供（契約期間：２年間）する契約（契約上の対価の額：12,000千円）を締結した場合，以下のステップで収益を認識することとなります。

【５つのステップのイメージ】

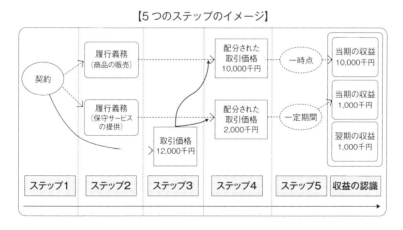

① ステップ１ 契約の識別（収益認識の単位の決定）

　収益認識会計基準は，以下の５つの要件の全てを満たす顧客[注]との契約に

適用されますので，最初のステップとして適用対象となる契約を識別します。

(注) 顧客とは，対価と交換に企業の通常の営業活動により生じたアウトプットである財又はサービスを得るために当該企業と契約した当事者，と定義されています。

(a) 当事者が，書面，口頭，取引慣行等により契約を承認し，それぞれの義務の履行を約束していること

(b) 移転される財又はサービスに関する各当事者の権利を識別できること

(c) 移転される財又はサービスの支払条件を識別できること

(d) 契約に経済的実質があること

(e) 顧客に移転する財又はサービスと交換に企業が権利を得ることとなる対価を回収する可能性が高いこと（当該対価を回収する可能性の評価にあたっては，対価の支払期限到来時における顧客が支払う意思と能力を考慮する）

今回目新しいのは(e)の要件で，後の収益の額の算定にあたっては，回収する可能性が高い金額を見積もる必要があります。いわば，貸倒れの可能性をここに織り込むことを意味しています。

もし５つの要件全てが充足しない段階で対価を受け取った場合で，次のいずれかに該当するときには収益認識を行いますが，そうでない場合は負債を認識します。

(a) 財又はサービスを顧客に移転する残りの債務がなく，約束した対価のほとんど全てを受け取っており，顧客への返金は不要であること

(b) 契約が解約されており，顧客から受け取った対価の返金は不要であること

---

② ステップ２ 履行義務の識別（収益認識の単位の決定）

収益の認識は各「履行義務」単位で行われることとされました。「履行義務」とは，顧客との契約において，別個の財又はサービスを移転する約束のことで，上記の例ですと商品販売と保守サービスの提供を一体の「履行義務」とみるのか，別々の「履行義務」とみるのかステップ２で判断が必要となってきます。

原則として，顧客に約束した財又はサービスは，次の要件の全てを満たす場合には，別個の「履行義務」とされます。

(a) 当該財又はサービスから単独で顧客が便益を享受することができること，あるいは当該財又はサービスと顧客が容易に利用できる他の資源を組み合わせて顧客が便益を享受することができること

(b) 当該財又はサービスを顧客に移転する約束が，契約に含まれる他の約束と区分して識別できること

③ ステップ3 取引価格の算定（収益の額の算定）

ステップ3では，「取引価格」の算定を行います。「取引価格」とは，財又はサービスの顧客への移転と交換に企業が権利を得ると見込む対価の額のことで，契約上の「販売価格」を指すのではなく，以下の要素を考慮した価格になります。

• 第三者のために回収する金額（例：消費税及び地方消費税の額の除外）(注)

• 重要な金融要素の加味（仕訳例☞「税務上のポイント2. ケース2 」参照）

• 変動対価の見積もり（仕訳例☞「税務上のポイント2. ケース3 」参照）

(注) 収益認識会計基準を採用した場合は，税抜き経理が強制されることとなります。但し，税務上は税込み経理も容認しています。

「変動対価」とは，契約において約束された対価（取引価格）のうち変動する可能性がある部分のことで，値引き，リベート，返金，インセンティブ等によって生じます。従って，売上値引き，売上割戻し等の経理処理は売上計上時に見積もりでもって「売上」から直接控除（取引価格から減額）することになります。

【取引価格のイメージ】

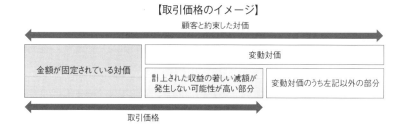

④ ステップ4 取引価格の各履行義務への配分（収益の額の算定）

ステップ4では，「取引価格」を各「履行義務」へ配分します。その際に「独立販売価格」を見積もり，その比でもって配分することが求められています。「独

立販売価格」とは，企業が財又はサービスを独立に顧客に販売する価格のことで，観察可能な価格があればその価格（市場価格等）を用い，なければ見積もる必要があります。

⑤ ステップ5 履行義務の充足による収益の認識（収益認識時点の決定）

　企業は約束した財又はサービスを顧客に移転することによって「履行義務」を充足した時又は充足するにつれて収益を認識します。資産が移転するのは，顧客がその資産に対する支配を獲得した時，又は獲得するにつれてです。

　「履行義務」は一時点で充足されるタイプ（例：商品販売）と，一定期間にわたって充足されるタイプ（例：保守サービスの提供）がありますが，いずれに該当するかは次の判定で行います。

【履行義務のタイプの判定】

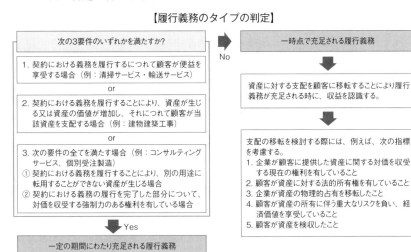

　また，一定の期間にわたり充足される履行義務については，履行義務の充足に係る進捗度を見積もり，進捗度に基づき一定期間にわたり収益を認識することが求められます。

　進捗度を見積もる方法として，次の方法があります。

　・**アウトプット法**：現在までに移転した顧客にとっての価値を直接的に見積もる方法。指標として，現在までに履行を完了した部分の調査，達成した

成果の評価，経過期間，生産単位数，引渡単位数等があります。

- **インプット法**：履行義務を充足するために既に発生したインプット（消費した資源，発生労働時間，発生したコスト，経過期間，機械の稼働時間等）が予想されるインプット合計に占める割合に基づいて見積もる方法。

なお，工事契約に関してもこのルールが適用されることになりましたので「工事契約に関する会計基準」（企業会計基準第15号）は廃止されました。

以上の5つのステップが収益認識会計基準の要点になりますが，収益計上の金額と時期の決定のプロセスが「見える化」されたところに新鮮さがあると言えるでしょう。

⑷ その他

① 出荷基準

収益認識会計基準では，履行義務の充足時期は，「資産（財又はサービス）に対する支配を顧客が獲得した時点」としていますので，引渡基準・検収基準が原則的な取り扱いとなります。我が国で多くの企業が採用している出荷基準・着荷基準は，本来出荷時点・着荷時点ではまだ履行義務が充足されていることにはなりませんが，国内における販売を前提として，商品又は製品の出荷時から当該商品又は製品の支配が顧客に移転される時までの期間が通常の期間（取引慣行毎に合理的と考えられる日数）である場合には，出荷基準・着荷基準も認められました。

② 割賦販売

従来は，割賦販売について，割賦金の回収期限の到来の日又は入金の日（割賦基準）により収益を認識することも認められていましたが，収益認識会計基準においては，割賦基準に基づく収益認識は認められないこととなりました。

③ 返品権付き販売（仕訳例 ☞「税務上のポイント2. ケース4 」参照）

返品権付きの商品又は製品（及び返金条件付きで提供される一部のサービス）を

販売した場合は,「変動対価」として返品相当額の見積もりを行い,「返金負債」として売上高より控除するとともに, 返金負債の決済時に顧客から商品又は製品を回収する権利については「返品資産」として資産を認識します。

　従来は「返品調整引当金」で対応していましたが,収益認識会計基準では「返品調整引当金」は廃止されることとなりました。

④ ポイント利用 （仕訳例☞「税務上のポイント2.　ケース1　」参照）

　これも従前は「ポイント引当金」として計上してきたものが,「契約負債」として売上高より控除する取り扱いとなりました。これによって「ポイント引当金」は廃止されることとなりました。

⑤ 商品券等 （仕訳例☞「税務上のポイント2.　ケース5　」参照）

　商品券等については,顧客から支払いを受けた時に「契約負債」を認識し,企業が履行義務を充足した時に, 収益を認識します。しかし顧客が行使しない権利（非行使部分）は顧客による権利行使と比例的に収益を認識することとされました。

⑥ 本人と代理人の区分 （仕訳例☞「税務上のポイント2.　ケース6　」参照）

　収益認識会計基準では, 百貨店などにみられる「消化仕入」[注] のような場合は, 顧客に自らの供給義務として製品を提供するのではなく,「代理人」として製品を手配するという約束の充足による収益であるとしています。このように財又はサービスが顧客に提供される前に企業が支配しているかどうかで本人か代理人かを判定し, 代理人と判定された場合は, 従前「売上高」と「仕入高」の総額で計上していたものが,「手数料収入」として純額処理へ変更されることとなりました。

[注] 消化仕入：百貨店などにみられる商慣行で, 小売業者に陳列する商品の所有権を卸業者やメーカーに残しておき, 小売業者で売上が計上されたと同時に, 仕入が計上されるという取引形態のことをいう。「売上仕入」ともいう。

3. 売掛債権の期末評価

　会社法では，売掛金等金銭債権は，取立不能のおそれがある場合には，取得価額から**取立不能見込額**（貸倒見積高）を控除した額で計上することになります。また，金融商品会計基準に従うと，債権の期末評価を行う必要が出てきます。しかし，債権には一般的に市場性がない場合が多く，客観的な時価を測定することが困難であることが多いため，時価評価を行い，評価損を直接債権から控除することはしません。個々の債権それぞれについて債務者の財政状態等を勘案の上，一定の基準に従って債権を区分し，**貸倒引当金**を見積もることになります。

(1) 債権の区分

① 原則法

　次の3つに区分します。

【債権の区分】

区　分	内　容
一般債権	貸倒懸念債権及び破産更生債権等以外の債権をいいます。
貸倒懸念債権	経営破綻の状態には至っていないが，債務の弁済に重大な問題が生じているか，又は生じる可能性が高い債務者に対する債権をいいます。
破産更生債権等	経営破綻又は実質的に経営破綻に陥っている債務者に対する債権をいいます。

② 簡便法

　一般事業会社においては，全ての債務者について，業況の把握及び財務内容に関する情報の入手が，多くの場合困難です。そこで，原則法に代えて，例えば債権の計上月又は弁済期限からの経過期間に応じて債権区分を行う等の簡便法も許容されます。具体的な事例としては，支払期日から6カ月以上経過し，入金がほとんどない債権を貸倒懸念債権とする場合，法的な経営破綻の事実が生じている債権，支払期日から1年以上経過し入金がない債権を破産更生債権とする場合等が考えられます。

(2) 貸倒引当金の算定方法

上記の3つの区分ごとに貸倒引当金を算定します。

【貸倒引当金の算定方法】

区　分	算定方法
一般債権	貸倒実績率法
貸倒懸念債権	財務内容評価法又はキャッシュ・フロー見積法
破産更生債権等	財務内容評価法

KEYWORD

▶貸倒実績率法

貸倒実績率法とは、債権について、債権全体又は同種・同類の債権ごとに過去の貸倒実績率等の合理的な基準により、貸倒見積高を算定する方法。貸倒実績率法によると、以下のような算式によって貸倒見積高が求められる。

貸倒見積高＝貸借対照表価額×貸倒実績率等（注）

（注）**貸倒実績率**は、ある期における債権残高を分母として、翌期以降における貸倒損失額を分子として算定。算定期間は、一般的には債権の平均回収期間が妥当とされている。

▶財務内容評価法

財務内容評価法は、債権額から担保の処分見積額及び保証による回収見込額等を減額した残高について、債務者の状況を考慮して、貸倒見積高を算定する方法。破産更生債権等については、回収見込額を減額した残高の全額が貸倒見積高となる。一方、貸倒懸念債権は、債務者の支払能力を判断して必要額を貸倒見積高とすることになるが、残額の50％を引き当てる簡便法の採用も考えられる。

▶キャッシュ・フロー見積法

キャッシュ・フロー見積法とは、債権の元本及び利息について元本の回収及び利息の受取が見込まれる時から当期末までの期間にわたり、当初の約定利子率で割り引いた金額の総額と債権の帳簿価額との差額を貸倒見積高とする方法。

(3) 貸倒引当金の設定処理

貸倒引当金を設定する方法として次の2通りの方法があります。

① **個別引当法**：個々の債権ごとに見積もる方法

② **総括引当法**：債権をまとめて過去の貸倒実績率により見積もる方法

なお，貸倒引当金の繰入れ及び取崩しの処理は，引当の対象となった債権の区分ごとに行う必要があります。

◆ 税務上のポイント

1. 法人税

(1) 売上の計上基準

収益認識会計基準の導入に伴い，法人税法，政省令及び基本通達が大きく改正され，原則として法人税法も収益認識会計基準の考え方を尊重していますが，収益認識会計基準には見積要素が多く取り入れられていることから，公平な所得計算の観点から税務の考え方と相入れない部分については，独自の定めを置いています。

①収益の計上単位

個々の契約毎に収益を計上するのが原則ですが，履行義務毎に計上することもできるとして収益認識会計基準の考え方も尊重しています。

②収益の計上時期

• **原則**

収益の計上時期は目的物の引渡しまたは役務の提供の日の属する事業年度。

（例）出荷日，検収日，作業結了日，使用収益開始日等

• **近接する日**

収益認識会計基準に従って，継続適用を前提として，引渡し等の日に近接する日の属する事業年度の確定決算で収益経理することも認めています。

（例）契約効力発生日，仕切精算書到達日，検針日等

- 申告調整

　収益の額を近接する日の属する事業年度において申告調整することも容認。ただし，引渡し等の日または近接する日に収益経理をしている場合に，これら以外の日へ申告調整によって変更することは認められてはいません。

- 役務提供

　履行義務が一定の期間にわたり充足されるものについては各事業年度の進捗度に応じて益金算入し，履行義務が一時点で充足されるものについては，引渡し等の日の属する事業年度の益金に算入します。

【役務提供の収益計上時期】

履行義務のタイプ	物の引渡しの有無	収益の計上時期
履行義務が一定の期間にわたり充足されるもの	あり	履行に着手した日から目的物の全部を完成して相手側に引渡した日までの期間において履行義務が充足されているそれぞれの日
	なし	履行に着手した日から約した役務の全部を完了した日までの期間において履行義務が充足されているそれぞれの日
履行義務が一時点で充足されるもの	あり	目的物の全部を完成して相手側に引渡した日
	なし	役務の全部を完了した日

- 請負

　原則として引渡し等の日の属する事業年度の益金となりますが，進捗度に応じて益金算入している場合には，これを認めるとしています。

【請負の収益計上時期】

物の引渡しの有無	区分	収益の計上時期
あり	完成引渡基準	目的物の全部を完成して相手側に引渡した日
	部分完成単位基準	完成部分を引渡した日
なし	役務完了基準	役務の全部を完了した日
	部分完了単位基準	部分的に収益金額が確定した日

- 委託販売

　委託販売の収益計上時期は，原則として受託した販売した日ですが，売上計算書が売上の都度作成・送付されている場合には，売上計算書の到達した日（＝

近接日）の計上も認められています。

• 予約販売

　予約販売は商品等を将来引渡す等の約束で，予め予約金を受け取るものですが，収益の計上時期は，商品の引渡し又は役務提供完了日になります。

③収益の計上額

• 原則

　法人税法上，収益の計上額は，「譲渡資産の引渡し等の時点の価額又は提供した役務の通常得るべき対価の額」（第三者間で通常付される価額＝時価）をもって計上します。収益計上額には，資産の販売の金銭債権の貸倒れや買戻しの可能性がある場合でもその見積もり額を織り込むことはできない点が，収益認識会計基準と異なります。

【収益の計上額比較：収益認識会計基準 vs. 法人税法】

　なお，これに伴い，資産の販売等の対価として受け取る金額のうち，貸倒れ等が生ずる可能性があることにより金銭債権の勘定としていない金額（金銭債権計上差額。上記のケースでは，70）がある場合には，その対価の額に係る金銭債権の帳簿価額は，その金銭債権計上差額を加算した金額（上記のケースでは，900 + 70 = 970）とされました。

- 収益の額の修正

・原則

　収益計上した事業年度後の事業年度において，修正（値引き，割戻し等）の経理があった場合，その修正後の金額が時価であるときは，その修正による増減額は，修正の経理を行った事業年度の益金または損金となります。

・変動対価

　変動対価につき，以下の一定の要件を満たす場合には，変動対価につき引渡し等事業年度の確定した決算において，収益の額を減額し，又は増額して経理した金額は，引渡し時の価額等の算定に反映することも認められています。

(a) 値引き等の事実の内容及び当該値引き等の事実が生ずることにより契約の対価の額から減額若しくは増額する可能性のある金額又はその算定基準が，当該契約若しくは法人の取引慣行若しくは公表した方針等により相手方に明らかにされていること又は当該事業年度終了の日において内部的に決定されていること

(b) 過去における実績を基礎とする等合理的な方法のうち法人が継続して適用している方法により(a)の減額若しくは増額の可能性又は算定基準の基礎数値が見積もられ，その見積りに基づき収益の額を減額し，又は増額することとなる変動対価の額が算定されていること

(c) (a)を明らかにする書類及び(b)の算定の根拠となる書類が保存されていること

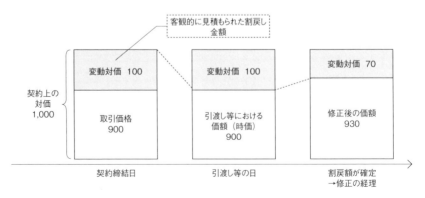

④その他

- 税務上も，返品調整引当金制度，長期割賦販売等における延払基準は，所要の経過措置を講じた上で廃止されました。
- 返品権付販売

収益認識会計基準では「変動対価」として返品相当額の見積もりを行い，「返金負債」として売上高より控除しますが，税務上は返品調整引当金制度の廃止に伴い，返品の可能性があっても収益の額を減額しない取り扱いとされました。

(2) 工事の請負

製造及びソフトウェアの開発を含む工事の請負に係る収益・費用の額について法人税法は従前通り，以下の区分に応じて計上することとされています。

① 長期大規模工事の収益・費用の計上時期

長期大規模工事（ソフトウェアの開発も含む）については，工事進行基準の適用が強制されています。なお，長期大規模工事とは以下の全ての要件を満たす工事をいいます。

(a) 工事の着手の日から工事契約の目的物の引渡し期日までの期間が1年以上であること。

(b) 請負対価が10億円以上であること。

(c) 工事契約において，その請負対価の2分の1以上が目的物の引渡し期日から1年を経過する日後に支払われるものではないこと。

② 長期大規模工事以外の工事の収益・費用の計上時期

長期大規模工事以外の工事で2事業年度以上にわたるものは，工事進行基準又は工事完成基準を選択することができます。2事業年度以上にわたらないものは，工事完成基準となります。工事完成基準は，以下の(a)〜(d)のうち引渡しの日として合理的であると認められる日をいいます（継続適用する必要があります）。

(a) 作業を終了した日

(b) 相手方の受入場所へ搬入した日

(c) 相手方が検収を完了した日

(d) 相手方において使用収益開始の日等当該建設工事等の種類及び性質, 契約の内容等に応じその引渡しの日として合理的であると認められる日のうち, 法人が継続してその収益計上を行うこととしている日

(3) 貸倒引当金

　法人税法では, 販売費及び一般管理費その他の費用についての損金算入基準として, 法22条3項2号において, 原則的には「債務確定基準」によるべきことを規定していますが, 企業会計の慣行との兼ね合いもあり, 期末資本金が1億円以下の中小法人 (大法人の100%子会社等を除く), 銀行・保険会社等の一定の金銭債権を有する法人に限って, 損金経理を要件として貸倒引当金繰入額を一定の繰入限度額まで損金の額に算入することができます。

① 対象となる金銭債権

　次の2つに区分します。ただし, 連結納税制度の対象となる「連結法人間金銭債権」等は除かれることになっています。

【引当対象となる金銭債権】

区　分	内　　容
個別評価金銭債権	①長期棚上げ債権 　会社更生法等の規定による更生計画認可の決定等一定の事由に基づいて棚上げ又は年賦償還されることとなった金銭債権
	②一部回収不能債権 　債務者につき, 債務超過の状態が相当期間継続し, 事業好転の見通しが立たないこと等その一部について取立等の見込みがないと認められる金銭債権
	③形式基準該当債権 　債務者につき, 会社更生等の規定による更生手続開始の申立て, 手形交換所による取引停止処分等の一定の事由が生じているもの
	④外国公的不良債権 　外国の政府等に対する金銭債権のうち, 長期にわたる債務の履行遅延によりその経済的な価格が著しく下落し, その弁済を受けることが著しく困難であると認められる事由が生じているもの
一括評価金銭債権	期末において有する売掛金, 貸付金その他これらに準ずる金銭債権のうち個別評価金銭債権以外のもの。 　なお, 先日付小切手はここに含まれますが, 預貯金はこれに該当しません。 　また, 裏書手形・割引手形は, 決済がなされるまでは一括評価金銭債権として計算してよいこととなっています。

② 繰入限度額

(a) 個別評価金銭債権の繰入限度額

【個別評価金銭債権の繰入限度額】

区　分	繰入限度額
長期棚上げ債権	期末の債権金額のうち，長期棚上げ等の事由が生じた事業年度の翌期首から5年以内に弁済されることとなっている金額以外の金額（担保等取立て等の見込みがあると認められる部分の金額を除く）
一部回収不能債権	期末の債権金額のうち，取立て等の見込みのないと認められる部分の金額
形式基準該当債権	期末の債権金額（実質的に債権とみられない部分の金額（注）及び担保等取立て等の見込みがあると認められる部分の金額を除く）×50％
外国公的不良債権	期末の債権金額（実質的に債権とみられない部分の金額及び担保等取立て等の見込みがあると認められる部分の金額を除く）×50％

(注)「実質的に債権とみられない金額」とは，同一人に対する債権と債務がある場合には，その債務の金額に相当する金額をいい，債権から相殺されますので，これを除外しなければなりません。

　なお，上記の事由が生じていることを証明する一定の書類の保存が要件となっていることに留意する必要があります。

(b) 一括評価金銭債権の繰入限度額

> 繰入限度額＝期末の一括評価金銭債権の帳簿価額の合計額×貸倒実績率（注）

(注) 貸倒実績率とは，次の算式によって計算した割合です。

$$
貸倒実績率 = \frac{当期首前3年以内に開始した各事業年度の貸倒損失の額（＊）の合計額 \times \dfrac{12}{左の各事業年度の月数の合計額}}{当期首前3年以内に開始した各事業年度末の一括評価金銭債権の帳簿価額の合計額 \times \dfrac{1}{左の各事業年度の数}}
$$

(＊) 貸倒損失の額には，売掛債権等の貸倒損失の額のほか，個別評価金銭債権の繰入限度額に達するまでの金額を含み，その洗替えによる益金算入額を控除した金額。

③ 中小法人等の特例

　中小法人（期末資本金額が1億円以下の普通法人で，資本金が5億円以上の大法人又は相互会社の100%子会社（いわゆる大企業子会社）でないもの）等については，一括評価金銭債権に係る貸倒引当金の繰入限度額の計算にあっては，**法定繰入率**による計算も認められています。但し，一定の所得金額の3年平均が15億円超の法人は適用除外となります。

> 一括評価金銭債権の繰入限度額
>
> ＝ （期末の一括評価金銭債権の額の合計額－実質的に債権とみられないものの額）×法定繰入率（注）

（注）法定繰入率は次の表のとおりです。

【法定繰入率】

主たる事業の区分	法定繰入率
卸売業及び小売業（飲食店業及び料理店業を含み，割賦販売小売業を除く）	10/1,000
製造業（電気業，ガス業，熱供給業，水道業及び修理業を含む）	8/1,000
金融業及び保険業	3/1,000
割賦販売小売業及び割賦購入あっせん業	7/1,000
その他の事業	6/1,000

④ 貸倒引当金の取崩し

　貸倒引当金の金額は，その繰入をした事業年度の翌事業年度において，その全額を益金の額に算入（洗替え方式）しなければなりません。

⑤ 申告要件

　貸倒引当金勘定への繰入額の損金算入は，確定申告書に繰入額の損金算入に関する明細の記載がある場合に限りその適用があります。

⑥ 貸倒引当金勘定に繰入れた金額等とみなす金額

　資産の販売等の対価として受け取ることとなる金額のうち，貸倒れが生ずる可能性があることにより金銭債権に係る勘定の金額としていない金額があると

きでも，その金額は損金経理により貸倒引当金勘定に繰り入れた金額又は期中個別貸倒引当金勘定もしくは期中一括貸倒引当金勘定の金額とみなします。

収益認識会計基準では，貸倒れ等の見積額を収益から控除する扱いとなりますが，法人税法上はこの分を金銭債権に加算することになります。一方でこの分を貸倒引当金に計上したものとみなして減算することで，最終的に会計上の帳簿価額と税務上の帳簿価額が一致することになります。

(4) 貸倒損失

会計上の貸倒損失は税務上も損金算入を認めていますが，実務上金銭債権が回収不能に陥っているかどうかの事実認定や損金算入時期をめぐって，税務上トラブルになるケースが少なくありません。

税務上は，通達によって貸倒れの判定基準を示していますので，実務上はこれに基づき貸倒れの判定をすることとなります。

【税務上の貸倒れ】

区　分	発生した事実・内容	貸倒金額	損金算入時期
法律上の貸倒れ (法基通 9-6-1)	会社更生法，民事再生法の再生計画の認可の決定による切捨て	切り捨てられることとなった部分の金額	その事実の発生した日を含む事業年度
	会社法の特別清算に係る協定の認可による切捨て		
	関係者の協議決定による切捨て ・債権者集会の協議決定で合理的な基準により債務者の負債整理を定めたもの ・行政機関，金融機関その他第三者の斡旋による当事者間の協議により締結された契約で合理的な基準によるもの		
	債務者の債務超過の状態が相当期間継続し，その弁済を受けられないと認められない場合において，その債務者に対し書面により明らかにされた場合	債務免除の通知した金額	
事実上の貸倒れ (法基通 9-6-2)	債務者の資産状況，支払能力等からみて全額が回収できないことが明らかとなった場合（担保物のない場合に限る。保証債務は履行した後）	金銭債権の金額 (注1)	回収できないことが明らかとなった事業年度
形式上の貸倒れ (法基通 9-6-3)	債務者との継続的取引停止後1年以上経過した場合（担保物のない場合に限る）	売掛債権の額から備忘価額（1円以上）を控除した金額 (注2)	取引停止後1年以上経過した日以後の事業年度
	同一地域の売掛債権の総額は取立て費用に満たない場合において督促しても弁済がないこと		弁済がないとき以後の事業年度

(注1) 金銭債権の一部の金額につき損金算入することはできません。
(注2) 貸付金その他これに準ずる債権は，形式上の貸倒れの対象となりません。

2. 消費税

(1) 収益認識会計基準への対応

　消費税法は，法人税法とは異なり，収益認識会計基準に対応した改正を行っていないため，従来からの取扱いを変更していません。したがって，収益計上時期等会計と取扱いが異なるケースがあるため，留意が必要です。

　なお，国税庁では，会計・法人税・消費税のいずれかの処理が異なる事例を下記のとおり公表していますので，参考にしてください。

ケース1 自社ポイントの付与（論点：履行義務の識別）

　家電量販店を展開するA社はポイント制度を運営しています。A社は，顧客の100円（税込）の購入につき10ポイントを付与します（ただし，ポイント使用部分についてポイントは付与されません）。顧客は，1ポイントを当該家電量販店グループの1円の商品と交換することができます。X1年度にA社は顧客に11,000円（税込）の商品を販売し，1,100ポイントを付与しました（消化率100%と仮定）。A社は当該ポイントを顧客に付与する重要な権利と認識しています。顧客は当初付与されたポイントについて認識しません。なお，消費税率10%（以下全ケースにおいて同様）とします。

【会計・法人税の取扱い】

● 商品の売買時

A社の仕訳（単位：円）		顧客の仕訳（単位：円）	
(借)	(貸)	(借)	(貸)
現金　　　11,000	売上(*1)　　9,009	仕入　　　10,000	現金　　　11,000
	契約負債(*2)　991	仮払消費税　1,000	
	仮受消費税　1,000		

(*1)　商品　10,000 × 10,000 ／ (10,000+1,100) ＝9,009

(*2)　ポイント　10,000 × 1,100 ／ (10,000+1,100) ＝991

● ポイント使用時

A社の仕訳（単位：円）		顧客の仕訳（単位：円）
（借）	（貸）	処理なし(*3)
契約負債　991	売上　991	

(*3)　ポイント使用を仕入値引とする等複数の処理があり得る。

【消費税の取扱い】

● 商品の売買時

A社（単位：円）		顧客（単位：円）	
課税売上げの対価	10,000	課税仕入れの対価	10,000
課税売上げに係る消費税額	1,000	課税仕入れに係る消費税額	1,000

● ポイント使用時

A社（単位：円）		顧客（単位：円）	
課税売上げの対価	1,000	課税仕入れの対価	1,000
1,000×10%＝100	税額　100	1,000×10%＝100	税額　100
対価の返還等（ポイント分）	△1,000	対価の返還等（ポイント分）	△1,000
（1,100×100／110）×10%＝100	△100	（1,100×100／110）×10%＝100	△100
差引消費税額（100－100）	0	差引消費税額（100－100）	0

ケース2　契約における重要な金融要素

　B社は顧客Xとの間で商品の販売契約を締結し，契約締結と同時に商品を引渡しました。顧客は契約から2年後に税込対価2,200千円を支払うことになっています。契約上，利子を付すこととはされていませんが，信用供与についての重要な便益が顧客に提供されると認められます。対価の調整として用いる金利は1％とします。

【会計・法人税の取扱い】

● 商品の引渡時

B社の仕訳（単位：円）		顧客Xの仕訳（単位：円）	
（借）	（貸）	（借）	（貸）
売掛金(*1)　2,157	売上　1,957	仕入　2,000	買掛金　2,200
	仮受消費税　200	仮払消費税　200	

(*1)　$2,200 \div (1+0.01)^2 = 2,157$

49

● 1年後

B社の仕訳（単位：円）		顧客Xの仕訳（単位：円）
（借）	（貸）	処理なし
売掛金　　21	受取利息(*2)　　21	

(*2)　2,157 × 0.01 = 21

● 2年後，対価決済時

B社の仕訳（単位：円）		顧客Xの仕訳（単位：円）	
（借）	（貸）	（借）	（貸）
売掛金　　22	受取利息(*3)　　22	買掛金　　2,200	現金　　2,200
現金　　2,200	売掛金　　2,200		

(*3)　2,200 − (2,157 + 21) = 22

【消費税の取扱い】

● 商品の引渡時

B社（単位：円）		顧客X（単位：円）	
課税売上げの対価	2,000	課税仕入れの対価	2,000
課税売上げに係る消費税額	200	課税仕入れに係る消費税額	200

● 1年後

（売手，買手とも処理なし）

● 2年後，対価決済時

（売手，買手とも処理なし）

ケース3　割戻を見込む販売（論点：変動対価）

　C社は，Y社と商品Zの販売について2年契約を締結しています。この契約における対価には変動性があり，1個当たりの販売価格は5,000円ですが，Y社が商品Zを1,000個よりも多く購入する場合には4,000円に，さらに2,000個よりも多く購入する場合には3,000円に減額すると定めています。C社は，Y社への2年間の販売数量予測は2,000個になると予想しています。X1年5月に1,000個を販売し，X2年5月に1,000個を追加販売しました。

【会計・法人税の取扱い】

● X 1 年 5 月，商品 1,000 個の売買時

C 社の仕訳（単位：千円）		Y 社の仕訳（単位：千円）	
（借）	（貸）	（借）	（貸）
現金 5,500	売上(*1) 4,500	仕入 5,000	現金 5,500
	返金負債 500	仮払消費税 500	
	仮受消費税 500		

(*1)（計算方法） 取引価格は，1 個あたり 4,500 円となる。

⇒ |(1,000 個×@5,000 円) + (1,000 個× @4,000 円)| ÷ 2,000 個＝@ 4,500 円

⇒ 1,000 個× @4,500 = 4,500 千円

● X 2 年 5 月，追加商品 1,000 個の売買時

C 社の仕訳（単位：千円）		Y 社の仕訳（単位：千円）	
（借）	（貸）	（借）	（貸）
現金 4,400	売上(*2) 4,500	仕入 4,000	現金 4,400
返金負債 500	仮受消費税 400	仮払消費税 400	

(*2) 1,000 個× @4,500 = 4,500 千円

【消費税の取扱い】

● X 1 年 5 月，商品 1,000 個の売買時

C 社の仕訳（単位：千円）		Y 社の仕訳（単位：千円）	
課税売上げの対価	5,000	課税仕入れの対価	5,000
課税売上げに係る消費税額	500	課税仕入れに係る消費税額	500

● X 2 年 5 月，追加商品 1,000 個の売買時

C 社（単位：千円）		Y 社（単位：千円）	
課税売上げの対価	4,000	課税仕入れの対価	4,000
課税売上げに係る消費税額	400	課税仕入れに係る消費税額	400

ケース4 返品権付き販売（論点：変動対価）

　D 社は，顧客へ 1 個 200 円の商品（原価 120 円）を 100 個販売し，その返品予想は 2 個と見込みました。D 社の仕訳は次のとおり。

【会計】

D 社の仕訳（単位：円）				顧客の仕訳（単位：円）			
（借）		（貸）		（借）		（貸）	
現金	22,000	売上	19,600	仕入	20,000	現金	22,000
		返金負債(*1)	400	仮払消費税	2,000		
		仮受消費税	2,000				
売上原価	11,760	商品	12,000				
返品資産(*2)	240						

(*1) 返品予想 2 個×@ 200 円 = 400 円

(*2) 返品予想 2 個×@ 120 円 = 240 円

【法人税の取扱い】

D 社の仕訳（単位：円）				顧客の仕訳（単位：円）			
（借）		（貸）		（借）		（貸）	
現金	22,000	売上	20,000	仕入	20,000	現金	22,000
		仮受消費税	2,000	仮払消費税	2,000		
売上原価	12,000	商品	12,000				

(注) 本設例は，平成 30 年度税制改正における返品調整引当金に係る経過措置の適用終
了後の取引を前提としている。なお，経過措置期間中は会計における返金負債勘
定の金額から返品資産勘定の金額を控除した金額に相当する金額が損金経理によ
り返品調整引当金勘定に繰り入れたものとして取扱われる。

【消費税の取扱い】

D 社（単位：千円）		顧客（単位：千円）	
課税売上げの対価	20,000	課税仕入れの対価	20,000
課税売上げに係る消費税額	2,000	課税仕入れに係る消費税額	2,000

ケース5 商品券等（論点：非行使部分）

　E 社は 1 枚当たり 1 千円のギフトカードを 500 枚，合計 500 千円を顧客に発
行しました。過去の経験から，発行済ギフトカードのうち 10％である 50 千円
分が非行使部分になると見込んでいます。発行した翌期に 200 千円相当の商品
と引き換えられ，消費税を含めて行使されました。

【会計】

● ギフトカード発行時

E社の仕訳（単位：千円）		顧客の仕訳（単位：千円）	
（借）	（貸）	（借）	（貸）
現金　500	契約負債　500	商品券　500	現金　500

● ギフトカード行使時

E社の仕訳（単位：千円）		顧客の仕訳（単位：千円）	
（借）	（貸）	（借）	（貸）
契約負債　244	売上　200	仕入　200	商品券　220
	仮受消費税　20	仮払消費税　20	
	雑収入(*)　24		
売上原価　××	商品　××		

(*) 計算方法

　　非行使部分　500枚 × 10% × @1,000円 = 50,000円

　　行使割合　220枚 ÷ (500枚 − 50枚) = 48.888%　⇒　50,000円 × 48.888% = 24,444円

【法人税の取扱い】

　会計と同じ取り扱いを原則とするが，以下の処理も認められています。

● ギフトカード発行時

E社の仕訳（単位：千円）		顧客の仕訳（単位：千円）
（借）	（貸）	会計と同じ
現金　500	雑収入　500	

● ギフトカード行使時

E社の仕訳（単位：千円）		顧客の仕訳（単位：千円）
（借）	（貸）	会計と同じ
売上原価　××	商品　××	

【消費税の取扱い】

● ギフトカード発行時

E社（単位：千円）		顧客（単位：千円）	
不課税	500	不課税	500

●ギフトカード行使時

E 社 （単位：千円）		顧客 （単位：千円）	
課税売上げの対価	200	課税仕入れの対価	200
課税売上げに係る消費税額	20	課税仕入れに係る消費税額	20

[ケース6] 消化仕入（論点：本人・代理人）

　百貨店Fは，Z社と消化仕入契約を締結しています。百貨店Fは顧客に1個20,000円の商品（卸値19,000円）を1個販売しました。百貨店Fは，自らをこの消化仕入れに係る取引における代理人に該当すると判断しています。百貨店Fの仕訳は次のとおり。

（単位：円）

会計・法人税の取扱い				消費税の取扱い	
（借）		（貸）		課税売上げの対価	20,000
売掛金	22,000	手数料収入	1,000	課税売上げに係る消費税額	2,000
仮払消費税	1,900	買掛金	20,900	課税仕入れの対価	19,000
		仮受消費税	2,000	課税仕入れに係る消費税額	1,900

(2) その他

① 売掛金の譲渡

　売掛金の譲渡は，「有価証券に類するものの譲渡」として非課税取引に該当し，消費税は課されません。課税売上割合の計算上，譲渡対価の額の5%相当額を分母に含めます。

② 貸倒引当金の繰入・戻入

　貸倒引当金の繰入・戻入は資産の譲渡等には該当せず，課税の対象外となり，消費税は課されません。

③ 貸倒損失

　貸付金の貸倒損失は，資産の譲渡等には該当せず，課税の対象外となり，消費税は課されません。

Column 4　ファクタリング

----

1. 経緯

　最近，新型コロナの影響等で資金繰りが悪化している事業者でファクタリングが活用されている。特に 2020 年 4 月に債権法（民法等の契約に関する部分）の改正が行われ，譲渡制限特約が付されていても債権譲渡は原則有効となったことから，売掛金等を活用した資金調達が行い易くなった。

2. ファクタリングの仕組み

　ファクタリングには，債務者との合意等を得て行う三者間ファクタリングと，債務者を介さずに行う二者間ファクタリングとがあるが，下図は代表的な三者間ファクタリングの仕組みである。

【ファクタリング（三者間ファクタリング）の仕組み】

3. 債権者の会計処理（三者間ファクタリングの場合）

③売掛債権譲渡時

　売掛債権の譲渡契約（例：10 万円）を結んだ段階で「売掛金」から「未収入金」に振り替える。

（借）未収入金	100,000	（貸）売掛金	100,000

④入金時

　ファクタリング会社から買取代金が手数料相当額（例：5 千円）を控除して振り込まれた場合，手数料相当分は「売掛債権売却損」として処理する。

（借）普通預金	95,000	（貸）未収入金	100,000
売掛債権売却損	5,000		

なお，二者間ファクタリングの場合は，債務者への通知・承諾の手続きが行われないため，債権者は「未収入金」への振替えを行わない。また，ファクタリング会社からの入金前に債務者から売掛金の返済があるケースもあるため，その場合は債権者で一旦預り処理を行い，ファクタリング会社へ返金する。

○債務者から返済時

（借）普通預金	100,000	（貸）預り金	100,000

○ファクタリング会社へ返金時

（借）預り金	100,000	（貸）普通預金	100,000

4. 税務

⑴ 法人税

● 原則として，債権譲渡契約の締結時に支配が他の者に移転することから，契約時に譲渡損益を認識する。ただし，以下の要件の充足が必要となる。

　① 売却等を受けた者が，売却等を取り消すことができないことや，譲渡人の倒産等のリスクから確実に引き離されていることなど，実質的な制約なしに権利を行使できること。

　② 譲渡人は満期日前に買い戻す権利・義務を実質的に有していないこと。

⑵ 消費税

● 債権譲渡は，消費税法上金銭債権の譲渡と扱われるため，非課税取引となる。また，手数料相当額も契約上金銭債権の譲受けであれば金銭債権の譲受対価となるため，非課税となる。

◆ 内部統制上のポイント

1. 与信管理

　新規取引先に対し，恣意的に与信限度額が設定されたり，継続取引先に対する与信限度額が恣意的に変更されるリスクを防ぐため，与信を設定する部門とは異なる管理部門（経理部門等）の担当者が，社内で規定されている与信基準に則って与信限度額が設定・見直しされていることを確認します。

2. 契約（受注）

　新たな取引において与信限度額が超過することを防ぐため，与信管理者は，定期的に，与信管理台帳，顧客別管理台帳を突合し，取引額残高与信限度額を超過しないことを確認します。また，システム上，与信限度額を超える入力ができない設定をする方法もあります。

3. 売上計上

　数量・単価の確認を怠り，売上の計上額を誤ることを防ぐため，担当者は，出荷指図書や検収確認書等の売上証憑書類と売上伝票を突合し金額を確認します。

4. 請　求

① 　請求手続きに関しては，請求書の改ざん防止や誤謬発見のため，販売・回収・出荷等の担当者が請求書の発送手続きを行わないようにすることが適切です。また，顧客別管理台帳と請求書を突合し金額を確認します。

② 　請求書の発行時，上司の承認を受けます。

③ 　顧客別管理台帳と請求書発行管理簿を突合し，請求書の発行に漏れがないことを確認します。

5. 決　済

　消込み伝票の計上が漏れることを防ぐため，担当者は，入金明細及び債権残高明細と会計帳簿を突合し，計上に漏れがないことを確認します。

6. 顧客別債権管理

　顧客別管理台帳への売上データの記入漏れを防ぐため，担当者は，売上証憑書類と顧客別管理台帳を突合し，売上データに漏れがないことを確認します。

7. 滞留債権対応

　社内で定める一定額以上の滞留債権については，営業部門とは異なる管理部門（経理部門等）がその原因を確認し，営業部門における回収進捗を管理・監督します。

8. 値引・割戻し対応

　売上値引と売上割戻しは商品の動きを伴わないので，不正のもととなりやすく注意が必要です。内部統制上のポイントとしては次の点があります。

①　販売担当者に申請書を提出させ，上司の承認後，決済を行います。その際に添付資料として，算定根拠となる証憑や契約書等とも照合するようにします。

②　決済は銀行振込みや売掛金との相殺処理を行い，現金での支払は避けます。

ズバリ，ここが実務ポイント！

▶組織内においては，営業部門は売上をよくしたいというインセンティブが働くため，架空売上が計上されないような内部統制を行うことが重要。

▶売上は回収されるまで気を抜けない。タイムリーに未回収債権を把握して貸倒リスクを低減させるようにウォッチする仕掛けが重要。

▶貸倒引当金については，企業会計と税務の繰入要件が異なるため，一般的に会計上先行して引当てるケースが多いが，この場合，税務上，否認した金額の税効果分を繰延税金資産として認識する必要がある。

▶代金回収に受け取った受取手形が不渡りになった場合，2回の不渡りで事実上倒産だが，残りの売掛金などの未収入金について，税務上は，貸倒損失処理を直ちにすることができない。法律上の貸倒れでない限り，1年経た後でないと貸倒損失として計上できないことに注意。

▶収益認識会計基準により企業会計・法人税法・消費税法との取扱いが異なってくるケースについては要注意。

2. 買掛債務管理

　買掛金とは，商品・原材料の仕入など通常の営業取引から発生した債務をいい，金額の支払によって消滅します。本章ではこの買掛債務の管理の実務について述べていきます。

◆ 業務の流れ

1. 購入契約

(1) 購入先の選定

　購入業務の目的は，信頼できる取引先から，商品を，適正な価格，数量，納期で購入し，安定的・継続的に物品の供給を受けられる体制を整備することです。

　そのため，信頼性の高い取引先を選定し登録しておくことが重要です。

　これらの取引先選定のためには，財務諸表の入手，定期的な信用調査，業界情報，口コミなど，情報のアンテナを張っておくことが大切です。

(2) 契　約

　仕入先との適切な取引を行うために，取引条件を設定し，契約を締結する必要があります。条件には，取引目的，契約期間，納期，支払条件，検収方法，品質保証などがあり，これらの条件を契約書に明記します。

　契約にあたっては，**下請代金支払遅延等防止法（下請法）**等の法律に違反していないか，コンプライアンスに留意する必要があります。

下請代金支払遅延等防止法について

　下請代金支払遅延等防止法（下請法）とは，元請事業者（親事業者）と下請事業者の公正な取引を目指し，立場の弱い下請事業者の利益を害することを防止するための法律。優越的地位にある元請事業者に対して，下記の事象等を排除し，下請事業者の保護を図ろうとするものである。

●元請事業者（親事業者）の禁止事項

① 受領拒否：注文した物品などの受取りを拒むこと。

② 下請代金の支払遅延：下請代金を役務の提供を受けた日から60日以内に定められた支払期日までに支払わないこと。

③ 下請代金の減額：あらかじめ定めた下請代金を減額すること。

④ 返品：受け取った物品を理由なく返品すること。

⑤ 買いたたき：類似品等の価格又は市価に比べて著しく低い下請代金を不当に定めること。

⑥ 購入・利用強制：元請事業者が指定する物・役務を強制的に購入・利用させること。

⑦ 報復措置：下請事業者が元請事業者の不公正な行為を公正取引委員会又は中小企業庁に知らせたことを理由としてその下請事業者に対して不利益な取扱いをすること。

⑧ 有償支給原材料等の対価の早期決済：有償で支給した原材料等の対価を下請代金の支払期日より早期に支払わせたりすること。

⑨ 割引困難な手形の交付：一般の金融機関で割引を受けることが困難な手形を交付すること。

⑩ 不当な経済上の利益の提供要請：下請事業者から金銭，労務の提供等をさせること。

⑪ 不当な給付内容の変更及び不当なやり直し：費用を負担せずに注文内容を変更し，又は受領後にやり直しをさせること。等

2. 仕入

仕入の計上基準にはいくつかあります（「会計上のポイント2(1)」参照）が，ここでは最も一般的な**入荷基準**と**検収基準**を説明します。

(1) 入荷基準

物品を工場や倉庫で実際に受け取った段階で仕入（買掛金）を計上する方法です。

物品等の受入については，購買関連部署への連絡及び内部管理のため，帳票の整備が必須です。作成又は入手すべき書類は納品書・送り状となり，これらの作成日又は入手日の記載があることを確認し，日付順又は仕入先別等の区分により整理保管します。購買関連部署においてもこれらの書類は注文書控等と照合する必要があります。

仕入計上においては，納品書と請求書との照合を行い仕入金額の確認をする必要があります。

なお，入荷処理後に不良品が発見された場合は，所定の社内手続きを経てから，入荷の取消し処理を行います。

(2) 検収基準

物品を検収した時点で仕入を計上する方法です。検収基準は，物品を受け取った際，注文した規格に合わないもの・不良品がないかを確認し，そのようなものがあった場合は返品や値引き等を行った後に，仕入（買掛金）を計上する方法なので，買掛債務としては最も確実性が高く，一般的な基準です。

上記(1)入荷基準でも記載したとおり，帳票の整備，整理保管が必須です。なお，作成又は入手すべき書類，注意事項は以下のとおりです。

① 検収報告書

検収は全て一連番号を付した検収報告書により行います。控えは，関連部署へ回覧します。

② 検収不良報告書

　数量不足，品質不良等の不良原因を明記し，関連部署へ回覧します。

③ 納品書・送り状

　購買関連部署において注文書控・検収報告書控と照合します。

④ 返品伝票・返品に関する物品受領書

　物品受領書には必ず返品先の受領印を入手します。2つに共通することとして，これらの伝票は関連部署へ回覧し，数量・単価等のチェックを行います。

3. 管理・決済

(1) 期日別債務残高管理

　期日別に債務残高の管理を行います。

　買掛金は，仕入の計上とともに計上されますが，買掛金各々の支払は取引先との支払条件により支払サイトが異なります。そこでいつ支払うべきものかを管理する期日別債務残高管理表の作成が必要になります。

　期日別債務残高管理を行うことにより，支払遅延，二重支払などの防止を図ることができ，資金管理等の面においても重要となります。

　支払状況にも期日別債務残高管理表や**年齢調べ**を活用し，決められた決済条件により支払われていないもの，長期にわたって未決済になっている滞留買掛金がないかを把握します。

(2) 決　済

　決済は以下の手順で行われます。

① 請求内容の確認及び債務計上

　注文書控・検収報告書控等と照合し，品目・数量・単価・金額等といった請求内容に問題がないことを確認します。確認後，請求内容に基づき債務の計上をします。

② 支払依頼

　各取引先の支払条件を確認した上で支払依頼書を作成します。

③ 支払実行

　支払依頼書に基づき，各仕入先への支払を行います。

④ 債務消込み

　支払実施後は仕入先別台帳等の補助簿に転記し，各取引先へ適正な金額の支払が行われていることを確認するとともに，債務残高に関しても台帳等と会計帳簿の残高が一致していることを確認します。

(3) 仕入先別債務残高管理

　仕入先別元帳にて管理をし，個別の債務残高の管理を行います。

　仕入先別に買掛金の記録・集計を行い，支払の遅延，二重支払，取消等のトラブルが生じないよう管理する必要があります。

　仕入先別元帳の合計額と総勘定元帳の買掛金残高は必ず一致するので，一致しない場合には，転記ミスや計算誤りがあることになります。

　これらのミスを発見し，正しい買掛金残高を記録・支払管理するためにも仕入先別債務残高管理が必要となります。

4. 値引・割戻し

(1) 値引・割戻し対応

　仕入値引・仕入割戻しにつき，契約・規程等を参照し，対応します。

KEYWORD

▶**仕入値引**：仕入商品の量目不足，品質不良，破損等の理由により，仕入代金から控除されるものをいう。

▶**仕入割戻し**：一定期間に多額又は多量の仕入取引をしたときに，仕入先から受け入れる仕入額の返戻額をいう。一般的にはリベートと呼ばれている。

▶**仕入割引**：仕入代金を約定支払日前に支払った時に支払額の減額を受けることをいう。

⑵ 請　求

　承認内容を確認し，取引先に対する請求書発行手続きを行います。

⑶ 決　済

　入金確認を行います。

◆ 会計上のポイント

1. 買掛金の認識，計上基準

　買掛金等の金銭債務は，貸借対照表上，当該債務金額をもって計上します。

　また，買掛金は，仕入とともに発生の認識をします。

　仕入は売上原価を構成し，売上原価は発生主義により認識し，その認識した費用を費用収益対応原則により，各期に配分します。

　検収基準の場合，検収合格日＝仕入原価計上日＝買掛金計上日となります。

2. 物品購入の場合の商品仕入

　販売用の物品を購入した場合の仕入高を計上します。仕入高には用役の購入及び付随費用が含まれます。逆に，期間費用としての販売諸掛や金利等は除かれます。

⑴ 仕入の計上基準

　仕入の「発生」とは具体的にどの時点を指すのか，仕入高の計上基準には下記のようなものがあります。

計上基準	仕入を計上する時点
発送基準	仕入先が商品を発送した時点。
入荷基準	商品が入荷した時点。
検収基準	商品を受入，検収した時点。

いずれの基準を採用するかどうかは会社の任意ですが，採用した計上基準は毎期継続的に適用しなければなりません。

(2) 輸入取引

輸入取引の仕入計上基準には下記のようなものがあります。

計上基準	仕入を計上する時点
FOB（Free on Board） 本船渡し条件	船積通知を入手した時。 FOB条件は売手が買手の指定もしくは本船に貨物を積み込み，その本船上で貨物の引渡しを完了したときに，当該貨物の所有権及び危険と費用の負担が買手に移ることから認められる仕入計上基準です。
CIF（Cost, Insurance and Freight） 仕向地までの運賃保険料込み条件	船積書類を入手した時。 CIF条件の場合は，売手は本船への積込及び買手への通知とともに，船荷証券，送状及び保険証券を買手に提供した時に貨物の所有権が移ることから認められる仕入計上基準です。

(3) 特殊な仕入取引

① 直　納

直納とは，仕入先から得意先，外注先から倉庫業者等に直接納品させる取引のことです。直納による仕入は，仕入先からの納品伝票により計上されます。この際，日付や数量等が計上された売上高の物品受領書等と一致することを確認する必要があります。

② 預け品

商品等を仕入先に預け入れたまま仕入を計上する取引のことです。この場合は，仕入先からの納品書等に基づいて仕入が計上されます。物品の移動がないので，検収等の手続きが行われない場合が多いです。従って，このような取引が行われた場合は，その理由，売買契約書，注文書，預り証等の証憑書類を整備するなど，現物管理，付帯状況に留意する必要があります。所有権の移転があいまいになり，粉飾の温床になることが多いので注意する必要があります。

③ 代価未確定

　購入代価が仕入計上時までに決まっていない取引をいいます。原則あってはならない取引ですが，実務上やむを得ない場合が発生します。このような場合は，購入代価を見積もって計上しておき，確定した後に確定額との差額を修正します。この取引も購入代価の確定時期を通して価格操作の温床になることが多いので注意する必要があります。

3. 買掛金の会計処理

(1) 買掛金認識時

　例えば，1,000円の商品を消費税（10％）込みで1,100円で仕入れた場合

① 税込経理方式

（借）仕　　入	1,100	（貸）買　掛　金	1,100

② 税抜経理方式

（借）仕　　入	1,000	（貸）買　掛　金	1,100
仮払消費税	100		

(2) 買掛金決済時

　買掛金決済の方法としては，「現金」「銀行振込」「小切手」「手形」などがあり，最近では，事務作業の効率化，安全性の確保，手形に貼る収入印紙代の節約などの理由から，「銀行振込」にするケースが増えています。

　決済方法の違いによる仕訳の例は以下のとおりです。

① 銀行振込

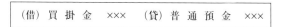

（借）買　掛　金	×××	（貸）普　通　預　金	×××

② 小切手

（借）買　掛　金	×××	（貸）当　座　預　金	×××

③ 手形

```
(借) 買 掛 金  ×××   (貸) 支 払 手 形  ×××
```

4. 仕入値引・仕入割戻し・仕入割引の会計処理

仕入値引・仕入戻しの会計処理は以下の2通りがあります。

(1) 直接控除法

```
(借) 買 掛 金  ×××   (貸) 仕   入  ×××
```

(2) 間接控除法

```
(借) 買 掛 金  ×××   (貸) 仕 入 値 引  ×××
                          (仕入割戻し)
```

なお，仕入割引は早期支払に対する金融収益としての性質を持っていることから，損益計算書の営業外収益として計上します。

◆ 税務上のポイント

1. 仕入の計上時期

法人税法においても，仕入の計上基準は原則として企業会計の取扱いを尊重しており，発生主義に基づいて計上し，費用収益対応原則により，当期の収益に対応する部分の金額が売上原価として，損金の額に算入されます。売上の計上基準同様，合理性と毎期継続適用がポイントとなります。

2. 仕入割戻しの計上時期

仕入割戻しの計上時期は，相手方との契約の有無，内容によって区分されます。

①算定基準が購入価額又は数量によっており，かつその基準が契約書等で仕入先から明示されている場合

購入日の属する事業年度

②上記①以外の場合

仕入割戻額の通知日の属する事業年度

◆ 内部統制上のポイント

1. 購買業務の流れの中で想定されるリスクと回避策

この章の一連の業務の流れの中で想定されるリスクとしては，例えば次のようなものがあります。

業務	リスク	具体的な内容	リスク回避の方法
購入先の選定	信頼できない取引先と取引するリスク	・反社会的勢力と取引していることが発覚した場合等に企業が社会的ダメージを負うリスク ・取引先の倒産により，安定的に調達を行うことができないリスク	・取引開始にあたっては，信用調査を行い，社内手続きを経る。 ・定期的に取引先の評価の見直しを行う。
契約	誤って発注するリスク	書面に基づかずに口頭で発注すること等により，実際の入荷が意図しないものとなるリスク	契約書の作成，注文書・請書に基づいて事後の検証が行えるようにしておく。
仕入	検収基準において検収確認が遅延するリスク	・販売機会を逃したり，操業スケジュールに支障をきたしたりするリスク ・支払が遅延することにより，会社の信用が低下するリスク ・下請代金支払遅延等防止法で定める決済期間を超過するリスク	検収担当者と発注担当者とを分ける。
	実際の入荷が発注内容と異なるリスク	数量や品質に問題があったり，納品場所を誤ったりすることにより，操業スケジュールに支障をきたすリスク	検収内容と発注データとの関連付けを行い，発注残の消込み作業を行う。
決済	支払方法，支払期日を誤るリスク	想定しない資金負担や手数料等のコスト負担が生じるリスク	発注担当者と支払担当者とを分ける。

2. その他のチェックポイント

(1) 検収作業上の注意点

内部統制上，検収作業は発注担当者と別の担当者によって行われる必要があ

ります。

また，納品書等の入荷証憑書類と契約書又は発注書を突合し，入荷が発注内容と一致したものであることを確認します。

(2) 決済上の注意点

支払業務は仕入計上とは別の担当者によって行われる必要があります。さらに支払を実行する担当者と承認する責任者を別にして内部けん制を図るとともに，支払依頼書と請求書を照合し支払先・支払金額に誤りのないようにします。また，支払担当者は，支払後は証憑に「支払済」を証するスタンプを押印して二重払いを避けるようにしましょう。

(3) 債務残高管理について

仕入先に自社の債務残高の問い合わせを定期的に行います。経理部門から仕入先に債務残高を確認することで，購買部門に対する内部けん制が有効に働きます。異常な残高は仕入・検収・経理等各部門間の連絡ミスにより生じることも多いので，部門間の連絡を効率的に行うことが必要です。

(4) 滞留買掛金の調査

売掛金と同様に買掛金も滞留しているものについて調査を実施し，原因の究明を図ります。記帳誤りなどが原因であることも考えられますが，最悪の場合には，架空仕入れである可能性も考えられます。

☞ ズバリ，ここが実務ポイント！

▶債務残高の確認を行うことは資金管理という面からも重要。定期的な残高確認を行うこと。

▶滞留買掛金の調査は念入りに行うこと。発生原因を明確にしないまま雑収入勘定などに振り替えることは慎むこと。

3. 在庫管理

在庫，即ち**棚卸資産**とは，販売することを目的とした，商品，製品，仕掛品，原材料のことをいいます。在庫の適切な管理は経営において重要な課題の一つです。在庫量が不足してしまうと欠品となり販売機会を逃してしまうことになりますし，多すぎると滞留在庫となって保管費用等のコストの圧迫要因となります。近年は，在庫管理は単に自社だけの課題ではなく，調達から生産・販売に至るまでのサプライチェーン・マネジメント（SCM: Supply Chain Management）の課題であり，自社にとって最適な在庫を保有することは永遠のテーマです。本章ではこの在庫の管理の実務について述べていきます。

◆ 業務の流れ

1. 残高管理

(1) 残高管理

定期的に在庫の**実地棚卸**を行い，実際に保管されている在庫の数量と帳簿残高を照合します。差異がある場合にはその差異の原因を究明するとともに，最終的には実地棚卸在高に修正をします。

KEYWORD

▶**実地棚卸**：棚卸資産の在高を原則事業年度終了時に実際に点検・計量することで，在庫を確定し，評価をすることをいう。売上原価を確定するための重要な手続きであるとともに，不良品や滞留品を発見して評価損の把握等必要な処理を行うための手続である。

⑵ 実地棚卸の目的

実地棚卸は下記の目的を達成するために必要なプロセスになります。

① 適正な期間損益計算を目的とする財務会計の見地から，正確な売上原価を把握するための必要不可欠な手段であること。

② 実地棚卸の実施により，通常気付かない汚れ，破損その他棚卸資産の物理的，機能的又は経済的陳腐化を把握したり，会社の購買や発注方法等の非効率な部分を発見し，業務改善に役立たせること。

⑶ 差額の発生として考えられる原因

現物棚卸資産と帳簿棚卸資産の差額の発生原因としては以下のような理由が考えられます。

現物棚卸資産 ⇐	差異発生 ⇒	帳簿棚卸資産
① 不注意による現品誤カウント		①入出庫伝票の記入誤り（二重記入，数字の誤り等）
② たな札集計ミス	原	②入出庫伝票の紛失
③ 現品カードの受入・払出の計算ミス	因	③売上，移管処理漏れ
④ 保管中の破損・紛失，目減り，盗難		④見本，処分報告漏れ
⑤ 他の製品の転用　など		⑤帳簿集計ミス　等

KEYWORD

▶**たな札**：実地棚卸に際して倉庫担当者があらかじめその棚卸時に在庫品ごとに添付する付票（棚卸原票）である。たな札には品名，単位，数量などを記載するようになっている。記入にあたっての留意点は①ボールペンを使用すること，②記入を間違えた場合，修正せず当該たな札は×印を書きたな札管理表にその旨記入することが必要である。こうすることによって担当者による数量管理の不正を防止できることになる。なお，たな札は通し番号で管理されなければならない。

【実地棚卸検証業務フロー】

2. 受払管理

在庫商品の受払状況の検証を行います。

(1) 受払管理

受払管理とは，棚卸資産の受入（仕入），払出（売上）を把握することにより数量と金額を管理することです。数量を確定したら，会社で決めた評価方法による単価をつかって金額を確定します。

棚卸資産の受払を管理することは，正確な在庫管理を行うための第一歩になります。受払管理をきちんと行うことにより，生じるメリットは以下のとおりです。

① 正確な棚卸資産の残高を把握することができる。

② 適正な在庫水準を保つことができる。

③ 円滑な仕入れと出荷活動を行うことができる。

① 数量計算

数量は，継続記録法と棚卸計算法により把握されます。

継続記録法	一品目ごとに受払及び残高を記録していく方法です。定期的に実地棚卸を行い，帳簿と現物とを照合し，棚卸差異を把握します。使用する補助簿として商品有高帳があります。これにより，棚卸資産の管理が可能となる特徴があります。 （算式） 前期繰越数量＋当期仕入数量−当期払出数量＝当期棚卸数量
棚卸計算法	期中は棚卸資産の受払を記録せず，期末に棚卸資産の実地棚卸を行って，差引により期中払出量を求める方法です。実務的に作業の簡便化が図られます。しかし，棚卸減耗等があった場合は，払出量に含まれていますので，棚卸資産管理には十分な方法とはいえません。 （算式） 前期繰越数量＋当期仕入数量−実地棚卸数量＝当期払出数量

② 単価の計算

「会計上のポイント3」参照。

(2) 受払検証

　在庫とする棚卸資産の受払状況が社内基準により適正に実現されているか検証を行います。受払状況の検証による不突合分については，関係部門と原因究明を行い，受払検証結果とともに報告，修正を実施します。

【受払検証業務フロー】

3. 適正在庫管理

適正在庫とは，保有することによるコストを最小限に抑え，品切れを起こさず，かつ過剰な在庫を持たない状態をいいます。適正在庫を保つために，数量面，年齢（在庫期間）面から在庫管理を行っていく必要があります。

(1) 適正在庫の設定

① 目標とする在庫水準の決定

品切れや在庫切れで営業部門や製造部門の活動に支障をきたさない水準の在庫の確保をベースに目標値を決定する方法をいいます。この場合には，販売や消費が予定される量に万一の追加受注や不良品の発生等が生じても，それらをカバーし得るだけの在庫量を加えたものをいいます。

在庫回転率など社内の指標を基に，納入期間や販売計画を考慮して設定することが重要です。

② 在庫費用も在庫として考慮

在庫の保有には倉庫料，保険料，運搬料，陳腐化及び消耗費等の費用が発生し，ケースによっては在庫金額の20〜30％になるともいわれます。したがって，これらの諸費用も加味して在庫量が適正かどうかを検討する必要があります。

(2) 適正在庫の検証

① 数量面

事前に設定された基準在庫数量と実際在庫数量を確認し，差異数量及び内容を把握します。その後，関連部門に問い合わせて，差異原因の究明を行い，対応策を実行します。

② 年齢面

在庫の管理には，数量面以外にも，年齢管理（在庫期間）という観点があります。数量は基準に合っていても，動きがないという場合には品質が低下し不良在庫となっている可能性があります。

実際の手順としては，事前に設定した在庫の基準年齢（期間）と実際の在庫年齢を比較し，超過しているものの内容を確認した後，超過原因の究明を行い，対応策を作成，推進します。

③ 滞留年齢の基準の設定の仕方

業種・業態・環境・季節変動等を考慮し，仕入時から経過した期間を管理する基準を設定します。例えば，注文から納入までの期間が短いものであれば滞留年齢を短くし，納入までの期間が長く季節変動がないものなどは基準を長く設定します。

▶**在庫回転率：**過剰在庫や滞留在庫が発生していないかをチェックするための指標であり，次の算式で求めることができる。商品別に求めることにより，商品の優劣を判定することができ，在庫回転率が高いほど販売や生産効率が高い，即ちよく売れていることになる。

（算式）在庫回転率＝出庫金額÷在庫金額

　商業，流通業を主とする会社においては，次の算式により，会社トータルとして回転率を管理することも必要となる。

（算式）棚卸資産回転率＝売上高÷期首・期末平均棚卸資産在庫高

　また，在庫回転率を日数に置き換えることにより在庫の滞留日数を表すことになる。

（算式）在庫回転期間（日）＝ 365 ÷在庫回転率

◆ 会計上のポイント

1. 棚卸資産の範囲

　棚卸資産評価会計基準では棚卸資産の範囲は，「商品，製品，半製品，原材料，仕掛品等の資産であり，企業がその営業目的を達成するために所有し，かつ，売却を予定する資産のほか，売却を予定しない資産であっても，販売活動及び一般管理活動において短期間に消費される事務用消耗品等も含まれます。」と規定されています。

2. 棚卸資産の取得価額

　棚卸資産の取得価額は，取得形態に応じて，次に掲げる金額の合計額とされています。

(1) 他から購入したもの

① 　購入代価

② その資産の引取りに要した費用（引取運賃，荷役費，運送保険料，購入手数料，関税等）

③ その資産の取得の際に要した付随費用（買入事務費，検収手数料等）

④ いったん引き取った棚卸資産を自己の他の販売場に販売のため移管する際に要する運賃，荷役費，運送保険料等でその資産を消費し又は販売の用に供するために直接要した費用の額

⑤ 特別の時期に販売又は消費するために，販売等の用に供する日までの期間倉庫に保管する場合に要する保管費用，倉庫の減価償却費，人件費等の額

(2) 自己の製造等にかかるもの

① その製造等のために要した原材料費，労務費及び製造経費の額

② その資産を消費し又は販売の用に供するために直接要した費用の額（上記(1)④⑤に同じ）

(3) 重要性の乏しい付随費用，移管費用又は保管費用

　企業会計原則「重要性の原則」では，棚卸資産に含められる上記(1)②から⑤に掲げる費用のうち，重要性の乏しいものは，棚卸資産の取得原価に算入しないことができるとされています。

3. 棚卸資産の評価方法

　棚卸資産評価会計基準では，棚卸資産を通常の販売目的で保有するものと，トレーディング目的で保有するものに区分して評価方法を定めています。

(1) 払出単価の計算方法

　棚卸資産の評価方法は実際原価をベースとした下記の種類があります。このほかに，実際原価に基づかない予定原価法，標準原価法があります。

個別法	取得原価の異なる棚卸資産を区別して記録し、その個々の実際原価によって期末棚卸資産の価額を算定する方法。個別性が強い棚卸資産の評価に適した方法である。
先入先出法	先に取得されたものから順次払出しが行われ、期末棚卸資産は最も新しく取得されたものからなるとみなして期末棚卸資産の価額を算定する方法。
移動平均法	棚卸資産の受入の都度、数量及び金額をすでに在庫中の棚卸資産及び金額に加え、その合計額を合計数量で除して新しい平均単価を算定し、期末棚卸資産の価額を算定する方法。
総平均法	総平均法は、移動平均法と基本的には同じ考え。1カ月単位のように一定期間で計算する点が異なる。期首の数量及び金額に一定期間の数量及び金額を加え、その合計額を合計数量で除して平均単価を算定し、期末棚卸資産の価額を算定する方法。 移動平均法とこの総平均法を合わせて平均原価法とも呼ぶ。
売価還元法	棚卸資産を適当なグループにまとめ、グループに属する期末棚卸高の売価合計額に原価率を乗じて求めた金額を期末棚卸資産の価額とする方法。 売価還元法は、取扱品種のきわめて多いデパートのような小売業等の業種における棚卸資産の評価に適用される。

※ なお、棚卸資産の評価方法は、事業の種類、棚卸資産の種類、その性質及びその使用方法等を考慮した区分ごとに選択し、継続して適用しなければなりません。

※ 後入先出法は、会計基準の国際的調和の流れを受けて、2010年4月1日以後開始する事業年度より廃止されました。

※ 中小企業で広く実務慣行となっている**最終仕入原価法**（事業年度の最終に仕入れた単価をもって期末棚卸資産を評価する方法）は、棚卸資産評価会計基準では認められていませんが、中小企業会計指針では、期間損益の計算上著しい弊害がない場合には認められています。中小会計要領では容認されています。

(2) 期末棚卸資産の評価

① 通常の販売目的で保有する棚卸資産の評価基準

　通常の販売目的（販売するための製造目的を含む）で保有する棚卸資産は、取得原価をもって貸借対照表価額とし、期末における正味売却価額が取得原価よりも下落している場合には、正味売却価額をもって貸借対照表価額とします。この場合において、取得原価と当該正味売却価額との差額は当期の費用として処理します。つまり、「低価法」が原則的な評価基準となっています。

　この費用は、収益性の低下による簿価切下額は売上原価としますが、棚卸資産の製造に関連し不可避的に発生すると認められるときには製造原価として処理します。

また，収益性の低下に基づく簿価切下額が，臨時の事象（重要な事業部門の廃止や災害損失の発生など）に起因し，かつ，多額であるときには，特別損失に計上します。

②トレーディング目的で保有する棚卸資産の評価基準

　トレーディング目的で保有する棚卸資産とは，当初から加工や販売の努力を行うことなく単に市場価格の変動により利得を得ることを目的として保有する棚卸資産をいいます。

　トレーディング目的で保有する棚卸資産は，時価をもって貸借対照表価額とし，帳等価額との差額（評価差額）は当期の損益として処理します（時価法）。

4. 帳簿記録と実地棚卸の差額の処理の仕方

　継続記録法によった場合で，帳簿記録よりも実地棚卸の方が少なく，その原因がどうしてもつかめなかったときは，実地棚卸高に合わせて残高計上し，差額部分は「棚卸減耗損」として処理します。

　この「棚卸減耗損」は，業務等の性質上経常的に発生するものは，売上原価もしくは製造原価の内訳項目又は販売費，臨時に多額の差異が生じ，原価としての関連性が薄いものは，営業外費用や特別損失の区分に計上します。

◆ 税務上のポイント

1. 棚卸資産の範囲

　法人税法においては商品又は製品（副産物及び作業屑を含みます），半製品，仕掛品（半成工事を含みます），主要原材料，補助原材料，消耗品で貯蔵品のもの，その他これらに準ずるもの（仕損じ品，修理用資材，包装荷造用資材等を含みます）で棚卸しをすべきものをいいます。

　また，事業の用に供している減価償却資産が棚卸資産に含まれないのは言うまでもありませんが，まだ事業の用に供していない減価償却資産や売却等を予

定して貯蔵中の資産も棚卸資産には含まれません。

2. 棚卸資産の取得価額に算入しないことができる費用

⑴ 他から購入したもの

　購入した棚卸資産の取得価額には，その購入の代価のほか付随費用等も含まれますが，以下の費用については，これらの費用の額の合計額が少額（当該購入代価の概ね3%以内の金額）である場合には，その取得価額に算入しないことができるものとされています。これは，いわゆる「3%基準」と呼ばれています。

① 買入事務，検収，整理，選別，手入れ等に要した費用

② 販売所等から他の販売所等へ移管するために要した運賃，荷造費

③ 特定時期に販売するなどのため，長期にわたっての保管をするための保管料

　なお，①から③までに掲げる費用の額の合計額が少額かどうかについては，事業年度ごとに，かつ，種類等ごとに判定することができます。

　また，下記のような費用は，商品等の取得又は保有に関連して支出するものであっても，その取得価額に算入せず，所得の金額の計算上，損金の額に算入することができます。

① 不動産取得税の額

② 地価税の額

③ 固定資産税及び都市計画税の額

④ 特別土地保有税の額

⑤ 登録免許税その他登記又は登録のために要する費用の額

⑥ 借入金の利子の額

⑵ 自己の製造等にかかるもの

　以下のような費用については，これらの費用の額の合計額が少額（その棚卸資産の製造原価の概ね3%以内の金額）である場合には，その取得価額に算入しないことができるものとされております。

① 製造等の後において要した検査，査定，整理，選別，手入れ等の費用

② 製造所等から販売所へ移管するために要した運賃，荷造費等の費用

③ 特定時期に販売するなどのため，長期にわたって保管するための保管料

なお，①から③までに掲げる費用の額の合計額が少額かどうかについては，事業年度ごとに，かつ，種類等ごとに判定することができます。

また，下記のような費用は，取得価額に算入しないことができます。

① 使用人等に支給した賞与のうち，特別に支給された賞与であることの明らかなものの額

② 試験研究のうち，基礎研究及び応用研究の費用の額並びに工業化研究に該当することが明らかでないものの費用の額

③ 事業税及び地方法人特別税の額

④ 事業の閉鎖，事業規模の縮小等のため大量に整理した使用人分の退職給与の額

⑤ 生産を相当期間にわたり休止した場合のその休止期間の費用の額

⑥ 工場等が支出した寄附金の額

⑦ 借入金の利子の額　　等

3. 棚卸資産の評価方法

(1) 評価方法

次の①と②のいずれかの方法を選択することができます。

ただし，低価法を採用するときは，「評価方法の選定届出書」の提出が必要となり，この届出がない場合は，法定評価方法（最終仕入原価法）で評価したものとみなされますので，注意が必要です。

① 原価法

棚卸資産の取得に際し，実際購入原価又は実際製造原価で会計帳簿に記録し，期末棚卸資産も実際購入原価又は実際製造原価で評価する方法です。

評価手続きの方法としては次のいずれかの方法によります。

(a) 個別法

(b) 先入先出法

(c) 移動平均法

(d) 総平均法

(e) 最終仕入原価法（法定評価方法）

(f) 売価還元法

② 低価法

　棚卸資産の取得に際し，実際購入原価又は実際製造原価で会計帳簿に記録し，期末棚卸資産も実際購入原価又は実際製造原価と時価のいずれか低い方の価格で評価する方法です。ここでいう「時価」とは，基本通達で**正味売却価額** (注)を指し，企業会計との調整が図られました。

　法人税法においては，翌期首に評価損相当金額の戻入れ益を計上する洗替低価法しか認められていません。

(注) 正味売却価額＝売却可能価額−見積追加製造原価−見積販売直接経費

(2) 評価方法の選定と変更

① 評価方法の選定の届出期限

(a) 新設法人…設立の日を含む確定申告書提出期限

(b) 人格のない社団等が新たに収益事業を開始したとき…新たに収益事業を開始した日を含む確定申告書提出期限

(c) 他の種類の事業を開始し，又は事業の種類を変更したとき…開始又は変更をした日を含む確定申告書提出期限

※ 上記(a)～(c)のとき仮決算による中間申告書を提出する場合は，中間申告書提出期限を提出期限とします。

② 評価方法の変更

　変更しようとする事業年度開始の日の前日までに**変更の承認申請書**を税務署長に提出します。

◆ 内部統制上のポイント

1. 残高管理

(1) 実地棚卸の適正な進め方

　実地棚卸の実施を適正に進めるためには，棚卸方法を具体的に定め，スケジュールや商品等の配置図を作成するとともに，必要となる帳票類の作成，実施報告，差異発生時の処理方法等を具体的に定めた実施要領の作成といった事前準備を行い，関係者に周知徹底しなければなりません。実施要領は社内で統一的に実施する基準とします。

　期末日に実地棚卸を実施する場合には，差異の原因究明や修正処理を短期間で行う必要があることから，スケジュールの管理も重要になります。また，集計を実施した担当者とは別の担当者が，棚卸結果報告をチェック・再集計し，集計に誤りがないことを確認します。

(2) 実地棚卸を行うことによる在庫管理の工夫

　実地棚卸では数量の確認を行うことのほか，不良在庫があるかどうか，過剰又は滞留している在庫がないかを点検し，在庫の適正化を図ることが必要です。過剰在庫や滞留在庫には品目や納入期間等により社内で一定の基準を設け管理することが必要となります。また，営業倉庫や取引先に保管されている預け在庫の確認については確認状を取るだけでなく直接現場に行き現状を把握する必要があります。時として不正の温床になるからです。

2. 受払検証

　社内で取り扱う棚卸資産の種類や評価方法，管理方法，また，棚卸資産の引渡・受入に際し作成された証憑類の保存など，社内統一的な基準を作成し運用を図ります。定期的にその処理基準に従い，取引の検証を行うことが重要になります。

⑴ 物理的セキュリティ

　盗難を防止するため，棚卸資産が保管されている倉庫への入退室を制限したり，入退室の記録をとることが考えられます。特に高額な棚卸資産の場合には，物理的セキュリティは重要になります。

⑵ 受払記録の照合

　出荷日や受払価格，受払数量等を検証するため受払証憑と受払帳票等を照合する必要があります。

3. 適正在庫管理

⑴ 適正在庫数量の超過分の把握方法の仕組み作り

　定期的に適正在庫と設定した基準値と実際在庫量との比較を行い，過剰となっている在庫がないか，不良在庫となっているものがないか検証を行います。この検証方法については全ての品目に対して行うか，一部の主要な品目に対して行うかなど社内で統一した基準で実施することが望まれます。その基準値を超過した在庫を適時に把握できる仕組みとすることが重要です。

⑵ 過剰在庫解消のための対応策

　過剰在庫となった場合に新たな仕入（発生）の抑止や販売計画の見直し，倉庫単位で差異があれば他の倉庫へ転用するなどの解消計画を関係部門と策定し，指導・推進・進捗管理を行います。

⑶ 在庫年齢超過分の解消計画の策定

　年齢超過となった滞留在庫は関係部門において原因究明を行い，解消計画を策定します。販売見込みの誤りによるものか，過剰仕入れによるものか等を分析し，解消見込みの有無を確認します。また，市場価格の下落，商品の陳腐化等に起因する場合には，評価減の算定方法が社内で定めた基準に則っていることを確認し，評価減を計上します。滞留在庫は，保管・管理費用もかさみ，コ

ストの圧迫要因にもなりますので，早期解消に努めなければなりません。

👉 ズバリ，ここが実務ポイント！

▶棚卸資産の管理を行うことで，効率的な収益の獲得が可能となる。

▶適切な在庫管理のためには，現物管理，帳簿管理，実地棚卸の確実性
が重要。

▶棚卸資産評価会計基準の導入に伴い，実務上よく利用されている最終
仕入原価法は認められない。上場予定の企業は留意のこと。

▶税務上評価方法の届出をしていなければ，低価法の採用が認められな
いので，留意のこと。

4. 固定資産管理

　固定資産には土地，建物，器具及び備品のように物理的な形態を有する「有形固定資産」，特許権やソフトウェアのように物理的な形態を持たない「無形固定資産」，投資有価証券など長期の金融資産への投資を中心とする「投資その他の資産」がありますが，ここでは投資その他の資産については触れず，主として有形固定資産と無形固定資産について扱います。

　有形固定資産は支出額が比較的大きい場合が多く，しかも支出した年度に一時に費用となるのではなく，耐用年数にわたって減価償却という手続きによって費用化されるという特徴があります。また，使用期間が長期にわたるため，修繕等の適切な現物管理も必要になります。

　一方，無形固定資産は，物理的な形態を持たないものの，法的な財産権又は経済的な価値を有する譲渡可能な権利で，直接営業の用に供されるものをいいます。無形固定資産には，借地権，特許権，商標権，実用新案権，のれん，ソフトウェア等があります。

【固定資産の種類と内容】

種　類	内　容	主な勘定科目
有形固定資産	1年を超える長期の使用を目的として企業が保有する物理的実態のある資産	建物，建物附属設備，構築物，機械装置，船舶，航空機，車両運搬具，工具器具備品，土地，建設仮勘定等
無形固定資産	物理的な形態を持たないものの，法的な財産権又は経済的な価値を有する譲渡可能な権利で，直接営業の用に供されるもの	特許権，実用新案権，意匠権，商標権，のれん（営業権），施設利用権，鉱業権，漁業権，ダム使用権，水利権，ソフトウェア，借地権，電話加入権等
投資その他の資産	固定資産のうち，有形固定資産及び無形固定資産以外のもの	投資有価証券，関係会社株式，長期貸付金等

◆ 業務の流れ

　固定資産管理業務は，固定資産の取得→固定資産保有→固定資産の処分という時系列で理解することができます。

```
固定資産の取得  >  固定資産保有
                   期間中の管理  >  固定資産の処分  >
```

1. 固定資産の取得時の業務

⑴ 資産取得申請時

　通常，社内規程に基づき固定資産の取得申請手続が行われます。申請内容に基づいて，その固定資産の取得が設備投資計画に沿ったものかどうか，使用目的に合致したものかどうか等の検証を行うとともに，次の検討を行います。

① 購入資金の調達方法及び調達する資金の額を検討

　資産を取得すると，それに係る資金が長期にわたって固定化するため，その資金を借入金で調達する場合には，その資産の見積耐用年数に応じた長期借入金が一般的です。なお，新規工場を建設するような大型投資の場合には長期借入金だけではなく，社債の発行や増資等によって資金調達をすることがあります。

② 資産の取得時及び取得後の会計処理を検討

　資産取得の意思決定にあたっては，その資産を取得することによって，投下資金を上回るキャッシュフローが期待できるかどうか，また，借入による金利負担や減価償却費の計上が将来の損益計算書にどのような影響を及ぼすかなどについて，慎重に検討することが必要です。資産取得に係る採算性を検証するため，取得時及び取得後の会計処理がどのようなものになるか検討します。

(2) 資産取得の実行時

　社内手続によって，固定資産の取得の承認があると，通常，社内規程に基づき，次のような手順により資産を取得します。

① 発　注

　複数の業者から相見積りを取得して検討の上，発注業者を決定します。

② 検　収

　固定資産が引き渡されたら，発注書，納品書及び現物を確認し，検収作業を行います。

③ 資産計上

　固定資産の購入対価と取得に要した付随費用等を確認し，取得原価を算定して，該当する資産勘定に計上します。また，固定資産の現物の管理のため，固定資産台帳に登録します。

④ 支　払

　固定資産の取得代金の請求書等に基づいて作成された支払依頼書により出納担当者が支払を実行し，記帳担当者が記帳を行います。

2. 固定資産の保有期間中の業務

(1) 現物管理

　固定資産の取得後，固定資産台帳に登録します。固定資産台帳は，固定資産の管理を目的として設けられる帳簿であり，登録した資産が特定できるように，資産番号，管理部署，所在場所，資産の種類，構造・細目，取得価額のほか，取得から処分に至るまでの履歴等を記載します。

　また，期末には現物と台帳とを突合し現物が毀損等していないか実査します。

(2) メンテナンス

　固定資産の現物のメンテナンスをする必要が生じた場合には，メンテナンスの内容について確認し，そのメンテナンス費用が**資本的支出**なのか，それとも修繕

費として処理する**収益的支出**なのかを検討しなければなりません（税務上のポイント1(4)参照）。

(3) 減価償却

保有する固定資産の**減価償却費**を計上します。

(4) 資産評価（減損）

決算期には保有する固定資産の**減損**の検討を行い，会計基準に基づき，減損損失の計上を行います。

3. 固定資産の処分時の業務

固定資産の除却は，社内規程に基づき適切な手続を経て実施します。除却にあたっては，固定資産台帳で対象資産を確認し，固定資産除却損を計上します。

なお，税務上は対象資産を実際に再使用できないように処理しておかないと損金に認められないことがありますので注意が必要です。

◆ 会計上のポイント

1. 固定資産の範囲と取得原価

(1) 範　囲

資産を購入した場合，固定資産として計上するのか，それとも消耗品費等として費用計上するのかは，それぞれの会社の経理規程や固定資産管理規程に従って処理することになります。通常は，①取得原価が1個10万円未満のものは費用処理（資産計上基準は10万円以上）する，又は②取得原価が1個20万円未満のものは費用処理（資産計上基準が20万円以上）する，のいずれかの基準により処理することが一般的です。

(2) 固定資産の取得原価

① 購入の場合の取得原価

　固定資産を購入した場合，その取得原価は，その資産の購入代価に，購入の
ために要した費用（引取運賃，荷役費，運送保険料，購入手数料，関税等），事業の
用に供するために直接要した据付費や試運転費等の費用を加算した金額となり
ます。

【購入の場合の取得原価】

購入代価		据付費，試運転費等，事業の用に供するために直接要した費用
購入先に支払った代金	引取運賃，荷役費，運送保険料，購入手数料，関税等購入のため要した費用	

＋

【設　例】
次のようなパソコンを購入した。このパソコンの取得原価は
いくらか。
- パソコン本体　　　　　　　200,000 円
- 増設用メモリ　　　　　　　 10,000 円
- 据付費　　　　　　　　　　 20,000 円
- 業務用アプリケーションソフト 30,000 円（別売）

【計　算】
■パソコン取得原価 = 200,000 + 10,000 + 20,000 = 230,000 円
※1　別売の業務用アプリケーションソフトは，100,000 円未満
ですので，費用処理します。
※2　消費税の取扱いは後述④の通りです。

② 購入以外の原因で取得した場合の取得原価

　購入以外の原因で取得した固定資産の取得原価は，次のように求めます。

【取得の形態に応じた取得原価の算定方法】

取得の形態	取得原価
自家建設	適正な原価計算基準に従って計算した製造原価に基づく価額
現物出資	出資者に対して交付された株式の発行価額
交　換	交換に供された自己資産の適正な簿価
贈　与	時価等を基準として公正に評価した額

③ 取得原価に算入しなくてもよい付随費用

　税務上は，固定資産の取得に関連して支出するものであっても，例えば次に掲げるような租税公課，固定資産を取得するために借り入れた借入金の利子等は固定資産の取得原価に算入せず，損金算入することができることとされています。このため，実務上は，通常，これらの支出は取得原価に含めません。

　　・不動産取得税

　　・自動車取得税

　　・登録免許税その他登記・登録に要する費用

④ 消費税の取扱い

　固定資産の取得原価は，その会社が「税抜処理」を採用しているか，「税込処理」を採用しているかによって異なります。例えば，本体価額 2,000,000 円の車両を消費税込価額 2,200,000 円（うち消費税 200,000 円（10%））で購入した場合の取得原価は次のようになります。

消費税の処理方法	取得原価	消費税の取扱い
税抜処理を採用している場合	2,000,000 円	消費税を取得原価に含めない。消費税分 200,000 円は取得時に仮払消費税勘定で処理。
税込処理を採用している場合	2,200,000 円	消費税を取得原価に含める。

2. 減価償却

(1) 減価償却とは

　固定資産は，その使用を通じて長期にわたって収益の獲得に貢献する資産です。**減価償却**とは，固定資産の取得原価をその資産の**耐用年数**にわたって各事業年度に費用として配分する手続です。

　減価償却の目的は，適正な費用配分を行うことによって，各事業年度の損益計算を適正に行うことにあります。このため，減価償却方法は合理的に決定された一定の方法に従い，毎期計画的，規則的に実施しなければなりません。

KEYWORD

　▶**耐用年数：**耐用年数とは，有形固定資産を経済的に利用できる年数であり，利用又は時の経過による物質的減価と陳腐化等の機能的減価を考慮して合理的に見積もり，決定する必要がある。実務上は，税法で定められた法定耐用年数を用いることは，明らかに不合理でない限り認められることから，これを用いることが一般的である。

【耐用年数の例】

種　　類	具体的な資産名	耐用年数
建　　物	鉄筋コンクリート造の事務所用建物	50 年
構築物	広告塔（金属製）	20 年
車両運搬具	乗用車（一般的なもの）	6 年
工具器具備品	応接セット	8 年
	パソコン	4 年

---

(2) 減価償却の方法

　減価償却の方法には，**定額法，定率法，級数法，生産高比例法**等がありますが，一般的には**定額法**又は**定率法**が用いられています。

減価償却方法は，通常，税法で認められた方法を採用し，税務と会計とで処理方法が変わらないように選択します（必要に応じて税務署に届出をします）。

法人税上の減価償却方法は以下のとおりです。

【法人税法上の償却方法】

資産の種類	減価償却方法
建　物	定額法
建物附属設備・構築物	定額法（平成 28 年（2016 年）3 月 31 日以前に取得したものは定額法又は定率法）
上記以外の有形減価償却資産	定額法又は定率法（届出をしない場合は定率法）
無形減価償却資産	定額法
リース資産（所有権移転外ファイナンスリース）	リース期間定額法

【定額法と定率法】

	定額法	定率法
特　徴	毎期均等額（定額）を償却する	固定資産の帳簿残高に対し，毎期同じ率（定率）を乗じて計算した金額を償却する。
計算式	取得価額×定額法償却率	（取得価額−既償却額）×定率法償却率
償却率	1÷耐用年数（実務上は税法で定められている定額法償却率による）	・定額法償却率の200%[※] ・実務上は税法で定められている定率法償却率による
償却額の推移	毎期一定額	徐々に償却額が小さくなる
メリット	計算が簡単	取得当初に多くの金額を償却するため，投下資金を早く回収できる

※ 平成 24 年（2012 年）3 月 31 日以前取得分は 250%

次の資産は，利用ないし時の経過によって価値が減少するものではないので，減価償却できません。

【非減価償却資産】

土　地
土地の上に存する権利（借地権・地上権等）
絵画，書画骨とう （ただし，1点20万円（絵画は号2万円）未満の美術品は減価償却資産とすることができます）

(3) 定額法による減価償却費の計算

定額法による減価償却費の具体的な計算例を示すと次のようになります。

【定額法の計算例】

取得価額	1,000,000 円	耐用年数	10 年
事業の用に供した時期	第 1 年度期首	償却率	0.100

(単位：円)

年　度	期首帳簿価額	減価償却費	期末帳簿価額	減価償却累計額
第 1 年度	1,000,000	100,000	900,000	100,000
第 2 年度	900,000	100,000	800,000	200,000
第 3 年度	800,000	100,000	700,000	300,000
第 4 年度	700,000	100,000	600,000	400,000
第 5 年度	600,000	100,000	500,000	500,000
第 6 年度	500,000	100,000	400,000	600,000
第 7 年度	400,000	100,000	300,000	700,000
第 8 年度	300,000	100,000	200,000	800,000
第 9 年度	200,000	100,000	100,000	900,000
第 10 年度	100,000	99,999	1	999,999

※ 備忘価額 1 円（第 10 年度末帳簿価額）。備忘価額とは，資産が残っていることを忘れないように，減価償却が済んだ後も帳簿上 1 円だけ残しておく処理をいいます。

(4) 定率法による減価償却費の計算

実務上は，税法の定めによる定率法による減価償却費を計算するのが一般的で，具体的には次のように計算します。

■計算方法

減価償却費＝未償却残高×定率法償却率

ただし，この方法により計算した金額が償却保証額に満たなくなった年分以後は次の計算式によります。

減価償却費＝改定取得価額×改定償却率

※ 改定取得価額は，原則的な方法で計算した減価償却費が初めて償却保証額に満たないこととなる年の期首未償却残高をいいます。

※ 改定償却率とは，改定取得価額に対しその償却費の額がその後同一額で償却した場合に，耐用年数で償却が終了するように定められている償却率をいいます。

【定率法の計算例】

取得価額	1,000,000 円	耐用年数	10 年
事業の用に供した時期	第 1 年度期首	償却率	0.200
保証率（※）	0.06552	改定償却率	0.250

※ 償却保証額＝1,000,000 × 0.06552 ＝ 65,520 円

（単位：円）

年　度	減価償却費	減価償却費の計算方法	減価償却累計額
第 1 年度	200,000	1,000,000 × 0.200	200,000
第 2 年度	160,000	（1,000,000 －前期までの償却費合計）×0.200	360,000
第 3 年度	128,000	（1,000,000 －前期までの償却費合計）×0.200	488,000
第 4 年度	102,400	（1,000,000 －前期までの償却費合計）×0.200	590,400
第 5 年度	81,920	（1,000,000 －前期までの償却費合計）×0.200	672,320
第 6 年度	65,536	（1,000,000 －前期までの償却費合計）×0.200	737,856
第 7 年度	65,536	（1,000,000 －前期までの償却費合計）×0.200 ＝ 52,428 ＜ 65,520（償却保証額） ∴ （1,000,000 －前期までの償却費合計） 　（＝ 262,144）× 0.250 ＝ 65,536	803,392
第 8 年度	65,536	262,144 × 0.250 ＝ 65,536	868,928
第 9 年度	65,536	262,144 × 0.250 ＝ 65,536	934,464
第 10 年度	65,535	期首帳簿価額 65,536 － 1（備忘価額）	999,999

KEYWORD

▶**減価償却累計額**：減価償却費の累計額を示す勘定科目をいう。貸借対照表上，減価償却累計額をどのように表示するかは，財務諸表等規則に，有形固定資産は直接控除方式又は間接控除方式によること，無形固定資産は直接控除方式によることが定められている。

【直接控除方式】
B/S

建物	700

【間接控除方式】
B/S

建物	1,000
減価償却累計額	△300
建物（純額）	700

(5) 特別償却

　税法では，特定の場合のみ，通常の償却計算以上の償却をすることを認めています。この制度を利用すると償却が速まりますので，税金を繰り延べたり，減価償却資産の陳腐化に備えたりすることができる等の効果があります。

　この制度は，特定の産業の保護育成，特定の投資の促進助成等，政策的な必要に基づいて設けられ，租税特別措置法に規定されています。様々な制度が設けられ，それぞれ厳密に適用要件が決められていますので，適用できるかどうかは慎重に確認する必要があります。

　また，これらの扱いは毎年のように変わりますので，税制改正の時期には注意が必要です。

▶**有税償却**：企業が，法人税法で定められた償却限度額を超過して減価償却を行うことを**「有税償却」**という。有税償却が行われるのは，製品のライフサイクルの短縮化等の理由により，法定耐用年数よりも短い耐用年数で減価償却を行う必要がある場合があるためである。この場合，ある資産の耐用年数を法定耐用年数より短く設定して償却すれば，毎年の減価償却費は償却限度額を上回ることになるから，償却限度額を超える部分は損金算入することができずに課税されるため，「有税償却」と呼ばれる。

3. 固定資産の減損

(1) 資産評価

　会社が所有している固定資産の収益性が低下し，投資額の回収が見込めなくなった場合には，減損会計基準に基づき，回収可能性を反映させるため簿価を回収可能額まで減額し，その減額した金額を**減損損失**として当期の損失に計上します。

(2) 固定資産の減損処理

　固定資産の**減損**とは，資産の収益性が低下したため，投資額の回収を見込むことができなくなった場合に，固定資産の帳簿価額を回収可能額まで減額処理することをいいます。

　固定資産の減損は，固定資産の収益性が当初の予想よりも低下した場合に，事業用資産の過大な帳簿価額を減額し，将来に損失を繰り延べないために行われます。

　減損処理は，次の表の手順で行われます。

【減損処理の手順】

手　順	内　容
①資産の 　グルーピング	独立したキャッシュ・フローを生み出す最小の単位でグルーピングを実施します。
②減損の 　兆候の把握	資産又は資産グループに減損が生じている兆候がある場合に, 減損損失を認識するかどうかの判定を行います。 　減損の兆候には, 次のようなものがあります。 ・資産・資産グループが使用されている営業活動から生ずる損益・キャッシュ・フローが, 継続してマイナスとなっているか, あるいは, 継続してマイナスとなる見込みであること。 ・資産・資産グループが使用されている範囲・方法について, 当該資産・資産グループの回収可能価額を著しく低下させる変化が生じたか, あるいは, 生ずる見込みであること。 ・資産・資産グループが使用されている事業に関連して, 経営環境が著しく悪化したか, あるいは, 悪化する見込みであること。 ・資産・資産グループの市場価格が著しく下落したこと。
③減損損失 　の認識	資産又は資産グループから得られる割引前将来キャッシュ・フローの総額が帳簿価額を下回る場合には, 減損損失を認識すべきであると判定されます。
④減損損失 　の測定	帳簿価額を回収可能額まで減額し, 減額した額を当期の減損損失として計上します。 　回収可能額は, 使用価値（使用を継続した場合の将来キャッシュ・フローの現在価値）と売却をした場合の正味売却価値の大きい方とされます。

(3) 中小企業会計指針と減損

　固定資産の減損は, 減損会計基準・同適用指針に基づき, 固定資産の減損を検討する必要があります。しかし, 中小企業会計指針を適用している中小企業については, 「減損損失の認識及びその額の算定に当たっては, 減損会計基準の適用による技術的困難性等を勘案し, 資産の使用状況に大幅な変更があった場合に, 減損の可能性について検討することとする」としています。

　具体的には, 固定資産としての機能を有していても将来使用の見込みが客観的にないこと又は固定資産の用途を転用したが採算が見込めないことのいずれかに該当し, かつ, 時価が著しく下落している場合には減損損失を認識するものとし, 資産が相当期間遊休状態にあれば, 通常, 将来使用の見込みがないこ

とと判断されることになります。

(4) 中小会計要領と減損

　一方，中小会計要領においては，災害等により著しい資産価値の下落が判明したときに固定資産の評価損を計上する，としており，法人税法上の損金算入要件を想定しているものと考えられます。

4. 固定資産の移動

　設備などを社内の他の事業所等に移転した場合も，固定資産台帳に記録する必要があります。

　市町村をまたがる移動の場合，地方税である固定資産税や償却資産税の課税が変わりますので，翌年1月に申告が必要になります。

　社内の移転ですので，原則として会計処理は必要ありませんが，1事業所を会計単位として事業所単位（本店と支店，工場など）で決算を行っている会社は，事業所間で移転する場合も，会計処理をすることが必要になります。

【例】本店から支店に備品を移転

　　取得価額：300,000円，期首減価償却累計額 100,000円

（本店での仕訳）

（借）支　　　　　店	200,000	（貸）備　　　　　品	300,000
減価償却累計額	100,000		

（支店での仕訳）

（借）備　　　　　品	300,000	（貸）本　　　　　店	200,000
		減価償却累計額	100,000

　なお，期末には支店で減価償却費を計上し，期首から移転するまでの償却費相当額を本店に振り替える処理をします。

5. 固定資産の処分

固定資産の廃棄，除却，滅失等があった場合には，帳簿価額を基礎として固定資産除却損を計算します。

除却とは，使用をやめ，廃棄処分にすることをいいます。除却は，耐用年数の経過により物理的に使用できなくなる場合のほか，陳腐化や不適応化により除却する場合があります。

固定資産を除却した場合は，除却時の帳簿価額を固定資産除却損として以下の仕訳例のように処理します。

（借）減価償却累計額	190,000	（貸）備 品	200,000
固定資産除却損	10,000		

また，廃棄をした場合には，その証拠となる書類を残して，廃棄処分の確認ができるようにしておきます。

【証拠となる書類】

廃棄についての稟議書・決裁書
廃棄業者の発行する「廃棄証明書」と写真

6. リース取引

リース取引とは，特定の物件の所有者たる貸手が，その物件の借手に対し，合意されたリース期間にわたって，これを使用する権利を与え，借手は合意されたリース料を貸手に支払う取引をいいます。

リース取引には，ファイナンス・リース取引とオペレーティング・リース取引とがあり，ファイナンス・リース取引はさらに**所有権移転ファイナンス・リース取引**と**所有権移転外ファイナンス・リース取引**とに区分されます。リース取引は，いずれの区分に該当するかによって会計処理の方法が異なるため，リース契約書等を確認して，会計処理を検討する必要があります。

また，リース物件は，その所有権は貸手にありますが，借手は自社所有資産

と同様，リース資産台帳への登録を行い，保守・修繕も原則として自社所有資産と同様に行い，定期的な実査を行う等，適切な管理を行う必要があります。

※ 以下，本書ではリース取引において借手となる場合についてのみ扱います。

KEYWORD

▶**ファイナンス・リース取引**：①リース期間の中途においてそのリース契約を解除することができないリース取引又はこれに準ずる取引（ノンキャンセラブル）で，②借主がそのリース物件からもたらされる経済的利益を実質的に享受し，かつリース物件の使用に伴って生じるコストを実質的に負担する（フルペイアウト）ことになるリース取引をいう。

▶**所有権移転ファイナンス・リース取引**：ファイナンス・リース取引のうち，契約によりリース物件の所有権が借主に移転すると認められるものをいう。

▶**所有権移転外ファイナンス・リース取引**：ファイナンス・リース取引のうち，所有権移転ファイナンス・リース取引以外のものをいう。

▶**オペレーティング・リース取引**：ファイナンス・リース取引以外のリース取引をいう。

(1) リース取引の会計処理

　リース取引の種類に応じた借手の会計処理は次のとおりです。これらはリース会計基準，同適用指針に詳細に定められています。

【リース取引の区分に応じた原則的な会計処理方法（借手）】

区　分	会計処理	リース資産・債務	減価償却
所有権移転 ファイナンス・リース	通常の売買取引に準じた会計処理	原則としてリース料総額からこれに含まれる利息相当額の見積額を控除	自己所有の固定資産と同様
所有権移転外 ファイナンス・リース	同上	同上	リース期間を耐用年数とし，残存価額ゼロで償却（リース期間定額法）
オペレーティング・ リース取引	通常の賃貸借取引に準じた会計処理		

　なお，所有権移転外ファイナンス・リースであっても，次のような少額リース資産及び短期のリース取引に関しては，簡便的な取扱いとして，オペレーティング・リース取引に準じて賃貸借処理を行うことができます。

【賃貸借処理が認められる少額リース資産・短期のリース取引】

> ① 重要性が乏しい減価償却資産について購入時に費用処理する方法が採用されている場合で，リース料総額がその基準額以下である場合のリース取引
> ② リース期間が1年以内のリース取引
> ③ 企業の事業内容に照らして重要性に乏しいリース取引で，リース契約1件当たりのリース料総額が300万円以下のリース取引

　また，中小企業会計指針を適用している中小企業についてもオペレーティング・リース取引に準じて賃貸借処理を行う簡便的な取扱いが認められています。
　中小会計要領を適用している中小企業についても，リース取引に関し，賃貸借取引又は売買取引に係る方法に準じて会計処理を行うとしている。

(2) 会計処理の例

① 売買に準じた処理（借手側）

　売買に準じた処理は次のように行います。

(a) リース契約時には「リース会社から資金を借入れて固定資産を購入した」と考え，利息部分を除くリース総額を，**リース資産 / リース債務**として貸借対照表に計上します。

(b) 月々のリース料支払は「借入金の返済と利息の支払」と考え，元本部分と利息部分とに区分して処理します。

(c) リース資産は「固定資産」として，決算時に減価償却を行います。

【仕訳例】（税抜処理）

● リース料総額：6,000,000 円

（本体価格 4,800,000 円，消費税 480,000 円（10%），利息 720,000 円）

●リース期間：5年（60カ月）

●毎月の支払リース料：100,000円

・リース契約時

（借）リース資産	4,800,000	（貸）リース債務	5,280,000
仮払消費税	480,000		

・リース料支払時

（借）リース債務	××××	（貸）現　　　金	100,000
支払利息	××××	（※）	

・決算時

（借）減価償却費	960,000	（貸）リース資産	960,000

※ 毎月のリース料は定額ですが，リース債務の返済と支払利息の金額の割り振りは「利息法」という方法により計算します。

　このほか，リース対象資産の総額に重要性が乏しいと認められる場合，利息を含めたリース料総額をリース資産／リース債務とし，リース料の支払時にはリース債務の返済処理のみを行う簡便法があります。

② 賃貸借取引に準じた処理（借手側）

　オペレーティング・リース及び一定の要件を満たす所有権移転外ファイナンス・リースは，賃貸借取引に係る方法に準じた処理となります。

　つまり，借手は毎月のリース料支払額を「リース料」として費用処理するだけです。

【仕訳例】（税抜処理）

●毎月の支払リース料：100,000円

・リース契約時

　　　（仕訳なし）

・リース料支払時

（借）リース料	90,909	（貸）現　　　金	100,000
仮払消費税	9,091		

・決算時

　　（仕訳なし）

 新リース会計基準（案）

Column 6

----

1. 経緯

　リース会計基準については，2016年1月に国際会計基準審議会（IASB）がIFRS第16号「リース」を，同年2月に米国財務会計基準審議会（FASB）がTopic842「リース」を公表し，借手の会計処理に関し，使用権モデルを採用した。

　使用権モデルとは，すべてのリースに関し，リースの原資産の引渡しによりリースの借手に支配が移転した「使用権」部分に係る資産（使用権資産）と当該移転に伴う負債（リース負債）を貸借対照表に計上するというものである。

　現在オペレーティングリースについてはオフバランスであるが，国内外の企業間における財務諸表の比較可能性の観点等から，ASBJを中心に検討を進め，2023年5月にIFRS第16号を基本としつつ我が国の実務慣行等を勘案した「リースに関する会計基準（案）」（企業会計基準公開草案第73号）及び「リースに関する会計基準の適用指針（案）」（企業会計基準適用指針公開草案第73号）を公表した。

2. 新会計基準の適用対象

　上場企業の連結財務諸表，個別財務諸表が対象。なお本書執筆時点（2023年8月）では，中小企業（監査対象法人以外）については，中小企業会計指針や中小企業会計要領にはまだ反映されていないことから，当面影響がない見込みである。

3. 適用時期

　本書執筆時点（2023年8月）では，具体的な時期が決まっていないものの，概ね2年程度の準備期間を置く見通しである。

4. 新会計基準のポイント

新リース会計基準案は，貸手の処理については，現行基準と大きな差異がない（ただし，収益認識会計基準との整合性が図られる等の修正が行われた）ことから，ここでは借手の処理に絞ってポイントを記載する。

(1) リースの定義・識別

新リース会計基準案では，「原資産を使用する権利を一定期間にわたり対価と交換に移転する契約又は契約の一部」をリースと定義している。また，契約の締結時に，当該契約がリースを含むか否かを判断するとしており，次の識別基準を設けている。

① 契約が特定された資産の使用を支配する権利を一定期間にわたり対価と交換に移転する場合，当該契約はリースを含む。

② 特定された資産の使用期間全体を通じて，次のいずれも満たす場合，サプライヤーから顧客に，当該資産の使用を支配する権利が移転している。

　　a) 顧客が，当該資産の使用から生じる経済的利益のほとんどすべてを享受する権利を有している。

　　b) 顧客が，当該資産の使用を指図する権利を有している。

なお，リースの識別に関しては詳細なフローチャートが適用指針案で示されている。

(2) リース期間

借手のリース期間は，借手が原資産を使用する権利を有する解約不能期間に，次の期間を加えて決定するとしている。

① 借手が行使することが合理的に確実であるリースの延長オプションの対象期間

② 借手が行使しないことが合理的に確実であるリースの解約オプションの対象期間

(3) 借手のリースの会計処理

① リース開始日の処理

● リース開始日に使用権資産・リース負債を計上する。

（借）使用権資産 XXX	（貸）リース負債 XXX

● 使用権資産・リース負債は以下の通り算定される。

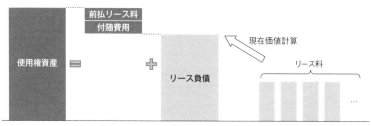

(注) リース料には借手の固定リース料のほか，指数又はレートに応じて決まる借手の変動リース料，残価保証に係る借手による
支払見込額，借手が行使することが合理的に確実である購入オプションの行使価額及びリースの解約に対する違約金の
借手による支払額（借手のリース期間に借手による解約オプションの行使を反映している場合）が含まれる。

② 簡便的な取扱い

　従来の基準同様，短期リース（12カ月以内）や少額リース^(注)に該当する場合，
リース開始日に使用権資産・リース負債を計上せず，借手のリース料を借手のリー
ス期間にわたって原則として定額法により費用として計上できるとしている。

（借）リース料 XXX	（貸）現金預金 XXX

(注) 少額リースとは，以下のいずれかの要件を満たすリースをいう。
　a) 重要性が乏しい減価償却資産について，購入時に費用処理する方法が採用されている場合で，借手のリース料が当該
　　基準額以下のリース
　b) 次のいずれかを満たすリース
　　ア) 企業の事業内容に照らして重要性の乏しいリースで，リース契約1件当たりの借手のリース料が300万円以下のリース
　　イ) 原資産の価値が新品時におよそ5千米ドル以下のリース

③ 利息相当額の各期への配分

　従来のファイナンスリースの定めと同様，借手のリース料は，借手のリース期
間にわたって利息法により，利息相当額部分（支払利息）と元本返済額部分（リー
ス債務）とに区分して各期に配分する。

（借）支払利息 XXX	（貸）現金預金 XXX
リース負債 XXX	

なお，使用権資産総額に重要性が乏しいと認められる場合には，次のいずれか
の方法を適用することができる。

 a) 借手のリース料から利息相当額の合理的な見積額を控除しない方法

 b) 利息相当額の総額を借手のリース期間中の各期に定額法により配分する方法

④ 使用権資産の償却

（借）減価償却費	XXX	（貸）減価償却累計額^{（注）}	XXX

（注）使用権資産の減価償却累計額は，最終回の支払と原資産の返却時に使用権資産と相殺する。

 a) 契約上の諸条件に照らして原資産の所有権が借手に移転すると認められる
リース

  原資産を自ら所有していたと仮定した場合に適用する減価償却方法と同一
の方法で使用権資産を償却する。耐用年数は経済的使用可能予測期間とし，
残存価額は合理的な見積額とする。

 b) a) 以外のリース

  定額法等の減価償却方法の中から企業の実態に応じたものを選択適用した
方法で使用権資産を償却する。原則として，借手のリース期間を耐用年数と
し，残存価額はゼロとする。

5. 実務への影響

 実務上不動産賃借取引がリースとして識別されるケースが出てくるものと考え
られるため，今までファイナンスリース取引がなかった会社でも，オフィス等賃
借している会社には影響があるため，不動産賃貸借契約を読み込んで事前に準備
しておく必要がある。また，昨今サービスなのかリースなのか判然としない契約
も多いため，これらの契約についてもリースの識別のため契約条項を確認してお
く必要がある。

 さらに，オペレーティングリースのオンバランス化によって財務比率や格付評
価にも影響が出てくることから，財務比率のシミュレーション等も行っておく必
要があろう。

7. 資産除去債務

(1) 資産除去債務とは

　資産除去債務とは，有形固定資産の除去に関して法令又は契約で要求される法律上の義務及びそれに準ずるものをいいます。有形固定資産の取得時に資産除去債務を合理的に見積もることができる場合は，その見積額を資産除去債務として負債に計上するとともに，同額をその有形固定資産の取得原価に含めます。

【資産除去債務の例】

> ① **賃貸借契約に基づく原状回復費用**
>
> 　事務所等の賃貸借契約では，将来退去する場合の原状回復義務を課せられているのが一般的です。この賃貸借契約終了後の原状回復に係る費用は，資産除去債務の対象となります。
>
> ② **土壌汚染対策関連費用**
>
> 　土地の汚染除去の義務が，通常の使用によって生じた場合で，それが当該土地に建てられている建物や構築物等の資産除去債務と考えられる場合には，資産除去債務に該当します。
>
> ③ **アスベストの除去費用**
>
> 　除去アスベストの処分は労働安全衛生法／大気汚染防止法／建設リサイクル法／廃棄物処理法等，法律のほか，規則や条例等によっても規制されています。借地契約によって原状復帰が定められている場合や工場の統廃合，構造物の解体時にアスベスト処分費用が見込まれるときは，アスベストの処分費用は資産除去債務に該当します。

(2) 敷金を支出している場合の会計処理

　実務上，業種を問わず，比較的よく見られるものに，不動産賃貸借契約に伴う原状回復義務に関する資産除去債務があります。これは，賃貸借契約上，将来その物件を退去したときに賃借人に原状回復義務が課せられている場合，その原状回復費用を資産除去債務として認識するものです。

【敷金に係る資産除去債務の会計処理】

① 建物等の賃借契約に関連する敷金が資産に計上されている場合には，敷金の回収が最終的に見込めないと認められる金額（不返還金額）を合理的に見積もり，そのうち当期負担に属する金額を費用計上する方法によることができます。

② 敷金を上回る資産除去債務が生じている場合は原則的な処理（資産除去債務の負債計上・対応分の資産計上）によります。

③ 償却期間は，平均的な入居期間など合理的な償却期間に基づいて算定します。

④ 適用初年度の期首において，上記敷金不返還金額のうち前期以前の負担に属する金額を，当期の損失として計上します。

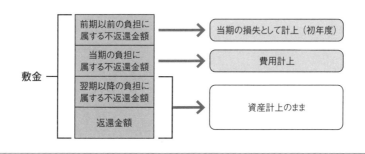

◆ 税務上のポイント

1. 法人税

(1) 固定資産の会計と税務

　税務上，減価償却費の損金算入限度額は法定されており，会計上はこれとは異なる考え方で減価償却費を計算して費用計上することもできますが，その場合，税務上の償却限度額を超える部分の金額は，税務申告の際に，申告調整を行うことが必要になります。

　実務上は，この申告調整による事務の煩雑化を避けるため，固定資産に関する会計は，税務上の取扱いに準じた処理を行うことが一般的です。

　このため，税法の取扱いを知っておくことが，固定資産に関する会計の理解を深める上で重要であるといえます。

(2) 固定資産の範囲と税務

　税務上，減価償却資産の取得価額の金額に応じて，次のような減価償却の特例が設けられています。

【取得価額に応じた税務上の取扱い】

種　類	適用要件	税務上の取扱い
少額減価償却資産	1個10万円未満（又は使用可能期間が1年未満）（損金経理が要件）（※1）	事業供用年度に全額損金算入できる。なお，償却資産税の課税対象から除外されるメリットがある。
一括償却資産	1個20万円未満（損金経理が要件）（※1）	事業供用年度から3年間で均等償却できる。会計上，20万円未満の減価償却資産を全額費用計上することとしている場合には申告調整（加算調整）が必要となる。なお，償却資産税の課税対象から除外されるメリットがある。
中小企業者の少額減価償却資産の取得価額の損金算入の特例	・青色申告をしている資本金1億円以下の中小企業（※2）であること（※1）・1個30万円未満・合計300万円まで（損金経理が要件）	事業供用年度に全額損金算入できる。ただし，償却資産税の課税対象になるというデメリットがある。

（※1）2022年4月1日以後に取得した減価償却資産については，貸付け（主要な事業として行われるものを除く。）の用に供したものが除かれる。

（※2）資本金が1億円を超える等の同一の大規模法人に発行済株式総数の1/2以上を所有されている法人及び2以上の大規模法人に2/3以上を所有されている法人を除く。また，平成31年（2019年）4月1日以後に開始する事業年度から直近3年間の所得金額の平均が15億円を超える法人が適用除外となった。

KEYWORD

▶損金経理の要件：損金経理の要件とは，法人税の所得金額の計算上，損金として認められるためには，会計上も費用又は損失として計上しなければならないということ。例えば，会計上は減価償却費を計上しないのに，法人税の申告書上で減価償却費を申告調整により計上（減算調整）することは認められない。

---

(3) 少額減価償却資産

　前述のとおり，取得価額が1個10万円未満のものは，**少額減価償却資産**と

して，全額損金算入することができますが，取得価額が10万円未満かどうかは，通常1単位として取引されるその取引単位ごとに判定します。

【少額減価償却資産の判定例】

応接セット	通常，テーブルと椅子が1組で取引されるので，1組で10万円未満になるかどうかを判定します。
カーテン	1枚で機能するものではなく，1つの部屋で数枚が組み合わされて機能するため，1つの部屋で使用する数枚を通常の取引単位と考えます。従って，10万円未満であるかどうかはその部屋ごとの合計額で判定します。

なお，会社が税込経理を採用している場合には，例え取得した固定資産の税抜価格が99,800円であっても，税込（10%）価格で見ると109,780円と10万円以上となるため，少額減価償却資産にはあたらなくなりますので，注意が必要です。

⑷ 固定資産のメンテナンスと税務

固定資産を修繕した場合には，その内容によって，**収益的支出（修繕費）**又は**資本的支出**のいずれかにより処理します。税務上，修繕費は支出した年度で損金算入できますが，資本的支出は支出した年度だけで損金算入することはできず，その資産の取得価額に加算され，減価償却により定められた耐用年数にわたり費用化していくことになります。

【収益的支出（修繕費）】

通常の維持管理のための支出
毀損した固定資産につきその現状を回復するための支出

【資本的支出】

固定資産の耐用年数を延長させる支出
固定資産の価値を高める支出

【資本的支出と収益的支出の判定フロー図】

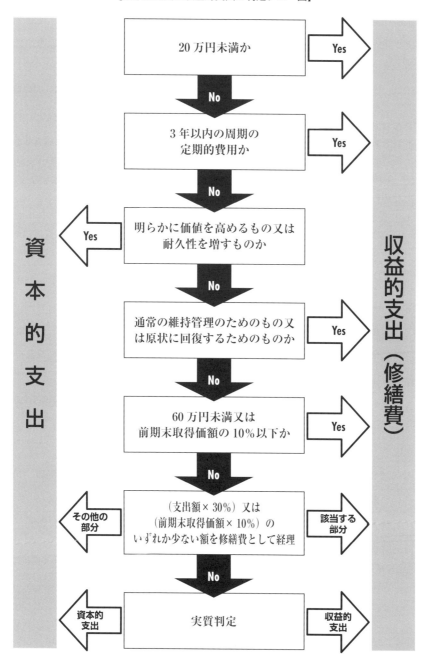

収益的支出と資本的支出の区分は，原則として上記のように定められていますが，判定が困難なケースも少なくありません。判定が困難な場合は，実務上は，税務上の取扱いに従って，下記のようなフローによって判定するのが比較的一般的です。

(注1) 災害によって被害を受けた固定資産について支出した場合は，判定フロー図にかかわらず，次のように取り扱います。

① 現状回復又は被災前の効用を維持するためのものであれば収益的支出（修繕費）

② 資本的支出であるか収益的支出であるか明らかでないものについては，30％相当額を収益的支出とし，70％相当額を資本的支出とする経理をした場合には認められる。

(注2) 例えば次のような支出は，原則として資本的支出に該当します。

(a) 建物の避難階段の取り付けなど，物理的に付加した部分にかかる費用

(b) 用途変更のための模様替えなど，改造や改装に直接要した費用

(c) 機械の部品を特に品質の高いものに取り替えた場合，その取り替えに要した費用のうち，通常使用している部分品の取り替えに要すると認められる費用を超過した金額

(5) リース取引

法人税法上のリース取引は，企業会計上の「ファイナンス・リース」の定義に従っており，「所有権移転リース取引」と「所有権移転外リース取引」に分類されます。そして，法人税法上のリース取引に該当するものについては，リース資産の賃貸人から賃借人への引渡しの時にリース資産の売買があったものとする「売買取引」として，各事業年度の所得の金額を計算します。しかし，「売買取引」のうち，取引の実態が金銭の貸借と認められるときは譲受人（賃借人）から譲渡人（賃貸人）に対する金銭の貸付けがあったものとされ，「金融取引」として取り扱います。

賃借人はそのリース資産を自己の資産として次のリース取引の区分に応じて減価償却を行います。

リース取引分類	リース取引内容	減価償却方法
所有権移転リース取引	売買取引	法人が選択している償却方法
	金融取引	
所有権移転外リース取引	売買取引	リース期間定額法（リース期間を償却期間とする定額法）
	金融取引	法人が選択している償却方法

　なお，賃借人がリース料を損金経理している場合も，そのリース料の額は減価償却費として損金経理をしたものとして取り扱われます。

(6) 固定資産の譲渡収入の計上時期

　固定資産の譲渡収入の計上時期は，原則引渡しがあった日とされています。

　土地や建物等不動産の場合には，この引渡日については，一般的には相手方が使用収益ができることとなった日とされています。

(注) 不動産のうち，土地又は土地の上に存する権利で，その引渡日が明確でない場合には，次のいずれか早い日に引渡しがあったものとすることができます。
① 代金の概ね50%以上を収受するに至った日
② 所有権移転登記の申請（その登記の申請に必要な書類の相手方への交付を含む）をした日

　また，不動産については，契約の効力が発生する日（契約締結日）に譲渡収入を計上することも認められています。

2. 消費税

(1) 固定資産を売却した場合

　固定資産関係の取引で特に注意が必要なのは，土地の譲渡が非課税取引となることです。土地を譲渡して非課税売上高が増えると，課税売上割合が減少し，この結果，仕入税額控除額が少なくなって，消費税等の納税額が増えたり，あるいは，税抜方式を採用している場合でも控除対象外消費税（仮払消費税のうち仮受消費税から控除できない金額）が多額に生じて損益計算書に比較的大きなインパクトを与えたりすることも考えられますので，注意が必要です（ただし，

以下の「実務上の留意点」を参照)。

Column 7 固定資産売却に関する実務上の留意点

▶たまたま土地の譲渡があった場合の課税売上割合に準ずる割合の適用：土地の譲渡が単発のものであり，かつ，もしその土地の譲渡がなかったとした場合には，税務署長に申請をして，承認を受ければ，その譲渡のあった課税期間に限り，前3年の通算課税売上割合と前課税期間の課税売上割合のいずれか低い割合を**「課税売上割合に準ずる割合」**として，消費税の仕入控除税額の計算をすることができる（詳細は，国税庁 HP 質疑応答事例「たまたま土地の譲渡があった場合の課税売上割合に準ずる割合の承認」を参照）。

▶固定資産を売却した場合の消費税：固定資産を売却した場合，消費税は固定資産売却益（損）に対して課税されるのではなく，その固定資産の売却金額に対して課税される。会計ソフトの中には，この点に気をつけないと誤って入力されてしまうものもあり，注意が必要である。

(2) 固定資産を取得した場合

固定資産を取得した場合，その固定資産に係る仕入税額控除の時期について注意が必要です。費用化（減価償却）の時期がいつであるかにかかわらず，消費税の計算上，その取得した固定資産に係る消費税は，その固定資産を取得した日の属する課税期間において仕入税額控除を行います。

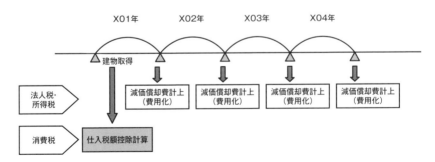

◆ 内部統制上のポイント

1. 想定されるリスク

　有形固定資産に関する取引としては，取得，売却，除却，減価償却等があります。それぞれに想定されるリスクは次のとおりです。

【想定されるリスク】

区　分	リスクの内容
取　　得	・架空資産の計上 ・他人の資産（会社の所有に帰属しない資産）の計上 ・取得価額の過大評価
売　　却	・売却資産に係る取得原価の払出し漏れ
除　　却	・除却処理漏れ
減価償却	・不適正な減価償却費の計上

2. 内部統制のポイント

　上記のリスクを踏まえて，内部統制は以下のような点に留意します。

【内部統制のポイント】

区　分	内部統制
取　得	・固定資産管理規程を整備し，有形固定資産の取得に関する手続を明文化し，遵守させる。 ・有形固定資産の取得は，購入担当者及びその他の者の複数名で現物の確認を実施し，固定資産取得申請が申請部門の責任者の承認を得ているものであることを確認する。 ・登記・登録を要する資産については，登記・登録の実行，正規の権利書の入手・保管を徹底する。 ・重要な固定資産については，購入価額が公正な価格によっていることを不動産鑑定評価や専門家による評価によって確認する。 ・重要な固定資産の取得については取締役会の承認を受ける。 ・納品書及び発注書等の証憑書類と固定資産台帳，仕訳伝票を突合し金額等を確認する。

売　却	・譲渡原価の計上漏れがないよう現物実査を行う。登記・登録を要する資産については，登記・登録の内容と会計処理内容とを突合する。 ・売却損益の総合的な妥当性チェックを行う。 ・買戻し等の約束がないことを契約書でチェックし，担当者及び取引先に確認する。
除　却	・固定資産管理規程に除却の手続を明文化し，遵守させる。 ・物理的な処分を伴う除却については，処分状況を写真に撮影して記録する。 ・除却の処理漏れがないよう現物実査を行う。 ・除却時には固定資産台帳管理者及び経理部門にタイムリーに情報が連絡されるよう徹底し，固定資産台帳及び除却に関する決定文書等と除却伝票を突合し金額を確認する。
減価償却	・減価償却費の耐用年数，残存価額が適正に適用されていることを確認する。 ・期中取得の減価償却が，取得時ではなく，事業供用開始時期から実施されていることを確認する。
保　有	・有形固定資産の現物確認を定期的に実施して，実在性を確認する。 ・定期的に固定資産台帳，総勘定元帳及び現物実査結果との照合を行う。 ・火災保険等の付保状況を確認する。

　また，有形固定資産は，減損会計や資産除去債務等の新しい会計基準の適用によって，企業会計における重要性はこれまで以上に増しています。固定資産管理規程等の社内規程を設け，固定資産の取得・保有・処分にわたる帳簿及び現物の管理を適切に行っていくことが必要です。

ズバリ，ここが実務ポイント！

▶一定の金額までの資産の取得は費用処理できる。

▶固定資産をメンテナンスした場合には，費用計上するのか，資産計上するのか判断に迷うケースが多い。税法上の取扱いを学ぶ必要あり。

▶減価償却は固定資産を費用化する手続。実務上は，減価償却に関する税法の取扱いを知っておく必要がある。

5. ソフトウェア・クラウドサービス管理

　昨今, 企業経営においてはITの利用は必須となっており, 中でもソフトウェアの適切な管理は重要です。ソフトウェアには自社開発のものから外部購入のものまで, 種類は様々なものがありますが, 会計上は, 無形固定資産として位置付けられています。

　無形固定資産は, 有形固定資産と同様, 取得価額が比較的大きく, 長期にわたって企業の収益獲得に貢献する資産です。無形固定資産には, ソフトウェアや特許権のように減価償却によって費用化する**償却資産**と借地権のように減価償却を行わない**非償却資産**とがあります。

【無形固定資産】

区　分	該当する資産
償却資産	ソフトウェア (3年又は5年),特許権 (8年),商標権 (10年),実用新案権 (5年) 等 ※ カッコ内は税法上の償却年数
非償却資産	借地権, 地上権, 電話加入権

　無形固定資産の中でもソフトウェアは独自の会計基準が定められています。

　ソフトウェアとは, コンピュータに一定の仕事を行わせるプログラムのほか, システム仕様書, フローチャート等の関連文書を含みますが, 音楽, 映像等の**コンテンツ**はソフトウェアとは別個のものとして取り扱います。

　ただし, ソフトウェアとコンテンツが経済的・機能的に一体不可分と認められる場合には, 両者を一体として取り扱うことができます。

KEYWORD

▶**ソフトウェア:**ソフトウェアとは,コンピュータを機能させるように指令を組み合わせて表現したプログラム等をいう。システム仕様書,フローチャート等の関連文書も含む。

▶**コンテンツ:**コンテンツとは,プログラムの処理の対象となる情報の内容をいい,例えば,データベースソフトウェアが処理対象とするデータや,映像・音楽ソフトが処理対象とする画像・音楽データ等がそれにあたる。コンテンツはソフトウェアではない。

◆ 業務の流れ

1. ソフトウェア制作目的の確認 (ソフトウェア制作の企画立案時)

ソフトウェアは,その制作目的によって,その会計処理が異なります。

このため,ソフトウェア制作の企画時点(ソフトウェアの制作の社内申請時)に,その制作目的を確認することが必要です。

ソフトウェアの制作目的は次の3つに区分されます。

⑴ 受注制作目的のソフトウェア

⑵ 市場販売目的のソフトウェア

⑶ 自社利用のソフトウェア

2. 台帳管理

ソフトウェアの管理台帳を作成し,ソフトウェアの購入,除却,変更等を管理します。具体的には以下の点に注意します。なお,ソフトウェアについても,有形固定資産の場合と同様,定期的に実査を行い利用状況を確認する必要があります。

⑴ バージョンアップ

バージョンアップは機能の追加や操作性の向上などソフトウェアの価値を高めるための活動です。

バージョンアップしたソフトウェアに係る支出については，資本的支出に該当する場合があるため，その内容を確認することが必要です。

⑵ 除　却

ソフトウェアの除却は，除却を実施したことを証明できるような合理的な証拠に基づいて行います（詳細は税務上のポイントを参照）。

3. 減価償却

ソフトウェアの減価償却を実施します（詳細は会計上のポイントを参照）。

ソフトウェアの資産計上額が企業会計上の処理と税務上の処理とで異なる場合があるため，注意する必要があります。

◆ 会計上のポイント

1. ソフトウェアの会計処理

ソフトウェアの会計処理については，研究開発費等会計基準，同実務指針に定めがあります。中小企業会計指針にも，これに準じた取扱いが定められています。

ソフトウェアは，制作目的に応じて**販売目的**と**自社利用目的**とに区分され，さらに販売目的のソフトウェアは**受注制作目的**と**市場販売目的**とに区分されます。会計処理はこれらの区分に応じて行います。

【ソフトウェアの制作目的別会計処理】

区　分	内　容	会計処理
受注制作目的のソフトウェア	特定の顧客からの発注に基づき、開発・制作して販売する目的のソフトウェア	受注制作のソフトウェアに係る収益は、従来、「工事契約に関する会計基準」に従って請負工事の会計処理に準じて会計処理を行うこととされていましたが、2021年4月以後開始事業年度から、同基準が廃止され、収益認識会計基準の適用を受けることになりました。 収益認識会計基準のもとでは、識別した履行義務が一定期間にわたり充足されるか、または一時点で充足されるものであるかを判定する必要があります。履行義務が一定期間にわたって充足される場合は履行義務を充足するにつれて収益を認識し、そうでない場合は一時点で収益を認識します。
市場販売目的のソフトウェア	製品マスター（複写可能な完成品）を制作し、これを複写して不特定多数に販売する目的のソフトウェア	(1) 最初に製品化された製品マスターが完成するまで（注）の制作活動が研究開発に該当します。製品マスターの完成時点までの費用は、研究開発費として発生時に費用処理します。 (2) 製品マスターの制作費は、無形固定資産の部にソフトウェア勘定で計上し、減価償却によって費用化します。 (3) 最初に製品化された製品マスター完成時点以後（つまり研究開発終了時点以後）の費用は次のように処理します。 種類 / 会計処理 製品マスター又は購入したソフトウェアの機能の改良・強化に要した費用 / 無形固定資産として資産計上 製品マスター又は購入したソフトウェアの著しい改良に要した費用 / 研究開発費として発生時に費用処理 バグ取り等、機能維持に要した費用 / 修繕費等として発生時に費用処理
自社利用目的のソフトウェア	将来の収益獲得又は費用削減が確実である自社利用のソフトウェア	将来の収益と対応させるため、その取得に要した費用はソフトウェアとして資産計上します。 なお、独自仕様の社内利用ソフトウェアを自社又は委託で制作する場合は、将来の収益獲得や費用削減が確実であると認められる場合を除き、費用処理します。

（注）最初に製品化された製品マスターの完成時点は，次の2点によって判断します。
① 製品性を判断できる程度のプロトタイプが完成していること。
② プロトタイプを制作しない場合には，製品として販売するための重要な機能が完成しており，かつ重要な不具合を解消していること。

【受注制作目的のソフトウェアの収益の認識】

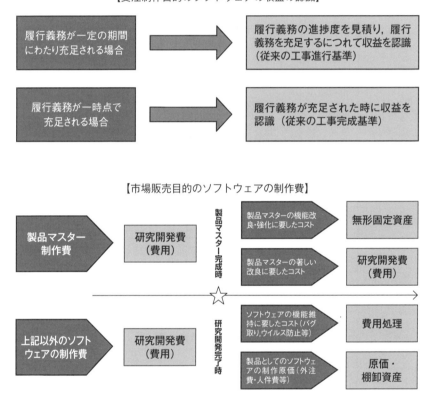

【市場販売目的のソフトウェアの制作費】

【自社利用目的のソフトウェアの制作費】

将来の収益獲得／費用削減が確実である場合	無形固定資産

将来の収益獲得／費用削減が確実でない場合	発生時費用

将来の収益獲得／費用削減が確実かどうか不明な場合	発生時費用

【参考】ソフトウェアを購入した場合の関連費用の取扱い

購入ソフトウェアの設定等	無形固定資産 （付随費用）

購入ソフトウェア等を大幅に変更して自社仕様化	研究開発費 （費用）

データコンバート，トレーニング費用等	発生時費用

2. ソフトウェアの減価償却

ソフトウェアの減価償却方法及び耐用年数は，以下のように定められています。

(1) 市場販売目的のソフトウェアの減価償却

見込販売数量又は見込販売収益に基づく償却額と販売可能な見積残存期間（原則3年以内）に基づく均等配分額のうち，いずれか大きい額を減価償却費として売上原価に計上します。

また，当初における販売可能な有効期間の見積りは，原則3年以内とされ，3年を超える場合は合理的な根拠が必要とされています。

各年度の減価償却費＝次の①又は②のいずれか大きい方の額

$$① = ソフトウェアの未償却残高 \times \frac{各年度実績販売数量（収益）}{各年度実績販売数量（収益）+各年度見込販売数量（収益）}$$

$$② = ソフトウェアの未償却残高 ÷ 残存見込有効期間$$

【市場販売目的のソフトウェアの減価償却費の計算例】

［設例］

①無形固定資産として計上されたソフトウェア制作費の総額

60,000,000 円

②ソフトウェア見込有効期間　3 年

③見込販売数量及び見込販売収益

	初年度	2 年度	3 年度
見込販売数量	3,000 個	800 個	1,200 個
見込販売収益	90,000,000 円	16,000,000 円	18,000,000 円

※ 販売開始時の見込みどおりに各年度の販売が行われたものとし，
ソフトウェアの見込有効期間にも変更がなかったものとします。

［計算］

《見込販売数量に基づく減価償却費の計算》

（1 年目）

$$① \ 60,000,000 \times \frac{3,000}{3,000+800+1,200} = 36,000,000$$

② 60,000,000 ÷ 3 年 = 20,000,000

　　　　　　①＞②　　∴　36,000,000 円

（2 年目）

$$① \ (60,000,000 - 36,000,000) \times \frac{800}{800+1,200} = 9,600,000$$

② (60,000,000 − 36,000,000) ÷ 2 年 = 12,000,000

　　　　　　①＜②　　∴　12,000,000 円

（3年目）

60,000,000 − 36,000,000 − 12,000,000＝12,000,000 ∴ <u>12,000,000 円</u>

《見込販売収益に基づく減価償却費の計算》

（1年目）

① $60,000,000 \times \dfrac{90,000,000}{90,000,000 + 16,000,000 + 18,000,000} = 43,548,387$

② 60,000,000 ÷ 3 年 = 20,000,000

　　　　　　①＞②　　∴　<u>43,548,387 円</u>

（2年目）

① $(60,000,000 − 43,548,387) \times \dfrac{16,000,000}{16,000,000+18,000,000} = 7,741,935$

② (60,000,000 − 43,548,387) ÷ 2 年 = 8,225,806

　　　　　　①＜②　　∴　<u>8,225,806 円</u>

（3年目）

　60,000,000 − 43,548,387 − 8,225,806 = 8,225,807　∴　<u>8,225,807 円</u>

(2) 自社利用目的のソフトウェアの減価償却

　自社利用目的のソフトウェアは，社内における見込利用可能期間（原則として5年以内）に基づき，原則として定額法で減価償却します。

◆ 税務上のポイント

1. ソフトウェアの税務上の償却限度額

　税務上，ソフトウェアは，他の者から購入したものか，自社で制作したものかを問わず，無形固定資産として取り扱われ，その減価償却限度額は下表のように計算することとされています。

会計上計算した減価償却費が税務上の減価償却限度額を超える場合には，税務上，申告調整をすることが必要になります。

【ソフトウェアの税務上の償却限度額】

用途区分	税務上の償却限度額	企業会計上の減価償却費
開発研究のソフトウェア	残存価額をゼロとして耐用年数3年・定額法で計算	費用処理
複写して販売するための原本	残存価額をゼロとして耐用年数3年・定額法で計算	見込販売数量又は見込販売収益に基づく償却額と販売可能な見積残存期間（原則3年以内）に基づく均等配分額のうち，いずれか大きい額を減価償却費として売上原価に計上
自社利用目的のソフトウェア	残存価額をゼロとして耐用年数5年・定額法で計算	原則として見込利用可能期間（原則5年以内）に基づき定額法で計算

2. 自社利用目的のソフトウェアの税務と会計の取扱い

自社利用目的のソフトウェアに係る支出の資産計上の取扱いについては，税務上の取扱いは会計上の取扱いに合わせたものとなっていますが，完全に同じではなく，次のような若干の差異がありますので注意を要します。

【自社利用目的のソフトウェアの取扱い】

区　分		会計上の取扱い	税務上の取扱い
自社制作	将来の収益獲得又は費用の削減が明らかな場合	無形固定資産	無形減価償却資産
	将来の収益獲得又は費用の削減が不明な場合	費用処理	無形減価償却資産
	将来の収益獲得又は費用の削減の効果がないことが明らかな場合	費用処理	損金経理をしている場合は損金算入可能
市場で販売されているソフトウェアを購入し，予定した使途に継続して利用して業務を効率的・効果的に遂行している場合		無形固定資産	無形減価償却資産

3. ソフトウェアの除却

ソフトウェアの会計上及び税務上の除却要件は，それぞれ次のとおりです。

　ソフトウェアは，有形の固定資産とは異なり，実態を捉えにくいことから，ソフトウェアを除却する場合には，除却したことを明らかにする証拠を残しておくことが必要です。例えば，販売目的のソフトウェアであれば，今後そのソフトウェアの販売を行わないことを明らかにする社内稟議書や販売流通業者への通知文書等を保存しておくようにします。

【ソフトウェアの除却要件】

区　分	会計上の要件	税務上の要件
市場販売目的のソフトウェア	新しいバージョンの製品の販売に伴い古いバージョンの製品の販売を中止したこと	複写して販売するための原本となるソフトウェアについて，新製品の出現，バージョンアップ等により，今後，販売を行わないことが社内稟議書，販売流通業者等への通知文書等で明らかである場合
自社利用目的のソフトウェア	使用する見込みがなくなった場合	そのソフトウェアによるデータ処理に係る業務が廃止されたり，ハードウェアやOSの変更等があったりして，そのソフトウェアを利用しなくなったことが明らかである場合

◆ 内部統制上のポイント

1. 自社利用目的のソフトウェアの場合

　自社利用目的のソフトウェアの場合，そのソフトウェアの利用により将来の収益獲得又は費用削減が確実と認められる場合に限って資産計上されますので，適切な会計処理を行うためには，「将来の収益獲得又は費用削減が確実である」という判断をした根拠が必要となります。このためには，稟議書等でその点を明確にしておくことが必要です。

　また，自社利用目的のソフトウェアを資産計上する場合，資産価値のないものが資産計上されるリスク，すなわち実在性や過大評価に関してのリスクが考えられます。

　外部から汎用ソフトを購入する場合には，通常は過大リスクの発生可能性は低いと思われますが，例えばソフトウェアを個人的に発注して，転売し，着服

するというような不正も想定されます。

　こうした不正を防止するため，自社利用目的のソフトウェアの取得に関して，まず，外部から購入する汎用ソフトの場合は，商品内容の説明資料による内容吟味を実施することが必要です。また，外部委託のシステム開発による自社利用目的のソフトウェアの場合は，委託目的・内容を契約書等により確認することが必要です。その上で，上司の承認を得て，購入を実行します。

　保有期間中の管理についても，ソフトウェアの場合は「見えない」という特徴があるだけに，無形固定資産台帳を整備し，その取得から利用状況の確認，除却までを記録・管理していく必要があります。具体的には，ソフトウェアの新規取得，除却等に関する証憑書類とソフトウェア管理台帳を突合し，記入内容を確認します。ソフトウェアの利用状況の確認については，その具体的な利用局面を確かめ，実際に業務に使用されていることを利用部署以外の者によって定期的に実査することが必要です。

　また，利用終了資産の除却処理は，タイムリーに実施していく必要があります。

2. 市場販売目的のソフトウェアの場合

　市場販売目的のソフトウェアについては，本来ならば研究開発費として処理すべき費用負担を先送りにするため，他のソフトウェアに含めて資産計上したり，他の製品マスターの制作費に分散してもぐりこませたり，受注制作のソフトウェアとして処理し，仕掛計上したりといった不正が想定されます。

　これを防止するためには，プロジェクトごとに原価を集計して，進捗状況の管理，予実管理を定期的に行い，進捗の過程において，どの段階までが研究開発費であるか，研究開発の管理に関する社内ルールを明確にします。その上で，責任者の承認を得ておくことが必要です。

◆ クラウドサービス

⑴ クラウドサービスとは

　クラウドサービスは，インターネットを通じてソフトウェアやサーバー環境等を提供されるサービスです。企業の情報システムは，クラウドサービスの利用が一般的になってきており，それに伴い，その会計処理方法を理解することが重要になってきています。

　ソフトウェアは自社所有の無形固定資産であるのに対し，クラウドサービスは，自社所有ではなくではなくベンダー所有の資産を利用するという違いがあります。

　クラウドサービスでは，利用者が最低限の環境（パソコンや携帯情報端末，その上で動く Web ブラウザ，インターネット接続環境など）を用意することで，さまざまなサービスを利用できるようになります。クラウドサービスを利用するメリットは，これまで機材の購入やシステムの構築，管理などにかかっていた手間，コストを削減し，業務の効率化を図ることができるという点にあります。

　クラウドサービスは，主に SaaS（Software as a Service），PaaS（Platform as a Service），IaaS（Infrastructure as a Service）の３つの形態があり，それぞれベンダーによって提供されるサービスの範囲が異なります。

【クラウドサービスの形態】

サービスの種類	内容
SaaS（サース） (Software as a Service)	サービスとしてのソフトウェア。 業務アプリケーション等の利用サービスをインターネット経由でベンダーが提供。
PaaS（パース） (Platform as a Service)	サービスとしてのプラットフォーム。 データベースや OS 等，アプリケーションを実行するために必要なプラットフォームをインターネット経由でベンダーが提供。
IaaS（イアース，アイアース） (Infrastructure as a Service)	サービスとしてのインフラ。 情報システムの稼動に必要なサーバー等のハードウェアやネットワーク等のインフラをインターネット経由でベンダーが提供。

【各サービスの提供範囲】

	SaaS	PaaS	IaaS
アプリケーション	ベンダーが提供	ユーザーが用意	ユーザーが用意
データ	ベンダーが提供	ユーザーが用意	ユーザーが用意
ミドルウェア	ベンダーが提供	ベンダーが提供	ユーザーが用意
OS	ベンダーが提供	ベンダーが提供	ユーザーが用意
ネットワーク	ベンダーが提供	ベンダーが提供	ベンダーが提供
ストレージ	ベンダーが提供	ベンダーが提供	ベンダーが提供
サーバー	ベンダーが提供	ベンダーが提供	ベンダーが提供

⑵ クラウドサービスの会計と税務（ユーザー側）

　クラウドサービスでは，ベンダーが提供するソフトウェアの所有権はユーザーにはなく，ベンダーにありますので，ユーザーはベンダーの所有するソフトウェアを利用することになります。

　クラウドサービスの利用に際しては，サービスの月額利用料のほかに導入時の初期費用として，SaaS 型のクラウドサービスでは登録料，設定料等がかかる場合があり，また，PaaS 型・IaaS 型のクラウドサービスでは，基本的に自社でシステム環境構築等を行う必要があることからカスタマイズ費用が発生するのが通常です。

　会計上は，月額利用料は費用として計上し，初期費用については，カスタマイズ費用等の内容に応じて，ソフトウェア又は長期前払費用（税務上の繰延資産に該当する場合）として資産計上します。

　ソフトウェアに計上する場合は5年で償却し，長期前払費用に計上する場合は税務上の繰延資産（資産を賃借するための権利金等）に該当するものとして，支出の効果の及ぶ期間（実務上は5年とするケースが多い）で償却します。

ズバリ，ここが実務ポイント！

▶自社利用目的のソフトウェアは，その利用により収益獲得や費用削減が確実と認められる場合に無形固定資産に計上する。その判断は，ソフトウェアの制作の承認を受けた稟議書等に基づいて行う。

▶自社利用のソフトウェアの使用開始時期や除却の事実，市場販売目的のソフトウェアの製品マスターの完成時期については，適正な会計・税務処理のため，それらを立証・疎明できる資料に基づいて行う。

6. 原価管理

　原価とは，売上高と直接的対応を図ることのできる費用をいいます。例えば商品が1個売れれば，この見合いとして個別に把握される費用（売上原価）のことです。物品販売業では，販売した商品の仕入原価を指します。製造業では，製品を製造するために要した材料費，労務費，経費等の製造原価を指します。またサービス業では，役務原価があります。本章ではこのような原価管理の実務について述べていきます。

　この章では製造業における製造原価に焦点を当て述べていきます。仕入原価については「2. 買掛債務管理」を参照願います。

◆ 業務の流れ

　原価管理は，大きく下記の業務に大別されます。
- **原価予算策定**：企業内部，外部情報を収集し，目標となる原価を策定する業務
- **実際原価算定**：製品の製造にかかった実際の原価を計算する業務
- **原価差異分析**：予算原価と実際原価の差異を算出し，差異の発生要因を分析する業務

1. 原価予算策定

　まず年次単位の原価予算を作成することから入りましょう。特に，製造業にあっては，予算策定段階で目標原価を定めることで実際原価との比較をし，生産効率を高めたり，原価低減を実現したりすることにつながります。従って，予算策定は重要なプロセスになります。この予算策定では，製品別，工場別，費目別といった予算を策定します。策定にあたっては，関係部署との十分な調整が必要です。

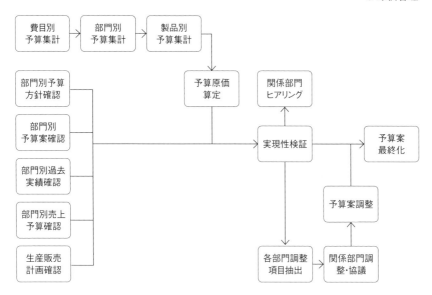

2. 実際原価算定

　この業務は，下記の目的を達成するために必要なプロセスです。

● 財務諸表作成目的：売上高に対応する売上原価又は製品原価の算出のため

● 管理会計目的：目標原価との差異分析をするにあたり，比較対象となる実績
　　　　　　　　　値を把握するため

　実際原価の集計は，費目別，部門別，製品別の順にデータを集計していきます。

(1) 費目別計算

　材料費，労務費，経費の別に費用を集計します。各々直接費と間接費に分け
て計算を行います。

(2) 部門別計算

　費目別計算で集計された直接材料費，直接労務費，直接経費は，各製品別に
原価を直接賦課（直課）しますが，製品に直課できない製造間接費は各製造部
門に配賦計算を行います。

⑶ 製品別計算

　部門別計算で製造部門費が計算された後，配賦計算を通じて各製品別の原価を集計していきます。

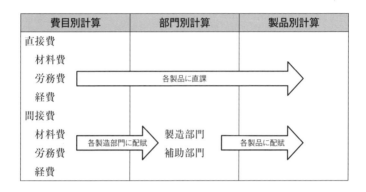

3. 原価差異分析

　目標原価と実際原価との差異を把握し，その差異がどのような理由で発生したかを分析するプロセスです。有利差異，不利差異どちらについても検討します。また，非原価項目，異常項目の有無を確かめます。分析にあたっては，仕入先別，商製品別，担当者別，期間別などの様々な視点からの分析単位を設定します。また，数量差異，価格差異に分けて分析するのも有効です。差異の内容によって，各部門，工場にフィードバックします。そして翌年度以降の予算策定や経営管理に役立てます。

◆ 会計上のポイント

1. 商品仕入

　商品仕入については，売上高との個別対応が図られることから売上原価として原価項目に計上されます（詳細は，「2.買掛債務管理」参照）。

2. 原価計算

⑴ 原価計算の仕組み

原価計算とは，ある製品を作るためにかかった費用を計算する仕組みのことです。総合原価計算，個別原価計算，実際原価計算，標準原価計算，直接原価計算等があります。基本的には，製品の製造原価を材料費，労務費，経費に区分して，その期間に完成した製品及び仕掛品に配賦します。さらに，完成した製品を販売されたものと期末時点に残っている在庫に区分します。販売されたものは売上原価として損益に反映されます。

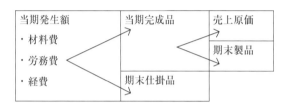

KEYWORD

▶**総合原価計算**：同一種又は異種の製品を連続的に反復生産する大量生産形態に適用され，一定期間における生産量とその生産に要した製造原価から製品単位原価を算定する原価計算方法をいう。

▶**個別原価計算**：種類，規格，仕様等の異なる製品を受注し，注文別に生産する形態に適用される原価計算をいう。特定製造指図書を原価の集計単位とし，個別的に原価計算を行う方法である。

▶**実際原価計算**：製品の製造活動，販売活動などのために消費した実際原価を計算する方法である。なお，実際原価は原則として実際発生額をいうが，原価を構成する原価要素の消費量が実際消費量である限り，予定単価を用いていても実際原価として取り扱われる。

▶**標準原価計算**：各原価要素別に原価標準を設定し，計算される原価計算方法をいう。

▶**直接原価計算**：製造原価，販売費及び一般管理費を**変動費**と**固定費**とに区分し，売上高から変動費を控除して限界利益を計算し，さらに固定費を控除して営業利益を計算する方法である。販売費及び一般管理費は別管理とし，売上総利益までを直接原価計算の対象にすることもある。

▶**変動費**：操業度に応じて変動する費用のことをいう。例えば，生産量が増加すると，これに比例して増加する費用をいい，材料費や運賃などが該当する。

▶**固定費**：操業度にかかわらず，一定に発生する費用のことをいう。賃金の基本給や減価償却費が該当する。

(2) 材料費

材料費は，使用形態により，主要材料費，補助材料費等に分類されます。原価計算上は，直接材料費と間接材料費に分類されます。

材料費は，（消費数量）×（消費単価）で求められます。

① 消費数量

消費数量は，**継続記録法**と**棚卸計算法**により把握されます。

継続記録法	一品目ごとに受払及び残高を記録していく方法です。定期的に実地棚卸を行い，帳簿と現物とを照合し，棚卸差異を把握します。これにより，材料の管理が可能となる特徴があります。
棚卸計算法	期中は材料の受払を記録せず，期末に材料の実地棚卸を行って，差引により期中消費量を求める方法です。実務的には，作業の簡便化が図られるというメリットがあります。しかし，棚卸減耗等があった場合は，消費量に含まれてしまうので，材料管理には適しません。

継続記録法によった場合，帳簿の数量と実際の棚卸数量とに差異が発生する場合があります。その金額を**棚卸減耗損**として処理します。

② 消費単価

　消費単価の試算方法として，購入原価を使用する**個別法**，**先入先出法**，**移動平均法**，**総平均法**等があります。また，購入原価以外の価格を使用する予定価格法，標準原価法があります。実際の消費単価ではなく，あらかじめ定められた消費単価である予定仕入単価を用いることで，材料費の管理が行えます。

③ 材料費差異分析

　材料費に関して，標準値や予定値を用いた場合，差異分析を行います。差異を下記の2つに分解して分析すると有効です。

数量差異	材料の標準消費量や予定消費量と実際消費量との差によって生じる差異のことです。 数量差異 =（標準消費量 － 実際消費量）× 標準単価
価格差異	材料の標準価格や予定価格と実際価格との差によって生じる差異のことです。 価格差異 =（標準単価 － 実際単価）× 実際消費量

KEYWORD

▶**個別法**：1つ1つの原材料の単価を個別にそのまま把握する方法をいう。

▶**先入先出法**：出荷の時に，先に仕入れたものから先に出庫すると仮定する計算方法をいう。

▶**移動平均法**：原材料の受入の都度，数量及び金額をすでに在庫中の原材料及び金額に加え，その合計額を合計数量で除して新しい平均単価を算定する方法をいう。

▶**総平均法**：総平均法は，移動平均法と基本的には同じ考えであるが一定期間で計算する点が異なる。期首の数量及び金額に一定期間の数量及び金額を加え，その合計額を合計数量で除して平均単価を算定する方法をいう。

⑶ 労務費

製造及び販売に関与した労務用役の消費によって発生する費用のことです。材料費と異なり，発生した賃金，給料等の大部分はその期間の労務費になります。原価計算上は，**直接労務費**と**間接労務費**に分類されます（給料や賞与等のポイントについては，「7．経費管理」を参照）。

KEYWORD

▶**直接労務費：**製品の生成に関して直接的に認識され，特定の製品に直接負担させることができる労務費のこと。直接作業時間，段取時間についての賃金がこれに該当する。

▶**間接労務費：**多数の製品に対して共通的に発生し，特定の製品のために発生したことを直接に認識することが不可能又は不要な労務費のこと。間接作業時間，間接工賃金，手待賃金等が該当する。部門別計算を通じて，製品に間接的に配賦計算される。

---

① 賃　率

消費賃金は，作業時間又は出来高に賃率を乗じて算出されることがあります。このとき用いられる賃率には，実際賃率，平均賃率，予定賃率等があります。

② 労務費差異分析

労務費に関して，標準値や予定値を用いた場合，差異分析を行います。材料費差異分析と同様に差異を下記の2つに分解して分析すると有効です。

作業時間差異（出来高を用いた場合は，数量差異）	直接工の標準作業時間や予定作業時間と実際作業時間との差によって生じる差異のことです。 作業時間差異 ＝（標準作業時間 － 実際作業時間）× 標準賃率 （出来高を用いた場合は，作業時間ではなく消費量となります）
賃率差異	直接工の標準賃率や予定賃率と実際賃率との差によって生じる差異のことです。 賃率差異 ＝（標準賃率 － 実際賃率）× 実際作業時間

⑷ 経　費

　経費とは，材料費，労務費以外の原価性ある費用のことです。多くの経費は外部用役の消費によって発生します。

●外注加工費

　他の加工業者に材料等を供給して加工させた場合に発生する費用のことです。材料等を無償支給する場合と有償支給する場合とがあります。特定の製品に賦課できる**直接経費**とこれが不可能又は不要な**間接経費**とに分けて処理します。無償支給した場合は，勘定処理を必要としないときでも現物管理をする必要があります。

収益認識会計基準における有償支給取引について

- -

　企業が製品製造に必要な原材料等（以下「支給品」）を有償で支給先に提供し，加工後の製品等を買い戻す有償支給取引について，収益認識会計基準では，支給元が当該支給品を買い戻す義務を負っているか否かに応じて，会計処理を定めている。

●支給元の処理

買い戻し義務	支給品の消滅	収益の認識
無し	消滅を認識する	収益を認識しない （支給品の譲渡に係る収益と最終製品の販売に係る収益の二重計上防止のため）
有り	消滅を認識しない（※）	収益を認識しない （支給先は支給品に対する支配を獲得していないため）

（※）譲渡された支給品は，物理的には支給先において在庫管理が行われているため，在庫管理に関して実務上の困難さがある点が指摘されており，これを踏まえ，個別財務諸表においては，支給品の譲渡時に当該支給品の消滅を認識することができるとされた。その場合，支給品の譲渡に係る収益と最終製品の販売に係る収益が二重に計上されることを避けるために，支給品の譲渡に係る収益は認識しないことが適切と考えられる。

⑸ 部門別計算

　直接材料費，直接労務費，直接経費は製品別に直課します。間接材料費，間接労務費，間接経費は製品別に直接把握できないため，製造間接費としてまとめられ，**部門別原価計算**を行い，製品別に原価を集計していきます。

① 原価部門の設定

まず，原価部門を設定します。これは，**製造部門**と**補助部門**とに分けられます。

② 部門費の集計

次に，製造間接費を**部門個別費**と**部門共通費**とに分けます。集計の仕方は下記のとおりです。

部門個別費	その発生額をその発生した部門に賦課します。
部門共通費	その発生額を各部門が受けた用役の程度に応じて各部門に配賦します。

③ 部門共通費の配賦基準

下記の基準が配賦する際に用いられます。

実際に受けたサービス量	部門共通費を実際に提供したサービス量の程度に応じて，各部門に配賦する基準です。提供されたサービス量が各部門に簡単にかつ直接関連付けることが可能な場合には最も合理的です。
提供された規模	部門の資産や従業員数，売上高などの規模を示す指標によって各部門に配賦する基準です。一般的には，工場建物の建物減価償却費や賃借料を各部門に配賦する場合に適用されます。これらの部門共通費は各部門の工場に占める面積を基準とします。

配賦基準はむやみに変更することなく，継続して適用することが必要です。また，各部門が不満に思わないよう，公平，公正に定めることも大事です。

④ 補助部門費の配賦

補助部門費は，直接製品に負担させる合理的な基準を見いだし得ないので，補助部門費を各製造部門に配賦し，製造部門から本来の製造部門費とともに製品に負担させます。

補助部門費を製造部門へ適切に配賦するには，製造部門が補助部門から提供されているサービス量等を基準として配賦することになります。部門共通費を

142

各部門へ配賦するときに用いられた配賦基準と類似した基準が用いられることになります。

補助部門費と配賦基準の例を示せば下記のようになります。

補助部門費	配賦基準
動力部門費	動力消費量, 据付機械の馬力数, 馬力時間数
運搬部門費	運搬件数, 運搬距離, 重量
検査部門費	作業時間数
研究開発部門費	人数, 作業時間数, 各部門の賃金総額
企画部門費	人数, 作業時間数, 各部門の賃金総額
工場事務部門費	人数, 作業時間数, 各部門の賃金総額

⑤ 製造部門から製品への配賦

製造部門での製造が行われる製品に対して, 適切な配賦基準に基づいて製造間接費が配賦されます。この配賦基準としてはあらかじめ定められた**基準操業度**を用います。

KEYWORD

▶**直接経費**：製品の生成に関して直接的に認識され, 特定の製品に直接負担させることができる経費のこと。主に, 外注加工費が該当する。

▶**間接経費**：多数の製品に対して共通的に発生し, 特定の製品のために発生されたことを直接に認識することが不可能又は不要な経費のこと。減価償却費, 水道光熱費, 賃借料などが該当する。

▶**部門別原価計算**：原価を部門別, 即ち原価の発生場所別に計算すること。これにより原価を機能別, 責任区分別に管理することが可能となる。

▶**製造部門**：直接製品製造が行われる部門のこと。

▶**補助部門**：製造部門に対して補助的関係にある部門をいう。補助経営部門（自部門の製品等を製造部門に提供する部門。動力部，運搬部など）と工場管理部門（工場の全般的な管理や事務を行う部門。企画部，工場事務部など）に分かれる。

▶**部門個別費**：特定の部門で発生したことを直接に認識できる費目のこと。特定部門の消耗品費や職長の賃金，特定部門に属する機械の減価償却費からなる。

▶**部門共通費**：二部門以上に共通的に発生する費目のこと。工場長の給料や工場建物の減価償却費，賃借料からなる。

▶**基準操業度**：生産設備を一定とした場合におけるその利用度をいう。直接労務費，数量，作業時間，機械運転時間等が用いられる。

3. 開　示

　製造原価又は売上原価に関して，開示府令において明細書を記載することが求められています。

◆ 税務上のポイント

1. 法人税

(1) 商品仕入

　一般に公正妥当と認められる会計処理の基準が税法上も尊重されます。ただし，取得価額に算入しないことができる費用等の取扱いの定めがあります（詳細は，「3. 在庫管理」参照）。

(2) 原価計算

① 原価差額の調整

　原価差額が発生した場合は，その差額を製造原価と期末仕掛品に合理的な基準によって配賦計算をします。さらに，製造原価に按分された原価差額は，売上原価と期末製品に配賦計算されます。法人税法ではこれを原則としていますが，一定の要件を満たす場合はこの調整を要しないとされています。

(a) 原価差額の簡便調整方法

各事業年度において生じた原価差額を仕掛品，製品等の順に調整することをしないで，その原価差額を一括し期末棚卸資産に配賦した場合は，次の算式によることを条件に認められています。

$$
原価差額 \quad \times \quad \frac{期末の製品，半製品，仕掛品の合計額}{売上原価＋期末の製品，半製品，仕掛品の合計額}
$$

(b) 原価差額の調整を要しない場合

原価差額が総製造費用の概ね1％相当額以内の場合は，少額とみなされ原価差額の調整を要しないとされています。この場合は，その計算を明らかにした明細書を確定申告書に添付する必要があります。また，少額かどうかの判定は，事業の種類ごと又は製品の種類別に原価計算を行っている場合には継続して製品の種類の異なるごとに行うことができます。

KEYWORD

▶**原価差額**：標準原価や予定原価などあらかじめ定められた指標と実際原価との差額をいう。会計上は原価差異ともいう。

---

② 原価に算入された交際費等の調整

交際費の損金不算入額の計算においては，経理方法のいかんにかかわらず，交際費等の支出の事実があった事業年度に，全て交際費等に含めて計算する趣旨です。従って，例え取得価額に含まれている交際費等で，その事業年度の損金の額に算入されていないものであっても，支出をした事業年度の交際費等に算入して損金不算入額を計算しなければなりません。このため，支出した交際費等が原価計算を通じて，棚卸資産等の取得価額等に含まれたため，直接その事業年度の損金の額に算入されていない金額があるときは，結果として二重に損金不算入の部分が生じることになります。これらを調整するためにその事業

年度の確定申告において，原価算入額のうち損金不算入額からなる部分の金額を限度として，その事業年度終了の時における棚卸資産の取得価額等を減額することができます。

$$\begin{matrix} 取得価額から \\ 減額できる額 \end{matrix} = \begin{matrix} 交際費等の損 \\ 金不算入額 \end{matrix} \times \frac{取得価額に含まれている交際費等の金額}{支出交際等の金額}$$

2. 消費税

　原価については，消費税法上，課税仕入れとなるか否かが重要なポイントとなります。課税仕入れの要件等については「7.経費管理」を参照ください。ここでは，科目ごとの取扱いについて述べていきます。

⑴ 材料費

　一般的には課税仕入れに該当します。

⑵ 労務費

　賃金，賞与等の支払は，課税対象外になります。諸手当や労働者派遣料等の課税関係については，「7.経費管理」を参照ください。

⑶ 経　費

　経費に関する消費税の取扱いについては，内容が多岐にわたりますので，個々の取引について税法・通達等の確認が必要です。外注加工費は一般的には課税仕入れに該当します。外注加工費の内容が人件費であったとしても，雇用契約に基づく給与等でなければ，請負による報酬の支払として課税仕入れになります。他の主だった科目の課税関係については「7.経費管理」を参照ください。

　課税仕入れの売上対応について，原価に係る課税仕入れは売上との対応関係が直接的であることから，課税売上げに係る原価の場合，「課税売上げに対応

する課税仕入れ」として仕入税額控除が適用されます。非課税売上げに係る原価の場合,「非課税売上げに対応する課税仕入れ」として仕入税額控除が適用できません。

◆ 内部統制上のポイント

1. 製造業務における権限と責任の明確化

原価計算規程やマニュアルを整備し,製造,検査,在庫管理等の各業務における手続や分担を明確にします。またこれにあわせて,権限と責任を明確にし,運用を徹底していきます。

2. 見積項目の適正性

材料の予定仕入単価や基準操業度等,見積項目が存在するため,原価計算の基礎となる数値の正確性を担保する必要があります。上司による適切な承認を行う必要等があります。

3. 集計手続等の妥当性

原価の集計や原価差異の把握等が適切に会計処理されているかを確認する必要があります。具体的には,担当者以外の者によるチェック,上司の承認を受けていることが大事です。

> ### ☞ズバリ,ここが実務ポイント!
> ▶原価計算独特の用語を理解して,計算の流れを把握することが大事。
> ▶原価差異分析を適切に実施することで,原価管理に役立つ資料が提供される。
> ▶業務の正確性及び効率性達成のためにはシステム化が必要。システムの導入,構築は慎重に行いましょう。

7. 経費管理

　企業は収益を上げるため，販売活動に必要な費用の支払を行い，企業を維持し管理するための費用の支出を行います。**経費**とはこれら費用の総称です。本章ではこのような経費管理の実務について述べていきます。

◆ 業務の流れ

1. 予　算

(1) 年度予算策定

　企業は限られた資金を有効にかつ効率的に活用するため，どの部門に，どの項目に資金を投入するのかを計画する必要があります。この支出計画を予算という形で策定します。

(2) 予算実績対比

　予算を策定しただけでは，経費管理としては不十分です。予算に対してどのぐらいの経費が発生したのかを把握する必要があります。予算をベースとして事業活動を行い，その結果としての実績値との比較，差異分析をすることで有効な経費管理が行えます。

2. 経費処理

(1) 通常経費処理

　経費の発生には3パターンあります。

① 他部門からの依頼により経理部門が現金や振込によって社外に直接支払います。

② 社員が立替払いをし，後日経理部門がその社員に支払をします。

③ あらかじめ社員に概算金額を手渡し，社員が使用した後で，過不足を精算
　します。

　通常のパターンは①です。どのパターンにおいても社内の手続に沿って経費
処理をする必要があります。経費の支払が行われたら，適時に，伝票を起票す
るなどして会計情報を作成します。

3. 決　済
(1) 仮払決済
　仮払の証憑書類と仮払申請書を突合し，仮払決済を承認します。後で適正な
勘定科目に振替計上します。

(2) 差額決済
　仮払額と実際額との差額を決済します。差額決済分の伝票処理を行います。

◆ 会計上のポイント

1. 役員報酬・役員賞与
　役員報酬とは，委任契約に基づく役員に対してあらかじめ定められた支給基
準に基づいて規則的に支給される報酬です。雇用契約に基づく従業員の給与と
区別して当該科目を使用します。

　役員賞与とは，役員に対する臨時的な報酬のうち，退職金以外のものをいい
ます。この役員賞与は，発生した会計期間の費用として処理します。従って，
株主総会の決議を経ていない段階でも，決議事項とする額又は見込額を引当金
に計上します。

　なお，役員賞与引当金は将来減算一時差異に該当しないため，税効果会計の
対象にはならないので留意が必要です。

2. 給料・手当・雑給

　雇用契約に基づく労働の対価で，従業員に支払われるものです。基本給のほかに様々な手当も含まれます。手当には，役職手当，家族手当，時間外手当などがあります。アルバイトやパートタイマーなどに支払われる場合は，正社員との雇用形態の違いから，雑給として処理します。

　また，給料等の算出は給与規程に基づいて従業員ごとに行われますが，計算期間によっては未払給料等が計上されます。

　　例えば，当月末締め，翌月 20 日払い⇒ 1 カ月分未払計上

　　　　　当月 15 日締め，当月 25 日払い⇒ 16 日から末日分まで未払計上

　　　　　残業手当⇒翌月精算時は，残業代を未払計上

3. 賞与・賞与引当金

　従業員に対する賞与は費用処理されます。支給対象期間によっては，賞与引当金の計上が必要になるケースがあります。従業員への支給額が確定しているか否かによって，下記のように会計処理が異なってきます。

賞与支給額が確定している場合	賞与支給額が支給対象期間に対応して算定されている場合	当期に帰属する額を「未払費用」として計上します。
	賞与支給額が支給対象期間以外の基準に基づいて算定されている場合	支給額が支給対象期間以外の臨時的な要因に基づいて算定されたもの（例えば，成功報酬的賞与等）である場合には，その額を「未払金」として計上します。
賞与支給額が確定していない場合		支給見込額のうち当期に帰属する額を「賞与引当金」として計上します。

　なお，賞与支給額が確定している場合としては，個々の従業員への賞与支給額が確定している場合のほか，例えば，賞与の支給率，支給月数，支給総額が確定している場合等が含まれます。

4. 法定福利費

　従業員の福利厚生のために支出する費用のうち，法律に基づいて支払われる費用です。健康保険料，厚生年金保険料，労働保険料などが該当します。会社負担分と従業員個人負担分があり，前者が「法定福利費」，後者が「預り金」となります。

　なお，保険料と支払時期は下記のようになっております。

保険料		納付時期
健康保険料		翌月末
介護保険料		翌月末
厚生年金保険料		翌月末
子ども・子育て拠出金		翌月末
労働保険料	労災保険料	毎年 7 月 10 日
	雇用保険料	毎年 7 月 10 日

　労働保険料は，まず概算保険料を納付し，1 年間の支給実績額で精算し，確定保険料との過不足額を調整します。概算払いのうち会社負担分は，支払時に「前払費用」計上し，期間対応分を費用化していくことになります。

　また，役員賞与引当金及び賞与引当金を計上した場合は，これに見合う法定福利費も計上します。

5. 修繕費

　有形固定資産の維持補修に要する費用です。**資本的支出か収益的支出か**の判定で会計上困難なケースがあります。会計上は，税務の判定をもとに計上するケースが多いです（判定のフローについては，「4.固定資産管理」を参照）。

6. 消耗品費

　使用することで消耗や摩耗する事務消耗品や消耗器具備品などを処理します。耐用年数が1年未満のもの又は相当額以下（税法は10万円未満）のため，特に固定資産として計上する必要のないものが計上されます。会計上は，税務の判定をもとに計上するケースが多いです。

　また，支払時に費用処理したものであっても，期末時に未使用のものがあれば「貯蔵品」に振り替えます。「貯蔵品」に振り替えるものとしては，下記のものも該当します。

勘定科目	具体例
広告宣伝費	チラシ，パンフレット
通信費	切手
租税公課	収入印紙
旅費交通費	バス回数券

◆ 税務上のポイント

1. 法人税・所得税

⑴ 役員給与

　税務上は，役員報酬及び役員賞与を合わせて「役員給与」とされています。役員給与として税務上損金算入できるものは下記のとおりです。

① 定期同額給与

　毎月の支給額又は源泉税等を控除した後の手取額が同額であるものをいい，会計期間開始の日から3カ月以内等に改定された場合は，改定前の支給額等が同額で，かつ改定後の支給額等が同額であるものをいいます。役員の職制上の地位の変更等や業績悪化などやむを得ない事情があるものも認められます。また，継続的に供与される経済的利益のうち，その供与される利益額が毎月概ね一定であるものも該当します。

② 事前確定届出給与

　所定の時期に確定した額の金銭，確定した数の株式又は新株予約権等を交付する旨の定めに基づいて支給する給与（①及び③に該当しないもの）で，所定の期限までに事前確定届出給与に関する届出をしている等の要件を満たしているものをいいます。

③ 業績連動給与

　同族会社に該当しない法人（同族会社の場合は，同族会社以外の法人との間に完全支配関係がある）が業務執行役員に対して支給する業績連動給与で，下記の全ての要件を満たすものをいいます。

⒜ 算定方法が利益の状況を示す指標，株式の市場価格の状況を示す指標又は売上高の状況を示す指標を基礎とした客観的なもので，次の要件を満たしていること

(ｱ) 確定額又は確定数を限度として，他の業務執行役員と同様の算出方法であること

(ｲ) 会計期間開始の日から３カ月等を経過する日までに，報酬委員会等がその算定方法を決定等適正な手続を経ていること

(ｳ) その内容が有価証券報告書等に記載，開示されていること

(b) 金銭による給与の場合，指標の数値が確定した後１カ月以内に，株式又は新株予約権による給与の場合，指標の数値が確定した後２カ月以内に交付され又は交付される見込みであること等

(c) 損金経理をしていること

また，役員給与のうち，不相当に高額な部分の金額は，**過大役員給与**として損金の額に算入されません。

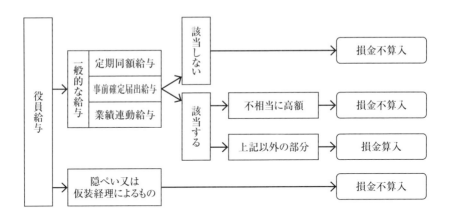

KEYWORD

▶**同族会社**：３グループの株主により実質的にその会社の発行済株式の５０％超を所有されている会社のこと。

▶**損金経理**：確定した決算において費用又は損失として処理をすること。

Column 9　インセンティブ報酬と税務の取扱い

　近年，経営者に中長期的な企業価値向上のインセンティブを与えるため，金銭で
はなく株式による報酬，業績に連動した報酬等の仕組みが導入されている。特に，
株式報酬については，経営者に株主目線での経営を促したり，中長期の業績向上イ
ンセンティブを与えるなど，非常に有効な手段となっている。会社法や税法におい
て法制化されている主な内容及び取扱いは次のようになっている。

報酬の種類	報酬の内容	交付資産	法人税法の損金算入可否と適用される要件
特定譲渡制限付株式	一定期間の譲渡制限が付された株式を交付する制度	株式	可 事前確定届出給与
事後交付型リストリクテッド・ストック	予め交付株式数を定め，一定の勤務期間経過後にその株式を交付	株式	可 事前確定届出給与
株式交付信託	会社が金銭を信託に拠出し，信託を通じて市場等から取得した株式を一定期間経過後に交付する制度	株式	可 事前確定届出給与又は業績連動給与
ストックオプション	自社の株式を予め定められた権利行使価格で購入する権利（新株予約権）を付与する制度	新株予約権	可 事前確定届出給与又は業績連動給与
パフォーマンス・シェア	中長期の業績目標の達成度合いに応じて，株式を交付する制度	株式	可 業績連動給与
パフォーマンス・キャッシュ	中長期の業績目標の達成度合いに応じて，現金を交付する制度	金銭	可 業績連動給与
ファントム・ストック	株式を付与したと仮想して，株価相当の現金を交付する制度	金銭	可 業績連動給与
ストック・アプリシエーション・ライト	対象株式の市場価格が予め定められた価格を上回っている場合に，その差額部分の現金を交付する制度	金銭	可 業績連動給与

(2) 役員賞与引当金

　役員賞与引当金を計上した金額は，損金に算入できません。

(3) 出向者の給与（役員）

　出向者が出向先において役員となっている場合は，定期同額給与又は事前確
定届出給与の要件を満たし，かつ下記の要件をいずれも満たしている場合は，
出向先が支出する給与負担金は出向先での役員給与として損金算入できます。

① 当該役員に係る給与負担金につき，出向先法人の株主総会等の決議がされていること

② 出向契約等において出向期間及び給与負担金の額があらかじめ定められていること

⑷ 出向者の給与（従業員）

給与の支払者と負担者とが出向元か出向先かにより，取扱いが異なります。

支払者	負担者	内　容	税務上の取扱い
出向先	出向先	出向先が支給し，かつ負担	出向先の給与となります
出向元	出向先	出向元が支給し，出向先が出向元に給与負担金を支払い	出向先が出向元に支払った給与負担金は，出向先法人における出向者に対する給与として取り扱われます
出向元	出向元	出向元が支給し，かつ負担	出向先が負担すべき費用を出向元が負担しているため，出向元から出向先への寄附金とみなされます
出向先	出向元	出向先が支給し，出向元に請求	同上

また，出向元が出向先との給与条件の較差を補填するため，出向者に対して支給した給与は，出向元の損金に算入されます。なお，次の場合も較差補填のために支払ったものと認められます。

① 出向先が経営不振等で出向者に賞与を支給することができないため，出向元が当該出向者に対して支給する賞与の額

② 出向先が海外にあるため出向元が支給するいわゆる留守宅手当の額

⑸ 出向者の退職金

① 出向期間中に出向先が負担する場合

出向先が，出向者に対して出向元が支給すべき退職金に充てるため，あらかじめ定めた負担区分に基づき，当該出向者の出向期間に対応する退職金として合理的に計算された金額を定期的に出向元に支出している場合には，損金に算

入されます。当該出向者が出向先法人において役員となっているときであっても，損金の額に算入されます。

② 出向者が退職時に出向先が負担する場合

　出向者が出向元を退職した場合において，出向先がその退職した出向者に対して出向元が支給する退職金のうち，その出向期間に係る部分の金額を出向元に支出したときは，損金に算入されます。当該出向者が出向先法人において引続き役員又は使用人として勤務するときであっても，損金に算入されます。

③ 出向先が負担しない場合

　出向先が出向者に対して出向元が支給すべき退職金のうち，その出向期間に係る全部又は一部を負担しない場合でも，その負担しないことにつき相当な理由があるときは，認められます。相当な理由には，例えば下記のものがあげられます。

(a) 親会社が経営危機に瀕している子会社に，強制的に従業員を出向させている場合

(b) 出向期間が比較的短期間である場合

　また，出向先が退職金相当額を負担しないことにつき相当な理由がない場合には，出向元から出向先への寄附金として取り扱われます。

(6) 現物給与・経済的利益

　会社が支給するもので，税務上現物給与とみなされる主なものは，下記のとおりです。このうち，課税分は給与に合算され，源泉所得税が徴収されます。仮に会社が給与と認識せずに支払ったとしても，法人税の所得金額の計算には影響はありませんが，後日，税務調査等により源泉所得税の徴収漏れが発見されると，源泉所得税の追徴・不納付加算税の課税を受けることになりますので，注意が必要です（従業員等も所得税の追徴等の処分を受ける可能性があります）。

① 通勤手当

　１カ月当たりの非課税となる限度額を超えて通勤手当や通勤定期券などを支給する場合には，超える部分の金額が給与として課税されます。通勤手当などの非課税となる限度額は，パートやアルバイトなど短期間雇い入れる人についても，月を単位にして計算します。

　非課税となる限度額は下記のとおりです。

交通機関を利用している人に支給する通勤手当	通勤のための運賃・時間・距離等の事情に照らして，最も経済的かつ合理的な経路及び方法で通勤した場合の通勤定期券等の金額です。1カ月当たり15万円が非課税となる限度額です。新幹線を利用した場合は，グリーン車料金は含まれません。
交通機関とマイカー等の両方を利用している人に支給する通勤手当	次の①と②を合計した金額ですが，1カ月当たり15万円が限度です。①電車やバス等の交通機関を利用する場合の1カ月間の通勤定期券等の金額②マイカーや自転車などを使って通勤する片道の距離で決まっている1カ月当たりの非課税となる限度額

② 食事の支給

　役員や使用人に支給する食事は，次の要件をどちらも満たしていれば，給与として課税されません。

(a) 役員や使用人が食事代の半分以上を負担していること。

(b) 次の金額が１カ月当たり 3,500 円（消費税抜）以下であること。

> （食事の価額）－（役員や使用人が負担している金額）

　この要件を満たしていなければ，食事の価額から役員や使用人の負担している金額を差し引いた金額が給与として課税されます。なお，残業又は宿日直を行うときに支給する食事は，無料で支給しても給与として課税しなくてもよいことになっています。

③ 役員, 従業員社宅

役員や従業員に対して社宅や寮を貸与する場合は, 1カ月当たり一定額の家賃を受け取っていれば, 給与として課税されません。一定額の計算は役員と従業員で異なっております。

④ 職務に必要な技術などを習得する費用を支出したとき

支給した費用が下記のいずれかの要件を満たしており, その費用が適正な金額であれば, 給与として課税しなくてもよいことになっています。

(a) 会社等の仕事に直接必要な技術や知識を役員や使用人に習得させるための費用であること

(b) 会社等の仕事に直接必要な免許や資格を役員や使用人に取得させるための研修会や講習会等の出席費用であること

(c) 会社等の仕事に直接必要な分野の講義を役員や使用人に大学等で受けさせるための費用であること

⑤ 商品等の値引販売

取扱商品等の値引販売で, 次の要件のいずれにも該当するものは非課税になります。

(a) 販売価額が仕入価額以上で, 通常他に販売する価額の概ね70% 未満でないこと

(b) 役員又は従業員の全部についての値引率が一律に, 又は全体として地位, 勤続年数等に応じて合理的なバランスが保たれていること

(c) 販売数量が, 一般の消費者が家事のために通常消費すると認められる量であること

Column 10 在宅勤務に係る費用負担等について

在宅勤務について，企業が費用負担した場合の税務上の主な取扱いは次のように
なっている。

項目	内容		取扱い
在宅勤務手当	在宅勤務に通常必要な費用の実費相当額を精算する方法により，企業が従業員に対して支給する一定の金銭		給与課税なし
	在宅勤務に通常必要な費用として使用しなかった場合でも，その金銭を企業に返還する必要がないもの（例えば，企業が従業員に対して毎月5,000円を渡切りで支給するもの）を支給		給与課税
事務用品等（パソコン等）の支給	企業が所有する事務用品等を従業員に貸与		給与課税なし
	企業が従業員に事務用品等を支給（所有権が従業員に移転）した場合		現物給与として課税
通信費・電気料金の支給	業務のために使用した部分		給与課税なし
	上記以外		給与課税
通信費の業務使用部分の計算方法	通話料	通話明細書等で精算する場合	個別に判断
		通話を頻繁に行う従業員（営業担当や出張サポート担当など）	$\text{従業員が負担した1カ月の通信費} \times \dfrac{\text{その従業員の1カ月の在宅勤務日数}}{\text{該当月の日数}} \times \dfrac{1}{2}$
	基本使用料		
	データ通信料		
電気料金の業務使用部分の計算方法	基本料金・電気使用料		$\text{従業員が負担した1カ月の基本料金・電気使用料} \times \dfrac{\text{業務のために使用した部屋の床面積}}{\text{自宅の床面積}}$ $\times \dfrac{\text{その従業員の1カ月の在宅勤務日数}}{\text{該当月の日数}} \times \dfrac{1}{2}$

(7) 交際費

交際費は，得意先や取引先に対する接待や交際のために支払った費用を処理
します。法人税法では交際費等は原則として損金になりません。ただし，中小企
業に対しては一定限度を設けて，それを超える部分を損金不算入としています。

① 損金不算入額の計算

損金不算入額は，法人の期末の資本金等に応じて，次のように定められています（グループ通算制度適用法人については，下巻「17. グループ通算制度」を参照）。

(a) 資本金1億円超の法人（注3）…**接待飲食費**（注1）の50％相当額を超える部分の額

(b) 資本金1億円以下の法人（注2）

次のいずれかの金額となります。

・**接待飲食費**の50％相当額を超える部分の額

・交際費等のうち，年間800万円を超える部分の額

(注1) 接待飲食費とは，交際費等のうち飲食その他これに類する行為のために要する費用をいい，役員又は従業員等に対する接待等は除きます。

(注2) 1億円以下の法人であっても，期末において，資本又は出資の金額が5億円以上の法人又は相互会社等との間にその法人による完全支配関係がある普通法人（いわゆる大企業の100％出資子会社）は，(a)と同じ取扱いとなります。

(注3) 期末の資本金の額等が100億円を超える法人については，支出する交際費等の金額が損金不算入となります。

② 交際費等の例示

(a) 社外の者の慶弔，禍福に際し支出する費用

(b) いわゆる総会対策のため総会屋等に対して，会費，賛助金，広告料等の名目で支出する金品の費用

(c) ゴルフクラブの入会金が資産として計上されている場合のゴルフクラブに支出する年会費，年決めロッカー料

③ 飲食等の費用

役員又は従業員等に対する接待等を除く，飲食等の費用は，その支出額を参加者の数で割って，1人当たり5,000円以下である費用に関しては，税務上の交際費等から除かれます。ただし，下記事項を記載した書類を保存することが必要です。

(a) 飲食等の年月日

(b) 飲食等に参加した相手先の氏名及び関係

(c) 飲食等に参加した者の数

(d) その費用の金額，飲食店等の名称，所在地（店舗がない等の理由で名称，所在地が不明なときは，領収書等に記載された支払先の氏名又は名称，住所等）

(e) その他飲食等に要した費用であることを明らかにするために必要な事項

④ 災害見舞金を支出した場合

　地震により工場が全壊して通常の営業をできなくなってしまった取引先に対して，災害見舞金を支出した場合，取引先の通常の営業活動を再開するための復旧過程において支出した災害見舞金は，交際費等には該当しません。

⑤ 交際費と他の科目との区分

(a) 広告宣伝費との区分

　宣伝のための景品をプレゼントした場合，下記のような取扱いとなります。

　支出が不特定多数を相手としていれば，原則「広告宣伝費」として損金算入が認められます。

(b) 福利厚生費との区分

　交際費と紛らわしいケースとして，次のようなものがあります。

項　目	内　容
慶弔関係費用	取引先等，社外に支払った場合は交際費になります。
新年会，忘年会	全員参加であれば，福利厚生費となります。もちろん，全員に声をかけて欠席者が出た場合でも福利厚生費になります。2次会は通常，特定の役員や従業員を対象としているため，交際費になります。
創立記念日，国民の祝日，新社屋の落成式などの費用	従業員に概ね一律に社内において供与される通常の飲食に要する費用は福利厚生費として認められます。

　対象が従業員に対し社内で一律に供与されるものであれば，福利厚生費として損金算入が認められます。

(c) 会議費との区分

　会議において提供される茶菓子，弁当等は，会議費として認められます。この場合の費用は，通常会議を行う場所において，通常供与される昼食の程度をいいます。会議において供与される程度のものであれば，外部のレストランでもよく，夕食でもランチ程度のものならば交際費等とはされません。

(d) 売上割戻しとの区分

　得意先である事業者に対し，売上高や売掛金の回収高に比例して (a) 金銭で支出する費用，(b) 得意先の営業地域の特殊事情，協力度合等を勘案して金銭で支出する費用，(c) 事業用資産又は少額物品を交付するときの費用は，交際費等になりません。しかし，売上割戻しと同様の基準で行われるものであっても，旅行，観劇等に招待する費用は，交際費等に含まれます。

⑥ 使途秘匿金
(a) 定　義

　法人が支出した金銭の支出のうち，相当の理由がなく，その相手方の氏名等がその法人の帳簿に記載していないもの等をいいます。上場企業においては金額の多寡にかかわらずこのような不明朗な支出はコーポレートガバナンス上，

許容できるものではないことに留意する必要があります。

(b) 法人税額の計算

使途秘匿金の額×40％が法人税額に加算されます。

(8) 寄附金

寄附金は，会計上全額が費用になります。一方，法人税法では，国等への寄附金や財務大臣の承認を受けた指定寄附金は全額損金になりますが，それ以外の寄附金は一定の限度額を超える部分は損金として認められません。それ以外の寄附金は，贈与や無償の利益供与がありますが，これらは次のようになっております。

① 経理上の名義は問いません。

② 対価を伴いません。

③ 事業活動に直接関連しないか，関連性が希薄な支出をいいます。

① 全額が損金算入される寄附金

支出額の全額が損金に算入されるものには次のようなものがあります。

(a) 国や地方公共団体に対する寄附金

(b) 災害を受けた取引先に対する低利融資，無利息融資に係る利息の減免分

(c) 被災地への救援物資の提供

(d) 業績の悪化した子会社・取引先に対する債権放棄

② 損金算入限度額の計算式

損金に算入される限度額は下記のようになっております。

(a) 一般の寄附金

> （所得基準額 ＋ 資本基準額） × 1 ／ 4 ＝損金算入限度額

※ 所得基準額：所得金額 × 2.5%

※ 資本基準額：資本金の額及び資本準備金の額の合計額 × 当期の月数／ 12 カ月 × 0.25%

(b) 特定公益増進法人等に対する寄附金

> （所得基準額＋資本基準額） × 1/2 ＝損金算入限度額

※所得基準額：所得金額× 6.25%

※資本基準額：資本金の額及び資本準備金の額の合計額×当期の月数 /12 カ月 × 0.375%

③ 寄附金の額の測定

寄附金と認められる金額は内容に応じて下記のようになっております。

内　容	寄附金の額
金銭の贈与	その金銭の額
金銭以外の資産の贈与	贈与時の時価
経済的利益の供与	利益供与時の時価

④ 子会社への再建支援

業績悪化子会社等に対する債権放棄を行った場合，業績不振の子会社等の倒産を防止するためにやむを得ず行われるもので，合理的な再建計画に基づくものであるときは，寄附金としなくても良いとされております。もちろん，安易な債権放棄は寄附金に該当します（詳細は下巻「23. 貸付金管理」参照）。

⑤ 交際費と寄附金

下記のような相違点があります。

	交際費	寄附金
支出先	得意先，仕入先その他事業に関係のある者	事業上の取引関係が全くないか希薄な者
支出の目的	取引関係の円滑な進行を図る（見返りを期待している）	贈与又は無償の供与（見返りを全く期待していない）
認識基準	発生基準	現金基準 ・未払金に計上しても現実に支払われるまでは寄附金として扱われません ・仮払経理をした場合でも，支払時の寄附金になります ・手形の振出しによるものも，決済されるまでは支払に該当しません

⑼ 租税公課

①損金不算入の租税公課と損金算入される租税公課

項　目		損金不算入	損金算入
国税	法人税 地方法人税	・本税 ・加算税 ・延滞税	・退職年金等積立金に対する本税 ・過大となった還付加算金の納付額 ・利子税
	所得税	・法人税から控除又は還付の適用を受ける金額	・法人税から控除又は還付の適用を受けない金額
	消費税	・加算税 ・延滞税	・本税
	印紙税	・過怠税	・本税
地方税	都道府県民税 市町村民税	・本税 ・加算金 ・延滞金（納期限延長分を除く）	・退職年金等積立金に対する法人税に係る本税 ・納期限延長の場合の延滞金

166

②損金に算入される時期

項　目	税　目	原　則	例　外
申告納税方式による租税	事業税, 特別法人事業税, 事業所税, 酒税等	納税申告書が提出された日の属する事業年度	更正又は決定による税額は, 更正又は決定のあった日の属する事業年度
賦課課税方式による租税	固定資産税, 都市計画税, 不動産取得税, 自動車税等	賦課決定のあった日の属する事業年度	納期の開始日又は納付日の属する事業年度
特別徴収方式	ゴルフ場利用税, 軽油引取税等	申告の日の属する事業年度	更正又は決定による税額は, 更正又は決定のあった日の属する事業年度
その他	利子税, 延滞金（納期限延長分）	納付日の属する事業年度	その発生した事業年度において損金経理により未払金に計上したときは, その計上事業年度

2. 消費税

　経費については, 消費税法上, 課税仕入れとなるか否かが重要なポイントとなります。課税仕入れに該当すれば, 仕入税額控除の対象となります（「15. 消費税申告・インボイス制度」参照）。また, 課税仕入れになったとしても売上との対応関係によって仕入税額控除の金額は異なってくるため, どの売上に対応するかという点も実務上は大切なポイントになります。

(1) 課税仕入れの要件

　下記の要件を全て満たすものが, 仕入れを行った課税期間において「課税仕入れ」となります。1つでも要件が外れると「課税仕入れ」には該当しなくなりますので, この要件を押さえておくことが重要です。

① 国内取引であること（国外での取引は対象外）

② 事業者が事業として行う仕入れであること

③ 対価の支払いがあること（贈与等対価がなければ対象外）

④ 他の者からの資産の譲受け, 借り受け又は役務の提供であること

⑵ 人件費

雇用契約等に基づく給与・賞与・退職金・退職年金等の支払，賞与引当金繰入・退職給付引当金繰入等（役員・従業員・アルバイト・パート分等）は課税対象外となり，課税仕入れとはなりません。ただし，派遣会社に支払う労働者派遣料や請負による報酬の支払は，課税仕入れとなります。

諸手当も原則として所得税法上給与課税されるものは，給与と同じ取扱いとなりますが，通勤手当については，通常必要と認められる金額を超えるものを除き，原則として課税仕入れとなります。

社会保険料・生命保険料・社宅家賃は非課税仕入れとなるため，課税仕入れとはなりません。

⑶ 交際費

交際費は法人税法上原則損金不算入となりますが，消費税法上は法人税法の取扱いの如何に関わらず，⑴の要件に該当すれば，課税仕入れとなります。一般的には，飲食費，贈答品の購入，花輪代等がこれに該当します。

⑷ 諸税金

諸税金の納付は，対価性があるものではないため課税対象外となり，課税仕入れとはなりません。

⑸ 国際輸送・国際通信・国際郵便

国内と海外との取引となり，免税（輸出免税）仕入れとなることから，課税仕入れとはなりません。

⑹ 通信費（切手）と消費税

原則として使用時に課税仕入れを行ったものとされます。ただし，継続適用を条件として支払時に課税仕入れとすることが認められています。

いずれにせよ，経費に関する消費税の取扱いについては，内容が多岐にわたりますので，個々の取引について税法・通達等の確認が必要です。

また，課税仕入れの売上対応についてですが，「販売費及び一般管理費」に計上される課税仕入れは，原則として「共通売上対応」となるケースが多いです。とりわけ金融サービス業等非課税売上高の比重が高い会社にとっては，仕入税額控除の対象となる金額が少なくなってしまいますので，留意が必要です。

◆ 内部統制上のポイント

1. 人件費

(1) 個人別人事記録の作成及び管理

個人別の人事記録は，採用から昇進，昇給，異動等の人事の基本的情報が記載されていることから，所定の責任者等の承認，定期的な査閲が必要です。

(2) 給与等のマスターファイルの作成及び検証

給与計算の基礎となる給与マスターファイルは，人事記録をもとに更新されます。その内容は担当者以外の者によって検証される必要があります。

(3) 給与等の計算表の作成

給与計算のもととなる勤務報告書等について，所定の責任者の承認が必要です。また，給与計算表は作成者以外の者による検算，承認手続きが必要です。

(4) 給与等の支払

給与関係の不正は，架空の受給者の創設，既退職者の未抹消，合計金額の水増し等の方法で行われることが多いです。この不正を防止するために，給与等の計算担当者と支払担当者を分離する必要があります。

⑸ 給与等の計上

　支払担当者と給与等の起票者は分けておく必要があります。通常，給与等の計算者が起票者となることが多いですが，所定の責任者による伝票の承認を得ておく必要があります。

2. 営業経費
⑴ 責任者の承認

　発生部署において，支出の承認手続きが必要になります。一定の金額を超えるものや支出の内容によっては，決裁規程等に従い稟議書等の特別の承認手続きが必要となります。

⑵ 職務の権限と責任の分離及び明確化

　経費業務は，発生，支払，記帳の各業務に分解できます。各業務を各々の担当に行わせることで統制を行います。また，誰が何を行い得るかを明確にします。

⑶ 広告宣伝費

　支出の性格として費用対効果がわかりづらい側面があります。得てして支出額が多額となる可能性があります。支出の効果を事前に検討するため，計画書を作成し，責任者の承認を得ておく必要があります。

⑷ 交際費

　無償の利益供与に該当するか否かを支出前に検討します。また，使途不明金については，事業目的に照らして，その支出を会社の負担とすることの是非を検討します。いずれも責任者の承認を得ておく必要があります。

⑸ 寄附金

　会社の負担とすることの是非を検討します。責任者の承認を得ておく必要が

あります。

☞ **ズバリ，ここが実務ポイント！**

▶コスト管理の成否が企業の損益を左右することもあるため，無駄な支出を抑え，経費をマネジメントすることが大切。

▶税務調査の対象になりやすい項目が多いため，税務リスクを意識した業務処理を行うことが大事。

---

8. 月次業績管理

　月次業績管理とは，中長期計画や年次予算として策定した計画（Plan）に対して実際の業績（Do）はどうなったのかをチェック（See）するプロセスです。そのための代表的な方法として，月次決算制度があります。

　月次決算とは，期末に行う決算とは別に，経営管理に有用な財務情報を提供する等のために毎月行う決算をいいます。

　年次決算は会社法，金商法，法人税法等の法令に基づき実施されるのに対し，月次決算は，法律に基づいて実施することが義務付けられているものではありませんが，四半期決算及び年次決算の基礎になるものであり，重要な決算プロセスです。月次決算は以下のような目的で実施されます。

【月次決算の目的】

・早期に経営の状況を把握して迅速な対策をとること。
・年度計画（中長期計画管理・年次予算管理）の売上高，営業利益，純利益を目標として進捗管理を行うこと。
・年度決算の売上及び利益を早期に予測し，精度の高い着地見込みを立てること。
・月々の帳簿の整理を確実に実施することにより，年度決算をより適切に行うこと。

　とりわけ，月次決算は計画との比較という視点が経営者の最大の関心事であり，迅速な情報提供が求められます。そのために月次決算の早期化，予算実績差異分析が経理・財務部門には要求されます。

　また，月次決算では例えば次のような資料を作成します。これらの資料は，会社法等の法律の定めがあるわけではありませんので，その目的に合わせて自社で工夫したものを作成します。

【月次決算で作成する資料】

・損益計算書・貸借対照表
・部門別損益計算書
・売上高の月次推移表
・資金繰り実績表・予定表　等

◆ 業務の流れ

月次業績管理業務の流れは以下のとおりです。

月次決算整理 ＞ 月次業績検証 ＞ 予算見直し

1. 月次決算整理

各種勘定残高を確認し，決算整理手続を行います。

決算整理では，仮受金，仮払金等の仮勘定を本来の勘定科目に振替処理を行うほか，未払費用，前払費用等の経過勘定項目の処理，減価償却費，各種引当金繰入，賞与，固定資産税，労働保険料，損害保険料等の経費の月割り計上の処理等を行います。これらはあらかじめ計算方法や計上の対象を決めておき，重要性のあるものを迅速に計上していくことが大切です。

なお，月次決算に為替や金利のレートが必要となる場合は，毎月の月次決算でどのようなレートを使うか（月次平均レートなのか，月末日レートなのか等）をあらかじめ決めておきます。

【月次決算整理手続】

2. 月次業績検証

　月次決算の内容を検討し，経営者に業績報告を行います。

　月次決算による業績報告は，予算と実績を比較・分析した資料等により，経営状況及び経営課題を迅速に把握し，対策の検討・実施を行い，経営管理に役立てるために行います。従って，この報告は，単に正確であるだけでなく，迅速であることが求められます。

【予算対比資料作成】

3. 予算見直し

　月次予算と実績に大幅な乖離が生じ，予実分析の結果，年次予算に対する実績見込みが大幅に変動すると見込まれる場合は，年度当初に作成した年間予算を実体に合わせて修正し，修正予算を組みます。四半期で修正するか半期で修正するかは見通しの乖離幅にもよりますが通常は半期（6ヵ月）で原予算を組み直します。

◆ 会計上のポイント

1. 月次決算整理手続

　月次決算整理とは，月次決算のために行う決算整理をいいます。

　月次決算整理には，次のような項目があります。

【月次決算の整理項目】

項 目	内 容
①現金・預金勘定の確認	月次決算では，まず現金・預金勘定の帳簿残高を実際残高と合わせる作業を行います。現預金の仕訳は，日々の出納の中で行っているはずですが，月末には特に注意して確認します。現金は金庫にある現金を実際に数え，預金は通帳を記帳して実際残高を確認し，もし帳簿残高と合っていなければ，その原因を追求して，修正処理を行います。
②仮勘定の整理	仮払金や仮受金等の仮勘定を適正な科目に振り替えます。
③月次棚卸高の確定	月末の在庫金額を確定します。月次決算では，「棚卸資産管理手続き」が整備されていることを条件に，実地棚卸しを省略することも可能です。
④減価償却費，退職給付費用等の計上	減価償却費，退職給付費用等の期末確定費用については，年間費用を見積もり，その12分の1の金額を月次の費用として計上します。 こうした月割計上処理を必要とする費用には，減価償却費，退職給付費用等以外にも次のようなものがあります。 ・賞与（通常年2回支払い） ・固定資産税（通常年4回支払い） ・各種保険料（損害保険は年1回支払い，生命保険は種々） ・労働保険料（通常年3回支払い 7，10，1月）
⑤経過勘定の計上	期中現金主義で費用を認識し，決算期に発生主義に変更しているような場合は，未払費用・前払費用等を計上する必要があります。年次決算時にはこれらの把握に結構な時間を費やすものですが，月次決算においては，迅速に計上できるよう，対象項目や計上基準をあらかじめ設定しておくことが重要です。

2. 月次業績報告資料の作成

　月次業績報告は，会社の経営状況（あしもと）を迅速に把握し，それによって認識した経営課題にタイムリーに対応するために行われます。

　従って，月次業績報告では，会社内部で経営管理を目的として，例えば次のような資料をその会社の状況にあわせて作成します。

　月次損益計算書は，年度予算を月次展開した月次ベースの予算や前期実績と比較して分析を行うのが一般的ですが，この場合，例えば売上高であれば，部

門別, 製商品別, 得意先別, 担当者別等, できる限り細分化した単位で集計・分析する等, 経営管理に有効な情報を提供できるよう, 工夫をすることが重要です。

なお, 会社法等の制度上は, 月次計算書類を作成することは求められていませんので, 通常, 外部開示を目的とした資料は作成しません。

【月次決算で作成する主な資料】

区　分	種　類	内容・目的
全社ベース	比較損益計算書（予算実績対比表）	・予算を達成できているかどうか確認するため, 年度予算を月次に展開し, 実績と予算を比較した月次損益計算書を作成します。 ・予算未達の場合, 差異原因を分析し, 迅速に対策を検討します。 ・年度予算の修正が必要であると判断される場合は, 見直しを行います。 ・上場会社の場合は, 証券取引所の規則により, 新たな業績予想値が直近の業績予想値（予算）より一定程度を超えて乖離した場合は, 業績予想の修正開示をすることが必要ですので, 注意が必要です。
	比較損益計算書（前期比較表）	・当期実績（単月・累計）と前年同月（単月・累計）の比較を行います。 ・差異原因の分析を行って, 当期の営業成績の状況を判断し, 迅速に対策を検討します。 ・当期の年次決算の着地見込予想をたて, 必要に応じて対策を講じます。
部門別	部門別損益計算書（対予算比・対前期比）	・部門（部, 支店, 課等も含む）ごとに, より迅速な分析・対応をすすめるため, 上記の比較損益計算書を部門別に作成するものです。 ・経営者が部門責任者の業績評価をするために利用されます。

 **ズバリ，ここが実務ポイント！**

▶月次決算は社内のマネジメントへの報告のために行うもの。正確性とともに迅速性が求められる。

▶月次決算資料は決まった様式はない。経営陣が経営判断を正確に行い，迅速に対策が打てるよう，自社に合った報告内容を検討する必要がある。

▶企業規模にもよるが，数字は円単位まで出す必要はなく，百万円単位で括って報告する方が実務的である。

9. 単体決算業務

　決算とは，1期間の会計を整理し，会社法や会社計算規則（上場企業等はこれに加えて財務諸表等規則）等のルールに則ってその期間の経営成績と財政状態を明らかにする手続です。会社法では事業年度は原則として1年を超えることができないこととされていますので，この期間は1年であることが一般的です。企業グループ全体の決算を連結決算と呼ぶのに対し，各個別の企業の決算を単体決算と呼びます。

◆ 業務の流れ

　業務の流れを図示すると以下のようになります。

1. 事前準備

(1) 決算方針策定

まず，決算方針を策定し，ＣＦＯを始めとするマネジメントの合意をとります。決算方針は会計処理の方針と，利益・配当方針とに大別されます。

① 会計処理の方針

不良債権の処理，減価償却や特別償却の実施，陳腐化した固定資産の処理，各種引当金の計上などを検討します。

また，新たに導入された会計基準の自社への適用や，改正された税法の会計処理への影響等について確認をする必要があります。会計処理を変更する場合には，事前に監査役，会計監査人等と協議し，同意を得た上で，会計処理の方針を固めます。

② 利益・配当方針

今期の決算で最終利益がいくらになり，株主への配当がいくらになるかは経営トップの最大の関心事です。年次決算の作業に入る前に，決算予測を行い，利益予測・配当可能利益を算出し，経営トップに報告する必要があります。

(2) 決算スケジュールの策定

株主総会の開催日や会社法上の期限等を考慮して決算スケジュールを策定します。

決算スケジュール策定にあたっては，社内のシステムの締め処理スケジュール等にも配慮しながら，余裕をもったスケジュールを策定することが必要になります。決算は段取りで決まると言われるくらい実務上重要なポイントです。

(3) 担当業務の決定

決算業務を上記の決算スケジュールに沿って，各担当者の能力，将来に向けた人材育成計画等を考慮しながら，各担当者へ業務の割り当て（アサインメント）

を行います。

なお，担当者が初心者の場合，上司が作業のレビューを行い担当者をサポートするようにします。

(4) 共通事項の確認・見直し

決算の締めにあたり，前提となる共通事項の確認，見直しを実施します。

具体的には，以下の事項が検討の対象となります。

- ・決算日の為替レート
- ・引当金の計上基準
- ・資産の評価基準
- ・共通費の配賦基準　等

(5) 社内通知・説明会の開催

上記の事前準備が完了した段階で，各部門へ年次決算実施にあたっての社内通知を行い，必要に応じて説明会を開催します。業務の現場まで決算方針を徹底させるには経理・財務担当の取締役もしくはＣＦＯ名で社内通知を出すことも必要です。

2. 決算手続

(1) 関係部門サポート

決算スケジュールに間に合うように各部門が締め処理を行えるよう，経理処理の相談等も含めて各部門をサポートするようにします。

(2) 売上高確定

自社の採用する売上高の認識基準に従って，当期の売上を確定する必要があります。

中小企業指針や中小会計要領を採用している中小企業は，出荷基準，引渡基準，検収基準，工事進行基準，工事完成基準等，取引の実態に合わせて自社が

採用している計上基準により，売上を計上します。

　上場企業等の場合，収益認識会計基準では，履行義務の充足時期は，資産財又はサービスに対する支配を顧客が獲得した時点としていますので，引渡基準・検収基準が原則的な取り扱いとなります。我が国で多くの企業が採用している出荷基準・着荷基準は，本来出荷時点・着荷時点ではまだ履行義務が充足されていることにはなりませんが，国内における販売を前提として，商品又は製品の出荷時から当該商品又は製品の支配が顧客に移転される時までの期間が通常の期間である場合には選択することを容認されています。

　期末日前後に計上した売上については，自社が採用する売上計上基準に照らして適切に認識されているかどうか確認する必要があります。営業優先の押し込み販売や架空売上はないか，補助簿や証憑と突き合わせて確認する必要があります。不明点があれば，現場の責任者に確認して明確にします。

(3) 原価確定

　売上高が確定した後，自社の売上原価の算出基準に沿って原価が正しく計上されているかを確認します。とりわけ，実地棚卸の作業を通じて在庫の有高を把握し，期末棚卸資産の評価を行うことにより原価を確定させることが重要です。

(4) 共通費賦課

　2以上の部門にまたがって共通して消費された費用を**共通費**と言います。本社費用も広い意味での共通費です。共通費は一定の配賦基準により，配賦計算を行い計上します。

(5) 決算整理

　年次決算においては，**決算整理**と呼ばれる特別の整理業務があります。具体的には下記のとおりです。

① 仮勘定整理

仮勘定とは，仮払金・仮受金等，内容が不明又は経理処理がわからない等の理由で本来の科目に計上されずに，一時的に使用されている科目をいいます。仮勘定はそのままにしておきますと累積的に増加し，年次で一度に整理するには時間を要しますので，できれば月次で内容を精査し，本来あるべき科目に振替処理をするのが望ましいといえます。

② 経過勘定計算実施

経過勘定とは，適正な期間損益計算を行うために，期間調整をするための勘定をいいます。前払費用・未払費用・未収収益・前受収益等があり，期中に現金主義で経理をしている場合は，期末で発生主義に修正するための処理を行う必要があります。

Column 11 経過勘定の計算方法

一般的に，経過勘定の計算方法には，①期中は現金主義で経理を行い，決算期に計上する方法，②期中に計上し，支払・収入を確認後随時取り崩す方法の2通りがある。

①の方法は事務が簡便というメリットがある反面，決算月の損益が大きく変動するという面でデメリットがある。一方，②の方法は，損益が平準化され，かつ未収・未払等の管理がきちんと行えるというメリットがある反面，事務が煩雑になるというデメリットがある。

最近は，会計パッケージの中にも，AR（Accounts Receivable：売掛管理モジュール）やAP（Accounts Payable：買掛管理モジュール）等，②の方法で事務をスムーズにする機能があり，次第に②の方法が主力になりつつある。

③ 長短債権・債務整理

　債権・債務は貸借対照表に表示するにあたり，流動資産・流動負債，固定資産・固定負債に区分することが求められます。管理台帳や管理システムから情報を抽出し，振替処理を行います。

KEYWORD

会計上，次の基準に基づき長期か短期かを判断する。

▶**営業循環基準：**正常な営業循環（営業サイクル）の中で現金化あるいは収益・費用化される資産・負債を短期（流動資産又は流動負債）と分類する。営業活動で発生する棚卸資産や売掛金・買掛金は営業循環にある資産・負債であるから，例え1年超の精算であっても流動資産（負債）に分類される。

▶**1年基準（One year rule）：**債権及び債務のうち，決算日の翌日から起算して1年以内に入金又は支払の期限が到来するものは短期（流動資産又は流動負債）に分類し，入金又は支払の期限が1年を超えて到来するものは，長期（投資その他の資産又は固定負債）に属するものとする。

---

④ 勘定精査

　補助簿や預金残高証明書等の証憑書類や現物との照合を行って，勘定科目の残高が正しいか精査します。内容の不明瞭なものがあれば，個々の伝票や証憑まで遡って調査します。預り源泉税等は，この作業を通じて納付漏れを発見することができます。

　また実務上は，この作業と同時に勘定科目内訳表を準備しておくと効率的です。

⑤ 各種引当金の計上

　貸倒引当金，退職給付引当金，賞与引当金等は自社の**引当金**の計上基準に照らして見積り計算を行います。引当金の計算前に，貸倒引当金の場合は対象となる債権を，賞与引当金の場合は賞与の金額を一旦確定させておく必要があり

ます。

　また，退職給付引当金等，外部の年金コンサルティング会社等に計算を委託するようなケースでは，早めにレポートの入手時期等を確認しておく必要があります。

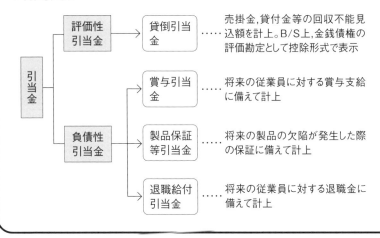

KEYWORD

▶**引当金の計上要件**

引当金を計上するためには，会計上は次の4要件を満たす必要がある。

① 将来の特定の費用又は損失であること

② その発生が当期以前の事象に起因すること

③ その発生の可能性が高いこと

④その金額を合理的に見積もることができること

▶**各種引当金**

引当金			
評価性引当金	貸倒引当金	売掛金,貸付金等の回収不能見込額を計上。B/S上,金銭債権の評価勘定として控除形式で表示	
負債性引当金	賞与引当金	将来の従業員に対する賞与支給に備えて計上	
	製品保証等引当金	将来の製品の欠陥が発生した際の保証に備えて計上	
	退職給付引当金	将来の従業員に対する退職金に備えて計上	

⑥ 資産評価・減損

　一定の有価証券や不動産等については，評価や減損が求められます。自社の評価・減損の基準に則り，時価情報等を入手します。

(6) 法人税等・税効果計算

　税引前当期利益が確定したら，これをもとに課税所得の計算を行い，法人税・住民税及び事業税と税効果の計算を行います。これらの計算又は確認を外部会計事務所に委託している場合には，事前にスケジュールや提供資料の確認をしてタイムリーに入手するよう手配しておく必要があります。

(7) 決算数値確定

　以上により，法人税等繰入額が確定したあと税引後当期利益が計算され，最終の残高試算表を作成します。これにより，貸借対照表，損益計算書，株主資本等変動計算書を確定させます（貸借対照表，損益計算書及び株主資本等変動計算書については法的には，個別注記表及び附属明細書とともに取締役会・株主総会の承認を待って確定することになります）。

(8) 後発事象の確認

　後発事象とは，決算日の翌日から監査報告書日までの間に発生した会社の財政状態及び経営成績に影響を及ぼす重要な会計事象を指します。開示日までに，弁護士事務所等に当該事象が発生していないか確認をし，必要であれば開示項目として取り扱います。

3. 役員報告及び監査対応

(1) 決算分析

　決算数値が確定した後，当期の決算の内容を分析します。マネジメントの要望に沿った資料を作成しますが，一般的に，対前年数値との比較分析，予算・見込との比較分析，異常値の内容分析等を行います。この分析は，決算作業の致命的な誤りを防ぐ上でも重要な作業といえます。

(2) 監査対応

　会社法上，監査役（又は監査役会）設置会社においては，次の書類について，

監査役の監査を受けなければなりません。

① 計算書類（貸借対照表，損益計算書，株主資本等変動計算書及び個別注記表）及び附属明細書

② 連結計算書類（連結貸借対照表，連結損益計算書，連結株主資本等変動計算書及び連結注記表）

③ 事業報告及び附属明細書

　また，会計監査人設置会社（資本金5億円以上又は負債総額200億円以上の大会社は会計監査人の設置が義務）においては，事業報告及び附属明細書を除いて，上記の書類につき会計監査人の監査を受けなければなりません。

　一方，金商法においては，上場会社及び株主数が1000名以上の会社等は，投資家に対して適切な投資判断資料を提供することを目的として，金融庁（財務局）に有価証券報告書の提出をすることが義務付けられています。有価証券報告書には，次の財務情報が含まれており，これについて会計監査人即ち公認会計士又は監査法人の監査を受けなければなりません。

・連結財務諸表（連結貸借対照表，連結損益計算書，連結株主資本等変動計算書，連結キャッシュ・フロー計算書及び連結附属明細表）

・財務諸表（貸借対照表，損益計算書，株主資本等変動計算書及び附属明細表）

(3) 監査対応準備

　監査役・会計監査人と監査スケジュール，監査項目，提出資料等を調整し，事前準備を行います。

(4) 監査立会い

　通常，経理部門が監査の立会いをします。監査立会者は，現場と監査役・会計監査人との橋渡し役として，監査役・会計監査人の質問内容を関係部門に的確に伝え，スムーズに監査が行えるよう配慮する必要があります。

⑸ 検出事項対応

　監査で検出された事項について，対策を講じ，監査役・会計監査人と協議します。これらの検出事項はマネジメントに報告し，重要性のある項目に関しては帳簿，財務諸表等を修正することになります。

⑹ 監査報告書入手

　監査の最終段階として，監査役・会計監査人から**監査報告書**を入手します。監査報告書には監査意見が表明され，無限定適正意見，限定付適正意見，不適正意見，意見不表明のいずれかとして表明されます。監査報告書は無限定適正意見が原則であり，そのためには⑸で述べたとおり監査を通して発見された重要事項については会計監査人と十分に協議し，必要であれば経営トップに報告し，承認を得た上で財務諸表を修正しなければなりません。

⑺ 取締役会付議資料作成及び取締役会承認

　会社法上，監査役又は監査役会の設置会社においては，監査役の監査を受けた後，**計算書類**（貸借対照表，損益計算書，株主資本等変動計算書，個別注記表），**事業報告**及びこれらに係る**附属明細書**につき，取締役会の承認を受けなければなりません。この決算承認のための取締役会は，通常，「**決算取締役会**」と呼ばれます。会社によっては，監査役又は会計監査人に計算書類等を提出する前（財務諸表を監査役に提出する前や上場会社の場合は決算発表を行う前等）にも取締役会の承認を受けることがありますが，そのような場合でも，この決算取締役会による承認は，会社法の規定に基づく義務ですので，必ず行わなければなりません。

　なお，計算書類，事業報告及びこれらの附属明細書については，法務省令（会社法施行規則，会社計算規則等），日本経団連が発表している各種ひな型，日本公認会計士協会が発表している記載例などを参考に作成します。

4. 株主総会対応

(1) 計算書類等の承認

会社法においては，計算書類等は，原則として定時株主総会の決議によって承認されることにより確定します。

ただし，会計監査人設置会社の場合は，会計監査人の会計監査報告が無限定適正意見であり，監査役・監査役会の監査報告で，会計監査人の監査の方法又は結果が相当でないと認める意見がないこと等の一定の要件に該当する場合には，取締役会の承認決議があった時点で計算書類は確定し，株主総会では報告事項として処理されます。

(2) 剰余金の処分

会社法は，会社の計算に関し，様々な規制を加えていますが，その最大の目的は剰余金の処分を適正に行うことにあります。現行の会社法では，いつでも何回でも配当を行うことができますが，この配当金の額は，支払うことができる上限額 (分配可能額) が会社法で詳細に定められており，分配可能額の確認は，法定の計算方法に従って慎重に行う必要があります。

計算書類等が法定の手続を経て確定した後，株主総会の承認を受けて株主に配当が支払われます (ただし，会計監査人設置会社で，取締役の任期が1年であり，かつ監査役設置会社又は委員会設置会社である場合は，取締役会で配当額等を決定できます)。

なお，剰余金の配当を受ける者を定める基準日が事業年度末までの配当については，会社法の規定により，その金額等を株主資本等変動計算書に関する注記に記載することが必要となっていますので，注意が必要です。

◆ 会計上のポイント

1. 決算日程

決算の最終ゴールは，法的手続を経て，承認を受けることにあります。この

ため，会社法・金商法等関連法令の規定する決算承認手続，特に，法定の決算日程をしっかり把握しておく必要があります。会社法の場合には，以下のような規制があります。

【会計監査人設置会社の場合】

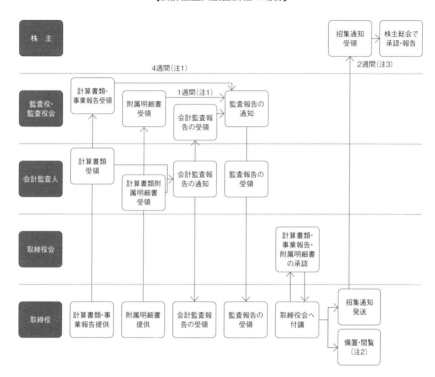

（注1）取締役・監査役が合意により定めた日に通知期限を延長可。
（注2）定時株主総会の1週間前，取締役会設置会社は2週間前より備置。
（注3）公開会社は2週間，公開会社以外は1週間，取締役会設置会社以外では，定款の定めによりさらに短縮可能。

2. 重要な会計方針

重要な会計方針は，財務諸表等に注記として記載すべき事項となります。

重要な会計方針とは，企業が損益計算書及び貸借対照表の作成にあたって，その財政状態及び経営成績を正しく示すために採用した会計処理の原則及び手

続並びに表示の方法をいいます。具体的にどのような事項について注記を要するかについては，会社法上の計算書類については会社計算規則に，金商法上の財務諸表については財務諸表等規則及び同ガイドラインに定められているほか，企業会計審議会等が決定する会計基準等がありますので，これらに準拠することになります。

【企業会計原則注1-2：重要な会計方針の開示について】

> 　財務諸表には，重要な会計方針を注記しなければならない。
> 　会計方針とは，企業が損益計算書及び貸借対照表の作成にあたって，その財政状態及び経営成績を正しく示すために採用した会計処理の原則及び手続並びに表示の方法をいう。
> 　会計方針の例としては，次のようなものがある。
> イ　有価証券の評価基準及び評価方法
> ロ　たな卸資産の評価基準及び評価方法
> ハ　固定資産の減価償却方法
> ニ　繰延資産の処理方法
> ホ　外貨建資産・負債の本邦通貨への換算基準
> ヘ　引当金の計上基準
> ト　費用・収益の計上基準

　なお，重要な会計方針以外にも，貸借対照表や損益計算書，株主資本等変動計算書に関する注記，金融商品に関する注記，賃貸等不動産に関する注記等，財務諸表の利用者の理解に資することを目的として，様々な注記事項が法令に定められていますので，自社が注記することを求められている事項が何か，確認しておくことが必要です。

3. 役員賞与

　役員賞与とは，一般的には，役員の功労に報いる等の趣旨で，あらかじめ決められた月額報酬とは別に，役員に支払われる金員をいいます。役員賞与は，旧商法時代は，利益処分により未処分利益の減少とする会計処理を行っていま

したが，現行の会社法では，その支給手続に関して，役員賞与も月額報酬と区別しませんので，「役員賞与に関する会計基準」では，役員賞与は発生した会計期間の費用として処理することとされました。

　現行の会社法のもとでも，役員賞与の支給を株主総会で決議することが可能ですが，この場合，その支給は，株主総会決議が前提となり，決算日時点では確定債務ではありませんので，その決議事項とする額又はその見込額を，引当金として計上することになります。

・決算日

(借) 役員賞与引当金繰入額 1,000,000	(貸) 役員賞与引当金 1,000,000

・株主総会の決議日

(借) 役員賞与引当金 1,000,000	(貸) 未払役員賞与 1,000,000

・支給日

(借) 未払役員賞与 1,000,000	(貸) 普通預金 1,000,000

◆ 税務上のポイント

1. 法人税，地方法人税，住民税及び事業税の会計処理及び開示

　法人税，地方法人税，住民税及び事業税の会計処理及び開示については，会社計算規則，「法人税，住民税及び事業税等に関する会計基準」（企業会計基準第27号），中小企業会計指針等に従って処理します。

⑴ 未払法人税等の計上

　法人税の確定税額から中間申告により納付した額を控除して，確定申告の際

に納付すべき確定税額を計算し，貸借対照表の流動負債の区分に「**未払法人税等**」として表示します。実務上は，法人税等の確定納付額に対して数パーセント程度の金額を未払法人税等に上乗せして，まるめた数字で計上する場合があります。これは，**タックスクッション**と呼ばれ，税額の計算誤り等に備えるためのものですが，不測の事態に備えるため多額のクッションを計上するような会計処理は適切ではありません。

また，その年度の確定申告により中間納付額等が還付されることとなった場合は，貸借対照表の流動資産の区分に「未収還付法人税等」として表示します。

(2) 法人税，住民税及び事業税

① 表　示

その事業年度の法人税，地方法人税，住民税及び利益に関連する金額を課税標準として課される事業税（所得割）は，「**法人税，住民税及び事業税**」として損益計算書の税引前当期純利益（損失）の次に記載します。

この場合，受取利息・配当等に課された源泉所得税のうち，法人税法上，税額控除の適用を受ける金額は「法人税，住民税及び事業税」に含め，税額控除の適用を受けられない金額は営業外費用で処理します。ただし，金額の重要性が乏しいと認められる場合は「法人税，住民税及び事業税」に含めることができます。

② 事業税（外形標準課税）

資本金の額が1億円超の株式会社は，事業税について**外形標準課税**が適用されます。事業税のうち所得割（所得を基礎として課税される事業税）については法人税，住民税及び事業税に計上しますが，外形標準課税部分である付加価値割（法人の従業員の報酬給与額，純支払利子，純支払賃借料等を基礎に課税される事業税）及び資本割（資本等の金額を基礎として課税される事業税）については，基本的には利益に関連する金額を課税標準として課される性格のものではありませんので，販売費及び一般管理費（租税公課）に計上します。

③ 追徴税額及び還付税額

　過年度の法人税等の更正等（税務調査により税務署長の職権で行う更正及び納税者が自主的に税額を修正する申告書を提出する修正申告をいいます）による追徴税額及び還付税額は，原則として損益計算書上，「法人税，住民税及び事業税」の次に，その内容を示す名称の科目で記載します。ただし，金額の重要性が乏しいと認められる場合は，「法人税，住民税及び事業税」に含めて表示することができます。

　なお，更正等による追徴に伴う延滞税，加算税等はその追徴税額に含めて処理します。

2. 法人税等の申告及び納付

　期末日の翌日から2カ月以内に，法人税，住民税及び事業税の確定申告及び納付を行います。

　定款上，定時株主総会が期末日の翌日から3カ月以内に開催されることになっている場合等，2カ月以内に確定申告をすることができない常況にある場合は，所轄税務署長に申請をすることにより申告期限を1カ月延長し，期末日の翌日から3カ月以内とすることができます。

　しかし，申告期限の延長の承認を受けている場合も，延長期間について利子税を課税されますので，通常は，2カ月以内に概算でいったん納付（これを見込納付といいます）し，その後で確定申告書を提出して追加納付又は還付により精算するようにします。

3. 消費税の申告及び納付

　期末日の翌日から2カ月以内に消費税の確定申告及び納付を行います。法人税の申告期限の延長の承認を受けている場合は，所轄税務署長に届出をすることにより，消費税の申告期限も1カ月延長することができます。

　また，消費税の納税は申告期限までに行わなければなりません。ただし，申告期限を延長している場合は，延長期間について利子税を課税されますので通

常，2カ月以内に見込納付するようにします。

◆ 内部統制上のポイント

決算手続に関しては，以下の表に掲げるようなチェックが有効です。

【決算チェックリスト】

勘定科目	方法	内容又は目的
全科目	前期比較表の作成	・増減内容の原因の究明 ・経理処理ミスの発見
	科目明細表の作成	・注記表及び税務申告の作成準備 ・経理処理ミスの発見
現金・預金 有価証券	実　査	・B／S計上額の確定 ・不正の予防及び発見
	残高証明書との突合	
受取手形	実　査	・B／S計上額の確定 ・不正の予防及び発見
	手形サイトのチェック	・貸倒引当金計上の要否の確認 ・B／S表示区分のチェック ・与信管理
売掛金	取引先に対する残高確認	・B／S計上額の確定 ・不正の予防及び発見
	年齢調べ	・B／S表示区分のチェック
仮払金，仮受金 等の仮勘定	科目明細表の作成	・B／S表示科目のチェック ・不正の予防及び発見
棚卸資産	実地棚卸	・B／S計上額の確定 ・返品等の処理状況の確認
	科目明細表の作成	・経理処理ミスの発見 ・滞留品，不良品，陳腐化品の発見 ・過剰在庫・不足在庫の有無の確認
固定資産	実　査	・現物の実在性，使用可能性の確認 ・除却損等の計上の確認
	科目明細表の作成	・減価償却費のチェック ・附属明細書，注記表等の作成準備

買掛金・支払手形	取引先に対する残高確認	・B／S計上額の確定 ・不正の予防及び発見
	科目明細表の作成	・滞留買掛金の確認
その他資産・負債	科目明細表の作成	・経理処理ミスの発見 ・B／S表示科目のチェック
売上・仕入	月別推移表の作成	・期末近辺の売上，返品等の処理の妥当性の確認 ・売上と原価の対応のチェック
経　費	月別推移表の作成	・増減内容の原因究明 ・経理処理ミスの発見
その他	契約書等のチェック	・契約に従った取引，会計処理が行われているかのチェック ・契約の有効期限のチェック

 ズバリ，ここが実務ポイント！

▶月次決算が社内への報告が目的なのに対し，年度決算及び四半期決算は外部への報告がある。このため，手続や計算書類等の様式が法定されている。

▶決算方針の策定，決算スケジュールの策定，担当業務の分担等，決算は段取りよく進めるための準備が不可欠。

10. 連結決算業務

　連結決算とは，親会社や子会社を個別に捉えるのではなく，実質的に支配従属関係にある子会社を含めた企業グループを経済的な単一の事業体とみなして，そのグループの財政状態，経営成績及びキャッシュ・フローの状況を把握する決算手法のことです。企業規模の拡大，多角化，国際化など多くの企業が統一された意思のもと経営活動を行っています。連結決算により，親会社単独の財務諸表を分析しただけではわからないグループ全体の実態をより明確に把握することが可能となりました。経営者の意思決定に有用なだけでなく，投資家情報としても重要視されています。

　かつて我が国では，証取法（現・金商法）適用会社に連結財務諸表の作成が義務付けられており，しかも証取法上も連結財務諸表は副次的に取り扱われてきました。しかし，国際的な会計コンバージェンスが進んだこともあって，連結及び単体の関係が逆転し，平成12年（2000年）3月期より連結財務諸表が主要な財務諸表となりました。さらに，平成14年（2002年）改正商法（現・会社法）により，大会社であり，かつ有価証券報告書提出会社である会社については，連結財務諸表の作成が義務付けられました。会社法上，これ以外の会社であっても会計監査人設置会社については，法務省令の定めるところにより，連結財務諸表を作成することができるとし，我が国においても「連結財務諸表中心の会計」になっています。

　連結決算では，個別に作成された親会社の財務諸表と子会社の財務諸表を合算し，親会社の投資額と子会社の資本金を消去，棚卸資産に含まれる未実現利益の消去，グループ間の債権債務や取引高等の消去等の連結調整作業を行います。連結調整を踏まえて，連結財務諸表が作成されます。連結財務諸表には，連結貸借対照表，連結損益計算書，**連結包括利益計算書**（連結損益及び包括利益計算書），連結株主資本等変動計算書，連結キャッシュ・フロー計算書があります。

概念図を示すと下記のようになります。

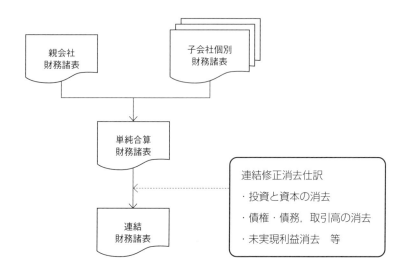

KEYWORD

▶**連結包括利益計算書**：包括利益を表示するものであり，当期純利益を表示する
「損益計算書」と包括利益を表示する「包括利益計算書」からなる『2計算書方式』
と当期純利益の表示と包括利益の表示をまとめて「損益及び包括利益計算書」で
行う『1計算書方式』がある。当面の間，個別財務諸表には適用しないこととさ
れている。

なお，包括利益とは，純資産の変動額のうち当該企業の純資産に対する持分所有
者との直接的な取引によらない部分をいう。**IFRS（国際財務報告基準）**及び米
国会計基準といった国際的な会計基準とのコンバージェンスに向けた一環として
導入されたものである。

▶ **IFRS（国際財務報告基準）**：国際会計基準審議会（IASB）が会計基準の国際
的統一を目指して作成されたものである。日本では任意に採用でき，IFRS に基
づく連結財務諸表の開示が可能となっている。「アイファース」，「イファース」，「ア
イエフアールエス」と読む。

◆ 業務の流れ

```
┌─────────────┐  ┌─────────────┐  ┌─────────────┐
│  決算前対応  │＞ │ 個社データ収集 │＞ │  連結決算手続  │＞
└─────────────┘  └─────────────┘  └─────────────┘
```

1. 決算前対応

　決算前の期中においては，連結決算が効率的に進むよう必要な準備を行います。

⑴ 関係会社サポート

　連結財務諸表作成において，個別財務諸表合算以降の手続は親会社で行います。一方，連結子会社及び持分法適用会社は，連結決算のもととなる個別財務諸表を作成します。税効果会計や減損会計等，複雑な会計処理も多く，従来，税法に準拠した決算書を作成していた連結子会社等においては大きな事務負担となります。また，早期の決算発表も市場から要請されており，作業時間も限られてきます。このような環境下において，親会社は連結子会社等に対して指導及びサポートを実施する必要があります。

　具体的には，下記事項が挙げられます。

　・連結子会社等の業務内容及び作成体制の把握

　・親会社との会計処理，勘定科目，会計期間の統一についての協議

　・単体決算の迅速化に向けた業務内容の見直し支援

　・連結パッケージの正確な作成に向けた事前説明及び作成支援

⑵ 連結対象会社確認

　連結の範囲となる会社を確認する必要があります。プロセスとしては，全グループ会社を把握し，支配力判定，重要性を考慮した上で連結適用会社又は持分法適用会社を判定します。

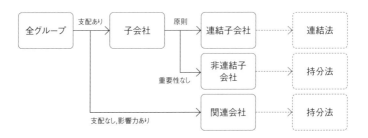

　監査法人又は公認会計士（以下，監査人）の監査を受ける場合は，連結範囲に関して事前に協議しておくと期末の監査が効率よく進みます。

　業務の流れは下記のようになります。

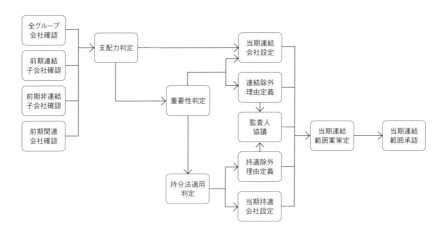

KEYWORD

▶**連結パッケージ**：グループ各社の個別決算数値及び必要なデータを記載する報告資料の総称のこと。必要なデータ例としては，グループ会社間の取引データ，内部利益明細などがある。

▶**子会社**：他の会社等に意思決定機関を支配され，支配従属関係にある会社等をいう（詳細は，「◆会計上のポイント」参照）。

▶**関連会社**：会社が子会社以外の他の会社等の財務及び営業の方針決定に対して重要な影響を与えることができる場合における当該他の会社等をいう（詳細は，「◆会計上のポイント」参照）。

▶**支配力基準**：議決権の過半数を所有しているかどうかだけでなく，意思決定機関を支配し，支配従属関係があるかどうかで判定する基準。

▶**影響力基準**：議決権が 20% 以上 50% 以下の会社だけでなく，議決権が 20%未満でも財務，営業，事業の方針の決定に対して重要な影響を与えることができるかどうかで判定する基準。

▶**連結法**：資本的及び実質的に支配従属関係にある法的に独立した複数の会社からなる企業グループを経済的な観点から単一の組織体とみなして，財政状態，経営成績及びキャッシュ・フローの状況を把握するための手法。子会社の財務諸表の各構成要素を合算し，内部取引を相殺消去等して作成する。

▶**持分法**：非連結子会社や関連会社の財務内容（＝純資産・損益）のうち，投資会社に帰属する部分の変動に応じて，その投資額を年度ごとに修正する手法。連結の「完全連結」に対して，持分法が「一行連結」と言われる所以である。ただし，連結法と持分法が，連結財務諸表上の当期損益及び純資産に与える影響は同じである。

⑶ 連結決算方針策定

連結決算にあたり，グループ会社としての決算方針を策定します。

具体的には，下記事項が挙げられます。

- ・連結決算担当者，役割分担の決定
- ・会計方針の変更の有無の確認
- ・新会計基準適用方法の策定
- ・当期重要事項の確認
- ・計画値の確認

必要があれば，監査人との協議を行い，懸念事項は事前に解決しておきます。

⑷ 各社基本情報整備

最新のグループ会社の基本情報を確認します。基本情報としては，会社名，所在地，決算期，資本金額，代表者氏名，経理担当者名を一覧として把握します。また，関係会社一覧を系統図にしておくのも有効です。

⑸ 新規会社情報収集

新規に連結対象となる子会社等については，特に注意を払って基本情報を確認します。決算期が３カ月以上乖離している場合は，仮決算を行う旨の指示をします。また，経理処理能力も検証します。これにより，連結決算への対応力を検討します。経理能力によっては指導及びサポートを強化していきます。

⑹ スケジュール策定

連結決算日程を策定します。決算発表が早期化していることから，効率よく作業を進めるためにもこのスケジュール策定は大事です。スケジュール策定は，過年度の決算日程を参考に，主要な日程を設定していきます。主要な日程としては，連結パッケージ回収日，取締役会の開催日，監査の日程，決算発表日，株主総会日等が挙げられます。また，策定にあたっては，担当取締役，関係部署（総務部，人事部，企画部等），連結会社及び監査人等の関係者と相談しながら

進める必要があります。

(7) 期ズレ会社対応

　親会社と決算期が異なる子会社等が存在する場合は，期ズレによる対応策を検討する必要があります。決算期の乖離が３カ月以内の場合は，重要な取引情報を抽出し対応策を検討します。３カ月以上乖離している場合は，仮決算を行う旨の指示をします。かつて，連結決算をスムーズに行うため，意図的に決算期をずらしていたケースがありましたが，現在のようにＩＴ技術が発達している時代には子会社の決算期を親会社に統一するのが主流です。

(8) 事前説明

　正確かつ迅速な連結決算を行うためには，連結子会社等とのコミュニケーションが欠かせません。特に，新規連結子会社にとっては，作業内容やスケジュール等に関して，理解が伴っていないことがあるため，親会社からの適時な指導やサポートが必要になってきます。

　具体的には，下記事項が挙げられます。

・連結方針及びスケジュール等に関する文書の通知及び説明会の開催
・会計方針変更時又は新会計基準適用初年度における対応資料の作成，通知
・電話やメール等による相談窓口の設置

2. 個社データ収集

　当該業務では，具体的に当期の連結財務諸表作成に必要な金額や情報を連結子会社等から集めていきます。

(1) パッケージ準備

　連結子会社等から必要な情報を吸い上げるための連結パッケージを準備します。連結決算を効率良くかつ正確に作成するためには，連結パッケージの内容が大事になってきます。連結子会社等の担当者が，作成に際して悩まないよう

わかりやすく作成する必要があります。また，作成の手間を省くために，リンクを貼ったり，自動計算できるようなシステム化が必要になってきます。加えて，各数値間の整合性が保たれるようなチェック機能も必須となってきます。必要に応じて，連結パッケージについて，監査人に内容のチェックを受けます。

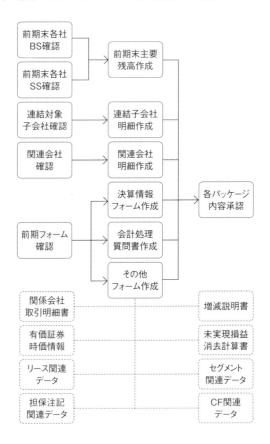

(2) 作成マニュアル準備

　連結決算にあたり，各種の作業内容を記載したマニュアルを作成します。これにより，業務の効率化や漏れを防ぐことができます。国内連結会社又は海外連結会社，連結法適用会社又は持分法適用会社といった報告形態別のマニュアルを作成するのも有効です。

⑶ パッケージ送付（配信）

　連結子会社等に連結パッケージ及び作成マニュアルを送付します。送付漏れのないように注意します。また，作成段階に応じて，連結パッケージを分割して送付することで，適時な連結パッケージの回収を行えることもあります。

⑷ パッケージ回収

　連結パッケージを期日通りに回収することが大切です。1社でも遅れると連結決算の作業が滞りますので，回収リストを作成するなどしてコントロールを行うとともに，必要に応じて督促を行います。この際，連結子会社等とのコミュニケーションが大事になってきます。連結パッケージに対する問い合わせがあれば，速やかな対応をします。また，過年度において回収が遅延した連結子会社等に関しては，必要なサポートをしていきます。そして，回収にあたっては，報告責任も明確にし，正確性を担保します。

　連結パッケージ回収後に誤りが発覚し，再度連結パッケージの回収をすることになる場合は，常に連結子会社等の報告責任者を通じてやり取りを行い，最新のデータ等を回収するように努めます。

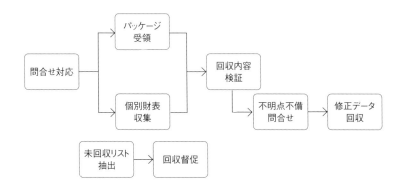

⑸ データ組替

　連結子会社等によっては，勘定科目など親会社と異なるケースが存在します。単純合算をする前に，親会社基準にて組替を行います。

⑹ 各社データ検証

適正な連結財務諸表作成のために，回収した連結パッケージの検証を行います。前期との比較や適用された各会計処理基準について検証します。不明点があれば問い合わせを行います。また，重要な修正事項があれば，再作成を依頼するか親会社にて修正します。

⑺ 在外子会社外貨換算

在外子会社に関しては，外貨ベースで財務諸表が作成されています。円貨への換算を行う必要があります。まずは，適用するレートの確認を行います。具体的には，前期末の使用レート，決算時レート（CR），期中平均レート（AR），取引発生時レート（HR）を確認していきます。レート確認後は，科目に応じた換算を行い，円貨建財務諸表を作成します。

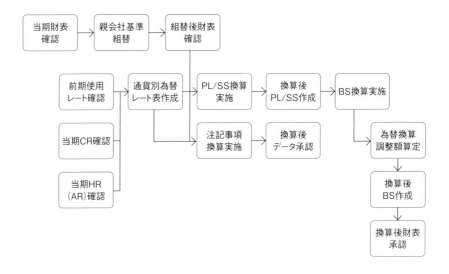

3. 連結決算手続

収集した各連結子会社等のデータをもとに，親会社にて財務諸表の合算及び連結修正消去をし，連結財務諸表を作成していきます。連結決算の最終工程です。

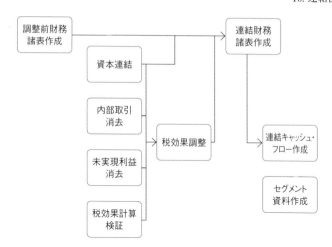

(1) 調整前財務諸表作成

　各連結子会社等の連結パッケージをもとに，単純合算財務諸表を作成します。期ズレの調整が必要な場合は，仕訳を計上します。

(2) 資本連結

　投資と資本の相殺消去を行います。相殺消去にあたり差額が生じる場合には，当該差額をのれんとして，仕訳を計上します。また，非支配株主持分があれば，あわせて仕訳を計上します。

　持分法適用会社について持分の計算をし，仕訳を計上します。

(3) 内部取引消去

　グループ会社間の債権・債務，取引高を確認し，相殺消去を行います。期ズレによる調整を確認し，全ての債権・債務，取引高が網羅されるよう注意します。軽微な不一致額については問題ありませんが，このような場合は，親会社の金額をベースに消去する，又は，金額の大きい方で消去するなどの方針に基づいて処理することが大事です。

(4) 未実現利益消去

　未実現利益に関する連結子会社等の報告資料をもとに，**未実現利益を算定し**仕訳を計上します。また，非支配株主持分があれば，あわせて仕訳を計上します。固定資産に係る未実現利益の消去では，償却費の調整額を算定し仕訳を計上することになります。

(5) 税効果計算検証

　税効果に関する各連結子会社等の報告資料を確認し，調整内容を確認します。必要があれば税務申告書を取り寄せるなどして，問い合わせを行います。

(6) 税効果調整

　税効果計算に関する各連結子会社等の報告資料に問題がなければ，連結上の税効果について，調整仕訳を計上します。

(7) 連結財務諸表作成

　以上のような手続を経て，**連結精算表を作成します**。連結調整仕訳を反映させた連結精算表から，連結財務諸表を作成します。連結財務諸表ができあがったら，前期比較及び予算比較等を行い，作成された連結財務諸表に異常がないか分析します。

KEYWORD

▶**連結精算表**：連結財務諸表を作成するためのワークシート。主に，個別財務諸表と連結修正消去仕訳を反映して連結財務諸表を作成する。

(8) 連結キャッシュ・フロー作成

　キャッシュ・フローに関する各連結子会社等の報告資料を確認し、連結キャッシュ・フローを作成します。

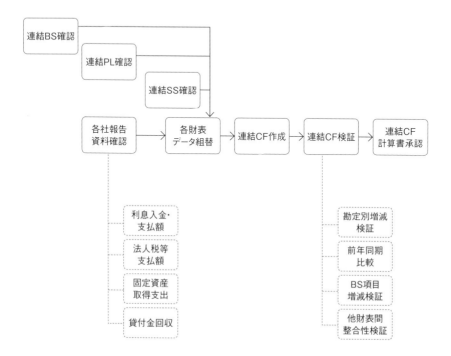

(9) セグメント資料作成

　セグメントに関する各連結子会社等の報告資料を確認し、**各セグメント情報**を作成します。

　実務担当者は経営企画部等**マネジメント・アプローチ**に基づくセグメント情報を把握している部門と密接に連絡を取り、適切な処理をしていく必要があります。詳細に関してはこの章の後半に記した「◆その他　2.セグメント情報等の開示に関する会計基準」を参照してください。

◆ 会計上のポイント

1. 連結の範囲

(1) 概 要

連結の範囲については，下記のようになっています。

原　則	全ての子会社を連結の範囲に含めなければなりません。
例　外	以下の場合は，連結の範囲に含めません。 ① 支配が一時的であると認められる子会社 ② 連結の範囲に含めることによって利害関係人の判断を著し 　く誤らせるおそれがあると認められる子会社
容　認	重要性の乏しい子会社は連結の範囲から除くことができます。

連結の範囲に含められる子会社を「**連結子会社**」と呼び，連結の範囲から除かれる子会社を「**非連結子会社**」と呼びます。組合やSPC（特別目的会社）など会社に準じる事業体についても連結の範囲に含まれます。

(2) 容認規定の留意点

① 重要性の乏しい子会社は連結の範囲から除くことができますが，この規定は重要性の乏しい子会社を積極的に除外することを意図したものではありません。

② 重要性の乏しい子会社を連結の範囲から除くにあたっては，連結の範囲から除こうとする子会社が2社以上あるときは，これらの子会社が全体として重要性が乏しいものでなければなりません。

③ 連結の範囲から除かれる子会社が翌期以降相当期間にわたり，重要性の乏しい子会社として適用が認められるかどうかも考慮します。

(3) 容認規定の重要性の判定について

資産，売上高，損益，利益剰余金及びキャッシュ・フロー等を考慮して，連結の範囲から除いても企業グループの財政状態，経営成績及びキャッシュ・フローの状況に関する合理的な判断を妨げない程度に重要性の乏しいものです。

具体的な重要性の判断基準は、量的側面と質的側面とがあります。これらを並行的に判断します。

量的側面	連結の範囲から除外できる重要性の乏しい子会社については下記のとおりです。 ・企業グループにおける個々の子会社の特性ならびに、少なくとも、資産、売上高、利益及び利益剰余金の4項目に与える影響をもって基本的に判断します。 ・かつては、「3%ないし5%」という数値基準が具体的な実務指針として監査委員会報告52号において使用されておりました。平成14年（2002年）7月3日の改正で削除されましたが、実務上の参考数値になると考えます。
質的側面	下記のような子会社は原則として非連結子会社とすることはできず、連結子会社とします。 ・連結財務諸表提出会社の中・長期の経営戦略上の重要な子会社 ・連結財務諸表提出会社の一業務部門、例えば製造、販売、流通、財務等の業務の全部又は重要な一部を実質的に担っていると考えられる子会社。なお、地域別販売会社、運送会社、品種別製造会社等の同業部門の複数の子会社は、原則としては、その子会社群全体を1社として判断するものとします。 ・セグメント情報の開示に重要な影響を与える子会社 ・多額な含み損失や発生の可能性の高い重要な偶発事象を有している子会社

2. 子会社の範囲

　子会社の範囲は、支配力基準に基づいて、意思決定機関を支配し、有効な支配従属関係があるかどうかで判定します。

　「意思決定機関を支配」している場合とは、下記事項のいずれかに該当する場合をいいます。ただし、財務上、営業上、事業上の関係からみて他の会社等の意思決定機関を支配していないことが明らかであると認められる場合はこの限りではありません。

(1) 議決権の過半数を自己の計算において所有している場合

(2) 議決権の40%以上50%以下を自己の計算において所有し、かつ、下記のいずれかに該当する場合

　①「緊密な者」及び「同意している者」と合わせて議決権の過半数を占めている場合

　② 役員もしくは使用人、又はこれらであった者（財務、営業、事業の方針

の決定に関して影響を与えることができる者）が，取締役会等の構成員の過半数を占めている場合

③ 財務，営業，事業の方針決定を支配する契約等が存在する場合

④ 資金調達額の過半について融資，債務保証等を行っている場合

⑤ 意思決定機関を支配していることが推測される事実がある場合

(3) 自己と「緊密な者」及び「同意している者」と合わせて議決権の過半数を所有し，かつ，前項(2)の②から⑤のいずれかに該当する場合

KEYWORD

▶**緊密な者**：自己と出資，人事，資金，技術，取引等において緊密な関係があることにより，自己の意思と同一の内容の議決権を行使すると認められる者。

▶**同意している者**：自己の意思と同一の内容の議決権を行使することに同意していると認められる者。

　親会社が直接支配している場合だけでなく，下記の場合においても支配していると判定されます（間接支配）。

(1) 親会社と子会社が一体となって他の会社を支配している場合

(2) 子会社単独で他の会社を支配している場合

(3) 複数の子会社が一体となって支配している場合

【例　示】

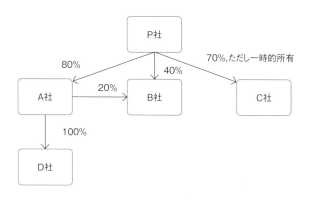

（判　定）

A社	連結子会社	P 社は議決権の過半数を所有
B社	連結子会社	P 社と A 社合わせて議決権の過半数を所有
C社	非連結子会社	P 社は一時的な所有であるため除外
D社	連結子会社	P 社は A 社を通じて議決権の過半数を所有

3. 関連会社の範囲

　関連会社の範囲は，**影響力基準**に基づいて，議決権が 20% 以上 50% 以下の会社だけでなく，議決権が 20% 未満でも財務，営業，事業の方針の決定に対して重要な影響を与えることができる会社については関連会社になります。

　「重要な影響を与えることができる」とは，下記事項のいずれかに該当する場合をいいます。ただし，財務上，営業上，事業上の関係からみて子会社以外の他の会社等の財務，営業，事業の方針の決定に対して重要な影響を与えることができないことが明らかであると認められる場合はこの限りではありません。

⑴ 議決権の 20% 以上を自己の計算において所有している場合

⑵ 議決権の 15% 以上 20% 未満を自己の計算において所有し，かつ，下記の

いずれかに該当する場合

① 役員もしくは使用人，又はこれらであった者（財務，営業，事業の方針の決定に関して影響を与えることができる者）が，代表取締役等に就任している場合

② 重要な融資を行っている場合

③ 重要な技術提供をしている場合

④ 重要な販売，仕入その他営業上又は事業上の取引がある場合

⑤ 財務，営業，事業の方針の決定に対して重要な影響を与えることができることが推測される事実が存在する場合

⑶ 自己と「緊密な者」及び「同意している者」と合わせて議決権の20％以上を所有し，かつ，上記⑵の①から⑤のいずれかに該当する場合

4. 持分法適用会社の範囲

⑴ 概　要

持分法適用会社の範囲については，下記のようになっています。

原　則	非連結子会社及び関連会社については持分法を適用しなければなりません。
例　外	以下の場合は，持分法適用会社の範囲に含めません。 ① 財務，営業，事業の方針の決定に関する影響が一時的であると認められる非連結子会社及び関連会社 ② 利害関係人の判断を著しく誤らせるおそれがあると認められる非連結子会社及び関連会社
容　認	重要性の乏しい非連結子会社及び関連会社は持分法の範囲から除くことができます。ただし，この規定は重要性の乏しい非連結子会社及び関連会社を積極的に除外することを意図したものではありません。

⑵ 容認規定の重要性の判定について

具体的な重要性の判断基準は，量的側面と質的側面とがあります。これらを並行的に判断します。

量的側面	持分法の適用範囲から除外できる重要性の乏しい非連結子会社及び関連会社については下記のとおりです。 ・企業グループにおける個々の子会社の特性ならびに，少なくとも，利益及び利益剰余金の2項目に与える影響をもって基本的に判断します。連結法のように資産基準及び売上高基準はありません。 ・かつては，「3%ないし5%」という数値基準が具体的な実務指針として監査委員会報告52号において使用されておりました。平成14年（2002年）7月3日の改正で削除されましたが，実務上の参考数値になると考えます。
質的側面	連結の範囲に準じます。

5. 会計処理の統一

　同一環境下で行われた同一性質の取引等について，親会社及び子会社が採用する会計処理の原則及び手続は，原則として統一しなければなりません。

　合理的な理由があれば，重要性がない場合を除いて，統一しないこともあり得ます。例えば，固定資産の減価償却において，実務上の取扱いとして容認されている事業上単位での償却方法について，親会社と異なる処理が認められると考えられます。

　持分法においても同じ考え方が採用されています。

　在外子会社の会計処理については，原則として統一します。当面の取扱いとして，IFRS（国際財務報告基準）及び米国会計基準に準拠して作成されている場合には，のれんの償却などの会計処理を修正し，それらを連結決算上利用することができます。

6. 決算日の統一

　親会社の会計期間に基づき，年1回一定の日をもって**連結決算日**とします。

【子会社の決算日が連結決算日と異なる場合】

原　則	連結決算日に正規の決算に準ずる合理的な手続により決算を行わなければならない。
容　認	決算日の差異が3カ月を超えない場合，子会社の正規の決算を基礎として連結決算を行うことができます。ただし，重要な不一致については必要な調整を行います。

持分法の適用にあたっては，非連結子会社及び関連会社の直近の財務諸表を使用します。期ズレは考慮しません。ただし，差異の期間内に重要な取引，事象が発生しているときは，必要な修正又は注記を行います。

7. 在外子会社の財務諸表の円換算

在外子会社の財務諸表は，現地通貨で表示されているため，円換算する必要があります。「外貨建取引等会計処理基準」にその具体的な定めがあります。

項　目		為替レート
資産・負債		決算時レート（CR）
純資産	親会社による株式取得時における純資産に属する項目	株式取得時レート（HR）
	親会社による株式取得後における純資産に属する項目	発生時レート（HR）
収益・費用	親会社との取引により生じた収益・費用（内部取引）	親会社が換算に用いるレート
	上記以外	原則：期中平均レート（AR） 容認：決算時レート（CR）

貸借対照表は，各々異なる為替レートを用いて換算しますので，円貨ベースでは貸借が一致しません。この換算差額は「**為替換算調整勘定**」（純資産の部）に計上します。

在外子会社の決算日が親会社と異なる場合は，原則として，在外子会社の決算日のレートで換算します。

収益・費用の換算レートは，四半期決算等での作業の効率性や一貫性を考慮すれば，期中平均レートを用いるのが望ましいです。

【換算例】

P/L	外貨通貨（$）	換算レート		円貨（円）	
売上	100	AR	80	8,000	
売上原価	70	＊1	78	5,460	
為替差損	10			940	＊2
当期純利益	20	AR	80	1,600	

＊1：全額親会社からの仕入。親会社が換算に用いるレートを使用。

＊2：①為替差損の換算　10＄× AR 80円／＄= 800円

　　　②親会社取引から生じる為替差損

　　　70＄×（AR 80円／＄－親会社が換算に用いるレート 78円／＄）= 140円

　　　③円貨の為替差損＝①＋②＝ 800円＋ 140円＝ 940円

B/S	外貨通貨（$）	換算レート		円貨（円）	
現預金	90	CR	82	7,380	
売掛金	50	CR	82	4,100	
棚卸資産	60	CR	82	4,920	
資産合計	200			16,400	
買掛金	30	CR	82	2,460	
借入金	70	CR	82	5,740	
負債合計	100			8,200	
資本金	100	HR	100	10,000	
為替換算調整勘定				△1,800	＊3
純資産	100			8,200	
負債・純資産合計	200			16,400	

＊3：貸借の差額として求められます。

8. 開始仕訳

　連結決算を開始するにあたり，過年度の連結仕訳を引き継ぐために行われる仕訳です。基本的には，期首の利益剰余金を前期末の利益剰余金に一致させるための仕訳です。

　開始仕訳には，下記の仕訳が含まれます。

① 前年度以前の子会社の支配獲得時に行われた投資と資本の消去

② 前年度以前に行われた剰余金に影響を与える連結調整仕訳

9. 投資と資本の消去

　親会社の子会社に対する投資と子会社の資本を相殺消去します。子会社の資本のうち親会社に帰属しない部分は，**非支配株主持分**（純資産の部に表示）に振り替えます。

【仕訳1】

投資額と子会社（100％出資）の資本金が同額（10,000千円）のケース

> （借）資　本　金　10,000千円　　（貸）子 会 社 株 式　10,000千円

【仕訳2】

子会社の資本金10,000千円で，非支配株主比率20％のケース

> （借）資　本　金　10,000千円　　（貸）子 会 社 株 式　　8,000千円
> 　　　　　　　　　　　　　　　　　　非支配株主持分　　2,000千円

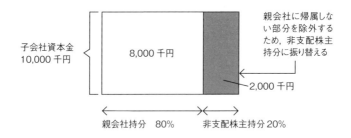

⑴ 子会社に欠損が生じた場合

　非支配株主が負担すべき金額まで欠損を負担させ，それを超える欠損額について親会社が負担することになります。その後当該子会社に利益が計上されたときは，親会社が負担した欠損が回収されるまで，その利益の金額を親会社の持分に加算することになります。

⑵ のれん（投資消去差額）

投資と資本を相殺消去した結果生じる差額は，のれんとして計上します。貸方差額は，負ののれんとなります。

のれんは，取得した会社から発生する将来の経済的便益として発生します。無形固定資産に計上されます。20年以内のその効果の及ぶ期間にわたって，定額法等により規則的に償却を行います。当期償却額は，販売費及び一般管理費に計上します。

【仕訳3】

投資額（12,000千円）で子会社（資本金10,000千円）を100％取得。のれんは定額法により20年で償却するケース

```
（借）資  本  金  10,000千円   （貸）子会社株式  12,000千円
    の  れ  ん   2,000千円
```

```
（借）のれん償却額   100千円   （貸）の  れ  ん   100千円
```

⑶ 子会社の資産及び負債の時価評価

連結財務諸表の作成にあたっては，評価差額に重要性が乏しい場合を除き，子会社の資産・負債の全てを支配獲得日の時価により評価する方法（全面時価評価法）により評価しなければなりません。評価差額は，子会社の資本に計上します。また，時価評価による簿価修正額が税効果の一時差異に該当する場合は，繰延税金資産又は繰延税金負債を計上します。

⑷ みなし取得日等

連結子会社等の支配獲得日，株式の取得日又は売却日は，原則，異動のあった日に合わせて連結相殺消去仕訳を行います。子会社の決算日以外の日に持分の異動があった場合には，仮決算を行って投資と資本の消去を行うことになります。実務上，期中に期末に準じた決算を行うのはとても煩雑で困難です。そこで，みなし取得日等が認められております。

▶**負ののれん**：基本的には，子会社となる会社の資本を下回る金額で投資が行われた場合に発生する。即ち，会計上の時価よりも割安で持分を取得できたというケースである。通常の経済活動では想定しにくい取引。負ののれんが生じた場合は，原則として，特別利益として発生事業年度の利益として処理する。

▶**みなし取得日等**：子会社の支配獲得日，株式の取得日又は売却日等が子会社の決算日以外の日である場合，当該日のいずれか近い決算日に持分の異動が行われたものとみなして処理した場合の当該日をいう。

10. 取引高の消去

　連結会社間の取引は，グループからみれば内部取引にあたります。連結決算上，相殺消去します。

【仕訳】

親会社から100％子会社へ商品を販売したケース

（借）売　上　高	1,000千円	（貸）売上原価	1,000千円

　連結会社間の取引高を消去する際，両社の取引高が一致しているとは限りません。仕入側に未達取引が発生している場合，異なる会計方針を採用している場合，処理ミスなどが原因で不一致となります。この場合は，差異内容を調査し，必要に応じて修正等を行う必要があります。

11. 債権債務の消去

　連結会社間取引の結果，債権債務残高が期末日に存在する場合は，グループからみれば内部取引にあたります。連結決算上，相殺消去します。

【仕訳 1】

親会社から 100％子会社へ商品を販売したケース

（借）買 掛 金 1,000 千円	（貸）売 掛 金 1,000 千円

【仕訳 2】

親会社から 100％子会社へ融資を行ったケース

（借）短 期 借 入 金 2,000 千円	（貸）短 期 貸 付 金 2,000 千円

12. 貸倒引当金の調整

個別決算上，相殺消去された債権に対して貸倒引当金の計上を行っていた場合，貸倒引当金の計上が不要となるため，調整する必要があります。

【仕訳】

親会社から 100％子会社へ商品を販売したケース（引当金繰入率 1 ％）

（借）貸 倒 引 当 金 10 千円	（貸）貸倒引当金繰入額 10 千円

13. 未実現利益の消去（棚卸資産）

連結会社間で商品売買取引を行った結果，仕入側において期末日に棚卸資産が存在する場合には，その棚卸資産に含まれている利益を消去する必要があります。

【仕訳】

親会社から 100％子会社へ商品を販売したケース（20 千円の利益）

（借）売 上 原 価 20 千円	（貸）棚 卸 資 産 20 千円

● 未実現損失が発生した場合

売手側の帳簿価額のうち，回収不能と認められる部分は消去しません。

14. 未実現利益の消去（固定資産）

連結会社間で固定資産の売買が行われた場合，その固定資産がグループ外に

売却等されない限り，棚卸資産と同様に未実現利益の消去を行う必要があります。

【仕訳】

親会社から 100％子会社へ固定資産を売却したケース（20 千円の利益，耐用年数 5 年の定額法を採用）

（借）固定資産売却益	20 千円	（貸）固　定　資　産	20 千円
減価償却累計額	4 千円	減 価 償 却 費	4 千円

　この減価償却費の消去仕訳は，当該固定資産がグループ外に売却されるまで又は耐用年数が到来するまで行います。

15. 非支配株主持分への当期純損益の振替

　非支配株主が存在する場合，連結子会社の当期純損益を非支配株主の持分に応じて振り替える必要があります。

【仕訳】

子会社が当期純利益 5,000 千円を計上したケース（非支配株主比率 20％）

（借）非支配株主損益	1,000 千円	（貸）非支配株主持分	1,000 千円

16. 利益処分の処理

　配当金を親会社が子会社から受領した場合は，内部取引に該当するため消去する必要があります。

【仕訳】

子会社が 200 千円の配当を行ったケース（親会社比率 80％）

（借）受 取 配 当 金	160 千円	（貸）配　　当　　金	200 千円
非支配株主持分	40 千円		

17. 持分法の処理

持分法適用会社が計上した純資産及び損益を持分割合に応じて，取り込む必要があります。

【仕訳】

持分法適用会社が 500 千円の利益を計上したケース（持分比率 40%）

> （借）投資有価証券　　200 千円　　（貸）持分法投資損益　　200 千円

18. 税効果会計

税効果会計とは，会計上の利益と税務上の利益との間に存在する差異を調整する会計技法です。連結修正消去仕訳を行った結果，連結上の利益が変動し，税務上の利益との差異を調整する必要があります。

【仕訳】

税務上損金不算入となっている貸倒引当金を 10 千円消去したケース（実効税率30%）

> （借）法人税等調整額　　3 千円　　（貸）繰延税金負債　　3 千円

連結における税効果会計においても，繰延税金資産の回収可能性の判断が必要になってきます（税効果会計の詳細については「14. 税効果会計業務」を参照）。

19. 連結決算のチェック

連結決算を行い，作成された処理が正しいかどうかのチェックを行います。

① 連結決算で整合性が取れているかどうかのチェックをします。チェック項目には下記のようなものがあります。

チェック項目	内　容
投資有価証券	投資有価証券残高は，個別財務諸表上の「投資有価証券+関係会社株式−連結子会社株式+持分法評価額」+「子会社が保有する投資有価証券」と一致するか。また，一致しない場合は，その内容は合理的なものか。

資本金及び資本準備金	資本金及び資本準備金は,「親会社の資本金及び資本準備金」と一致するか。また,一致しない場合は,その内容は合理的なものか。
期首剰余金	連結精算表上の資本剰余金又は利益剰余金期首残高は「前期連結財務諸表の資本剰余金又は利益剰余金期末残高」と一致しているか。また,一致しない場合は,その内容は合理的なものか。
非支配株主持分	非支配株主持分は,未実現利益を全額親会社が負担する場合,「連結子会社当期末純資産×非支配株主持分比率」と一致するか。また,一致しない場合は,その内容は合理的なものか。
非支配株主に帰属する当期純利益（又は損失)	非支配株主に帰属する当期純利益（又は損失）は,「非支配株主が存在する連結子会社の当期利益×非支配株主持分比率」と一致するか。また,一致しない場合は,その内容は合理的なものか。

② 実施担当者以外の者によるチェックも必要です。分析ポイントとして下記のものがあります。

チェック項目	内　容
前期比較	前期の連結数値との増減分析を行います。
予実分析	連結予算を組んでいれば,実績値との差異を分析します。
連単倍率分析	連単倍率を分析します。また,前年の連単倍率とも比較分析をします。

KEYWORD

▶**連単倍率：**連結財務諸表の数値と親会社の単体財務諸表数値との比率を表したもの。これにより，企業グループにおける子会社の影響度を知ることができる。

（例）売上高の連単倍率（倍）＝連結売上高÷単体売上高

　　　当期純利益の連単倍率（倍）＝連結当期利益÷単体当期純利益

◆ 税務上のポイント

1. グループ通算制度との関係

　グループ通算制度とは，完全支配関係にある企業グループ内の各法人を納税単位として，各法人が個別に法人税額の計算及び申告を行い，その中で損益通算等の調整を行う制度です。連結決算とは，企業グループの一体性に着目している点で共通しておりますが，目的やその内容等も異なり，会計上の連結決算と関連性はありません。別物と考えてよいものです。詳細については，下巻「17. グループ通算制度」を参照）。

　両者の違いを示すと下記のようになります。

項　　目	連結決算	グループ通算制度
範囲	原則として全ての子会社 具体的には	親法人に発行済株式総数の100%を直接・間接に保有される全ての内国法人 具体的には
	・支配力基準であるため，必ずしも100%保有していなくとも対象となります。	・100%保有である必要があります。
	・在外子会社も対象となります。	・内国法人に限られます。
	・重要性の原則により，小規模子会社は連結の範囲に含めないことができます。	・一部の子会社を範囲から外すということはできません。
適用関係	強制適用です。	任意適用です。
会計処理	原則，統一します。	統一する必要はありません。
内部取引等消去	全て消去します。	消去はしません。
未実現損益	・未実現利益の消去は行います。 ・未実現損失は基本，消去しません。	帳簿価額1,000万円以上の一定の資産に係る未実現損益は繰り延べられます。

◆ その他

1. 連結キャッシュ・フロー計算書

　連結キャッシュ・フロー計算書は，企業グループの一会計期間における資金（現金及び現金同等物）の増減（キャッシュ・フロー）の状況を報告するために作成される財務諸表です。本項目では連結特有の論点について述べていきます（キャッシュ・フロー計算書の詳細は下巻「28. 資金管理」を参照）。

　この連結キャッシュ・フロー計算書の作成方法には，原則法と簡便法があります。

　原則法とは各連結会社のキャッシュ・フロー計算書を合算し，連結上，必要な調整を行って作成する方法です。各社のキャッシュ・フローの状況が把握できますが，手間がかかります。

　簡便法とは，連結貸借対照表，連結損益計算書をベースとして作成する方法です。連結会社間の取引，債権債務の相殺消去は反映済であるため，作業負担は小さいです。

　作成方法は選択適用できます。また，いずれの方法を採用したとしても，キャッシュ・フロー精算表を用いて作成するのが効果的です。

⑴ 原則法による作成の流れ

親会社及び各子会社の貸借対照表，損益計算書をベースに個別のキャッシュ・フロー計算書を作成します。

↓

親会社及び各子会社のキャッシュ・フロー計算書を合算します。

↓

連結会社相互間のキャッシュ・フローを相殺します。また，未実現利益の調整をします。

↓

開示上，項目を集約するなど必要な組替えを行います。

【原則法による連結キャッシュ・フロー精算表】

	個別キャッシュ・フロー計算書			連結調整		連結キャッシュ・フロー計算書
	P社	S社	合計	借方	貸方	
Ⅰ. 営業活動によるキャッシュ・フロー						
税金等調整前当期純利益	××	××	××	××	××	××
減価償却費	××	××	××			××
売上債権増減額	××	(××)	××		××	××
棚卸資産の増減額	(××)	××	(××)		××	(××)
仕入債務増減額	(××)	××	(××)	××		(××)
受取利息及び受取配当金	(××)		(××)	××		
支払利息	××		××			××
固定資産売却損益	××		××			××
小計	××	××	××	××	××	××
利息及び配当金の受取	××		××		××	
利息の支払額	(××)		(××)			(××)
法人税等の支払額	(××)	(××)	(××)			(××)
営業活動によるキャッシュ・フロー計	××	××	××	××	××	××
Ⅱ. 投資活動によるキャッシュ・フロー						
有形固定資産取得による支出	(××)	(××)	(××)			(××)
有形固定資産売却による収入	××		××			××
投資活動によるキャッシュ・フロー計	(××)	(××)	(××)			(××)
Ⅲ. 財務活動によるキャッシュ・フロー						
長期借入による収入	××		××			××
配当金の支払額		(××)	(××)	××		
財務活動によるキャッシュ・フロー計	××	(××)	××	××		××
Ⅳ. 現金及び現金同等物の増減額	××	××	××	××	××	××
Ⅴ. 現金及び現金同等物の期首残高	××	××	××			××
Ⅵ. 現金及び現金同等物の期末残高	××	××	××			××

(2) 簡便法による作成の流れ

連結貸借対照表，連結損益計算書を作成します。

↓

ケースに応じて，為替換算調整勘定を含む連結貸借対照表項目の調整，連結損益計算書項目からの必要金額の抽出，固定資産増減明細，貸付金増減明細などの作成資料等からの調整を行います。

↓

開示上，項目を集約するなど必要な組替えを行います。

【簡便法によるキャッシュ・フロー精算表】

連結貸借対照表	前期末	当期末	増減	減価償却費	固定資産売却	固定資産取得	資産負債増減	支払利息	借入	法人税等	利益剰余金	現預金振替	合計
現金及び預金	××	××	××									(××)	0
売上債権	××	××	(××)				××						0
棚卸資産	××	××	××				(××)						0
有形固定資産	××	××	××	××	××	(××)							0
仕入債務	(××)	(××)	××				(××)						0
未払利息	(××)	(××)	(××)					××					0
未払法人税等	(××)	(××)	××							(××)			0
長期借入金	(××)	(××)	(××)						××				0
資本金	(××)	(××)	0										0
利益剰余金	(××)	(××)	(××)							(××)	××		0
合計	0	0	0	××	××	(××)	(××)	××	××	(××)	(××)	(××)	0

	減価償却費	固定資産売却	固定資産取得	資産負債増減	支払利息	借入	法人税等	利益剰余金	現預金振替	連結キャッシュ・フロー計算書
Ⅰ.営業活動によるキャッシュ・フロー										
税金等調整前当期純利益								××		××
減価償却費	××									××
売上債権増減額				××						××
棚卸資産の増減額				(××)						(××)
仕入債務増減額				(××)						(××)
支払利息					××					××
固定資産売却損益		××								××
小計	××	××		(××)	××			××		××
利息の支払額				(××)						(××)
法人税等の支払額							(××)			(××)
営業活動によるキャッシュ・フロー計	××	××		(××)	(××)		(××)	××		××
Ⅱ.投資活動によるキャッシュ・フロー										
有形固定資産取得による支出			(××)							(××)
有形固定資産売却による収入		××								××
投資活動によるキャッシュ・フロー計		××	(××)							(××)
Ⅲ.財務活動によるキャッシュ・フロー										
長期借入による収入						××				××
財務活動によるキャッシュ・フロー計						××				××
Ⅳ.現金及び現金同等物の増減額	××	××	(××)	(××)	(××)	××	(××)	××		××
Ⅴ.現金及び現金同等物の期首残高									××	××
Ⅵ.現金及び現金同等物の期末残高	××	××	(××)	(××)	(××)	××	(××)	××	××	××

2. セグメント情報等の開示に関する会計基準

セグメント情報等の開示は，財務諸表利用者が企業の過去の業績を理解し，将来のキャッシュ・フローの予測を適切に評価できるように，企業が行う様々な事業活動の内容及びこれを行う経営環境に関して適切な情報を提供するものです。

(1) 概　要

セグメント情報の開示は，マネジメント・アプローチが導入されております。IFRS（国際財務報告基準）や米国会計基準で採用されている方法に合わせる形で，日本にも導入されました。

KEYWORD

▶**マネジメント・アプローチ**：経営上の意思決定及び業績評価のために経営者が企業を事業の構成単位に分別した方法を基礎としてセグメント情報の開示を行う方法。セグメント情報の収集は定められた開示基準に従い，経営企画部等と密接に連絡を取り，何をどのように開示するか決定する必要がある。

---

(2) 流　れ

事業セグメントの識別：マネジメント・アプローチで事業セグメントを識別します。

↓

報告セグメントの決定：最終的にセグメント情報として開示される区分を決定します。

↓

開示：報告セグメントの概要，利益，資産，負債の額，測定方法に関する事項，差異調整にかかる事項等を開示します。
---

(3) 事業セグメントの識別

　事業セグメントとは企業の構成単位で，次の要件の全てに該当するものをいいます。

① 収益を稼得し，費用が発生する事業活動に関わるもの

② 企業の最高意思決定機関が，当該構成単位に配分すべき資源に関する意思決定を行い，また，その業績を評価するために，その経営成績を定期的に検討するもの

③ 分離された財務情報を入手できるもの

●留意点

・ 連結子会社，持分法適用関連会社がそれ自体で事業セグメントを構成することがあり得ます。

・ 企業の本社又は特定部門のように収益を稼得していない，付随的な収益を稼得するにすぎない構成単位は，事業セグメントとはなりません。

・ セグメントの区分方法が複数ある場合，各構成単位の事業活動の特徴，それらについて責任を有する管理者の存在及び取締役会等に提出される情報等の要素に基づいて，事業セグメントの区分方法を決定します。

(4) 報告セグメントの決定

　次の集約基準に従って識別された事業セグメントを集約することができ，量的基準に従って**報告セグメント**を決定します。

① **集約基準**：次の要件の全てを満たす場合１つの事業セグメントに集約可能です。

(a) 当該事業セグメントを集約することが，セグメント情報を開示する基本原則と整合していること

(b) 当該事業セグメントの経済的特徴が概ね類似していること

(c) 当該事業セグメントの次の全ての要素が概ね類似していること

・製品及びサービスの内容

・製品の製造方法又は製造過程，サービスの提供方法

・製品及びサービスを販売する市場又は顧客の種類

・製品及びサービスの販売方法

・銀行，保険，公益事業等のような業種に特有の規制環境

② **量的基準（10％ルール）**：次のいずれかを満たす事業セグメントを報告セグメントとして開示しなければなりません。

(a) 売上高（内部売上高・振替高含む）が全ての事業セグメントの合計額の10％以上であること

(b) 利益又は損失の絶対値が，(ア)利益の生じている全ての事業セグメントの利益の合計額，又は(イ)損失の生じている全ての事業セグメントの損失の合計額，の絶対値のいずれか大きい額の10％以上であること

(c) 資産が，全ての事業セグメントの資産の合計額の10％以上であること

(5) 開　示

① セグメント情報として

(a) 報告セグメントの概要（報告セグメントの決定方法，各報告セグメントに属する製品及びサービスの種類）

(b) 報告セグメントの売上高，利益（損失），資産，負債等の額ならびにその測定方法に関する事項

(c) 報告セグメントの利益（損失），資産，負債等の額のそれぞれの合計額と，これに対応する（連結）財務諸表計上額との間の差異調整に関する事項

・これらの差異について，重要な調整事項がある場合は当該事項を個別に開示しなければなりません。

　組織変更等により，報告セグメントの区分方法を変更する場合には，その旨，前年度のセグメント情報を作り直した情報を開示します。

② 関連情報の開示

(a) 製品及びサービスに関する情報

　・製品・サービス区分ごとに，外部顧客への売上高

(b) 地域に関する情報

　・国内の外部顧客への売上高に分類した額と，海外の外部顧客への売上高に分類した額（主要な国がある場合はこれを区分して開示）

　・国内に所在している有形固定資産の額と海外に所在している有形固定資産の額

(c) 主要な顧客がある場合はその旨，当該顧客の名称・氏名，当該顧客への売上高，当該顧客との取引に関連する主な報告セグメントの名称を開示します。

③ 固定資産の減損損失に関する報告セグメント別情報の開示

④ のれんに関する報告セグメント別情報の開示

☞ ズバリ，ここが実務ポイント！

▶連結決算の流れ（合算，消去等）を理解し，仕訳のパターンを押さえましょう。

▶連結の範囲の検討は慎重に行う必要がある。

▶連結修正消去仕訳のデータを漏れなく拾うことが大事。

11. ディスクロージャー（外部開示）

　企業における決算書等の**ディスクロージャー**（外部開示）は，投資家保護，株主保護，債権者保護等の目的を果たすため制度の趣旨に沿って必要事項の開示が求められています。外部に公表する以上は，適正でかつ期限内での開示を行う必要があります。利用者の便宜に資するように開示されます。

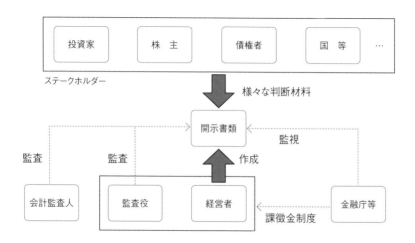

他方，作成する側にとってみれば，適切かつタイムリーな作成はかなりの事務負担がかかります。まして，近年の外部開示事項はその内容が広範囲に及び，かつ複雑化しており，加えて開示時期の早期化もあり，負担は益々大きくなっています。

　ディスクロージャーは大きく次の3種類に区分され，それぞれの特徴について押さえておきましょう。

	上場企業等	上場企業等以外
法定開示	・会社法による開示 ・金商法による開示	会社法による開示
適時開示	・金融商品取引所の規則による開示（自主規則）	なし
任意開示	・IR その他（CSR 報告書・環境報告書・統合報告書・アニュアルレポート等）	IR その他（CSR 報告書・環境報告書・統合報告書・アニュアルレポート等）

KEYWORD

▶ **CSR 報告書**：CSR とは Corporate Social Responsibility の略で「企業の社会的責任」のこと。企業の CSR の考え方や社会的な取り組みをまとめた報告書のことをいう。環境，労働，社会貢献，ダイバーシティ，コーポレートガバナンスなどの具体的な活動について，ステークホルダーに向けて情報開示するためのツールとなっている。

▶ **環境報告書**：企業が自らの事業活動によって生じる環境負荷や環境に対する考え方，取り組み等を投資家，取引先，消費者，地域住民などの社会に対して公表したもの。企業にとっては，社会的な説明責任を履行する手段であり，組織内の環境意識を高めるという役割もある。

▶ **統合報告書**：CSR 報告書にある非財務情報にアニュアルレポートの財務情報が組み合わさり，中長期にわたって企業価値を創造するプロセスを主に投資家に向けて示したツールである。リスクと機会，戦略と資源配分，実績，将来の見通しなどの要素を記載し，有機的なつながりをもって開示することで，いかに企業の価値創造を読者に伝えていくかが大事になる。

▶ **アニュアルレポート**：いわゆる年次報告書と呼ばれるものでステークホルダー向けに作成される報告書のこと。Business Section と Financial Section で構成されている。日本では作成は任意だが，米国証券取引委員会では上場企業に発行を義務付けていることもあり，海外の投資家向けに英語版も作成されるのが一般的である。

◆ 業務の流れ

　ディスクロージャーにおける全体の大まかな流れは，下記のようになります（3月期決算会社の場合のスケジュール）。

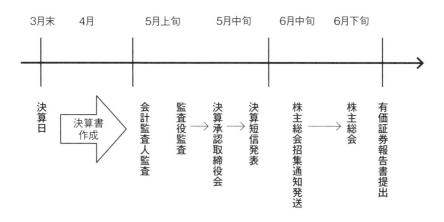

1. 決算短信

　上場会社の場合，金融商品取引所（証券取引所）のルールに従って**決算短信**を作成し提出します。投資家保護のためタイムリーディスクロージャーが求められ，定量情報である財務諸表の作成が重要です。前期との比較形式で開示するため，前期のデータを確認しなければなりません。また，業績予想も開示するため，関係部門に確認の上必要データを開示していきます。また金額だけでなく，比率も開示しなければならないため，各種の比率計算を行います。加えて，定性情報として，会社の概要等を文章として作成し開示します。そして，取締役会の承認を得た上で，決算短信を提出します。

　決算短信の取りまとめは，IR部門と緊密な連絡を取りながら経理部門が担当することになります。決算短信の作成にあたっては，決算数値は経理部，予想値は経営企画部，定性情報は総務部や人事部といった具合に各部署にまたがります。最終的には取締役会の承認も得なければなりませんので，スケジュー

ル調整，担当確認等が大事になってきます。

2. プレスリリース

　決算短信の発表とは別に，企業が投資家への情報の開示として記者発表及び投資家説明会を行うのが一般的です。国内向けだけではなく，海外向けにも行う場合があります。決算数値だけでなく，企業にとってアピールポイントにつながる情報をとりまとめ，公表することになります。

　開示する情報は，情報開示の適時性・公平性に配慮しなければなりません。特に業績の予想，事業計画等に関しては特定開示にならないよう発表内容に注意しなければなりません。

　公表までの流れは下記のとおりです。

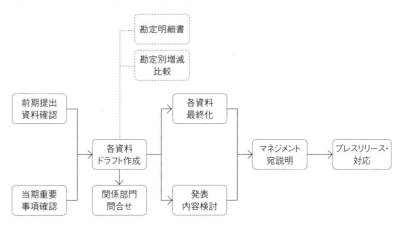

●フェア・ディスクロージャー・ルール

　フェア・ディスクロージャー・ルールとは，上場企業等に投資家に対する公平な情報開示を求める規制をいいます。上場会社等，上場投資法人等の資産運用会社，それらの役員等がその業務に関して取引関係者（金融商品取引業者等）に，その上場会社等の未公表の「重要情報」の伝達を行う場合には，その伝達と同時に，その重要情報を公表しなければならないとされています。

3. 会社法決算

　会社法に定められている決算を行います。**会社法決算**は全ての株式会社が行う業務です。その目的は株主保護や債権者保護目的等のために行われます。

　会社法決算の取りまとめは，経理部が主導し総務部及びＩＲ部門がサポートすることになります。会社法決算も決算短信と同様，業務内容が各部署にまたがります。事業報告は総務部や人事部，計算書類は経理部といったように役割分担を定めます。場合によっては取締役会，監査役会の開催も必要ですので，事前の段取りを整えることが大事です。また，会計監査人を設置している会社は，監査人とのスケジュール調整を事前に行っておく必要があります。

4. 有価証券報告書

　決算短信と同様に投資家保護を目的として**有価証券報告書**は作成されます。決算短信が金融商品取引所の規則に基づいて作成されるのに対し，有価証券報告書は，金商法という法の要請に基づいて作成されます。これを受けて，有価証券報告書は，監査法人又は公認会計士による外部監査（以下，公認会計士監査）を受けなければなりません。内容は決算短信と似ていますが，有価証券報告書はより詳細に記載されます。定量情報である財務諸表が作成され，必要な注記事項等も記載します。また，定性情報として，会社の概要等を記載します。公認会計士監査を受けなければならないため，この対応等の手間やコストがかかります。

5. 任意開示書類

　任意開示書類としては，CSR 報告書，環境報告書，統合報告書，アニュアルレポートといったものがあります。企業がステークホルダー向けに作成する書類です。経営トップによるコーポレートメッセージを含み，企業が取り組む社会貢献や長期的な企業価値を示すなどのために作成されます。従来の財務情報を中心とした開示とは異なり，CSR 報告書は非財務情報を中心としたり，統合報告書は財務情報と非財務情報とを関連付けたりと，企業の魅力を伝える

発信ツールとなっています。IR活動の一環としてホームページ上で公開している企業が増えています。

　図や表，写真を活用したり，カラー化したり，見やすさ，分かりやすさを重視して作成されます。海外の投資家向けに英文の報告書も作成されたりします。非財務情報の取り扱いが比較的多くなることもあり，経理部門ではなくIR部門が中心となって作成を担うケースもあります。その場合でも経理部門は財務情報の提供など連携をとって作成スケジュールに支障をきたさないようにする必要があります。法的要請はなく，あくまで任意ですが，公表する以上は時期及び内容について十分な検討が求められます。

◆ 適時開示制度のポイント

　決算短信の開示は，金融商品取引所のルール（適時開示規則）に基づき行われています。この取引所のルールは，適時開示制度として，各取引所において定められています。ここでは最も一般的である東京証券取引所（以下，東証）の規定をベースに適時開示制度のポイントについて述べます。

1. 適時開示が求められる会社情報

　適時開示が求められる会社情報は，有価証券の投資判断に重要な影響を与える会社の業務，運営又は業績等に関する情報です。具体的に開示が求められる情報は下記のとおりです。これらの情報はTDnet（適時開示情報伝達システム）でリアルタイムで入手が可能です。

(1) 上場会社の情報

　① 上場会社の決定事実（新株の発行，減資，自己株式の取得，合併，解散，公認会計士等の異動等）

　② 上場会社の発生事実（災害に起因する損害，主要株主の異動等）

　③ 上場会社の決算情報（決算短信，四半期決算短信）

④ 上場会社の業績予想，配当予想の修正等

⑤ その他の情報（投資単位の引下げ等）

⑵ 子会社等の情報

① 子会社等の決定事実（合併，解散等）

② 子会社等の発生事実（災害に起因する損害，訴訟の提起等）

③ 子会社等の業績予想の修正等

2. 決算短信

上場会社は,事業年度又は連結会計年度に係る決算の内容が定まった場合は，東証所定の「決算短信（サマリー情報）」により，直ちにその内容を開示することが義務付けられています。

⑴ 決算短信の開示時期

決算情報は，遅くとも決算期末後45日以内に開示されることが適当とされています。さらに，決算期末後30日以内での開示がより望ましいものと考えられています。なお，決算短信の開示が，決算期末後50日を超える場合は，決算短信の開示後遅滞なく，開示がその時期になった理由及び翌年度以降の開示時期の見込み・計画を決算発表後遅滞なく開示することになっています。

(2) 決算短信の基本的な構成

項目	内容
サマリー情報	東証所定の決算短信 ・連結経営成績（売上高，営業利益，経常利益，親会社株主に帰属する当期純利益等） ・連結財政状態（総資産，純資産，自己資本比率等） ・連結キャッシュ・フローの状況 ・配当の状況 ・連結業績予想　等
添付資料	・経営成績等の概況（当期の経営成績・財政状態の概況，今後の見通し，継続企業の前提に関する重要事象等） ・会計基準の選択に関する基本的な考え方 ・連結財務諸表及び主な注記（連結財務諸表，継続企業の前提に関する注記，会計方針の変更・会計上の見積りの変更・修正再表示，セグメント情報，1株当たり情報，重要な後発事象）

◆ 会社法による開示のポイント

　会社法は，株主保護，債権者保護のため，一定の情報開示を求めています。開示書類としては，下記のものがあります。

- ・招集通知
- ・事業報告
- ・計算書類
- ・連結計算書類（金商法による有価証券報告書の提出が義務付けられている会社等）
- ・臨時計算書類（期中配当を行う場合等）
- ・附属明細書（事業報告関係及び計算書類関係）
- ・決算公告

●金額の単位

　一円単位，千円単位又は百万円単位をもって表示します。なお，表示単位未満の端数処理について注記することも考えられます。

1. 計算書類

　計算書類には，①貸借対照表 ②損益計算書 ③株主資本等変動計算書 ④個別注記表があります。

2. 連結計算書類

　大会社で，かつ，金商法による有価証券報告書作成会社には，**連結計算書類**の作成が強制されます。また，それ以外の会社も，会計監査人設置会社は任意で連結計算書類作成会社になることもできます。

　連結計算書類作成会社は，**連結配当規制会社**となれます。連結計算書類には，単体の計算書類と同様，①**連結貸借対照表** ②**連結損益計算書** ③**連結株主資本等変動計算書** ④**連結注記表**があります。会社法では，連結キャッシュ・フロー計算書の作成は義務ではありません。

　なお，連結計算書類における純資産の部は，「評価・換算差額等」又は「その他の包括利益累計額」のいずれかの項目に区分して記載します。ただし，包括利益会計基準（企業会計基準第25号）が適用される会社については，「その他の包括利益累計額」として区分することが義務付けられております。

KEYWORD

▶**連結配当規制会社**：連結配当規制を適用する会社のこと。連結配当規制とは，分配可能額の算定に，連結剰余金の水準を勘案する旨を定めることをいう。連結配当規制は会社の任意選択である。連結配当規制は，定款で定める必要はなく，計算書類の作成に際して定めることとされており，注記を記載する必要がある。

● （連結）個別注記表

　作成すべき注記表は，会計監査人設置会社かどうか，公開会社かどうか，有価証券報告書の提出義務の有無により異なります。下記のように区分されます。

注記事項	会計監査人設置会社		会計監査人設置会社以外		連結注記表
	大会社であって有価証券報告書の提出義務のある会社	左記以外の会社	公開会社	非公開会社	
①継続企業の前提に関する注記	○	○	−	−	○
②重要な会計方針に係る事項に関する注記（※）	○	○	○	○	○
③会計方針の変更に関する注記	○	○	○	○	○
④表示方法の変更に関する注記	○	○	○	○	○
④-2 会計上の見積りに関する注記	○	○	○	○	○
⑤会計上の見積りの変更に関する注記	○	○	−	−	○
⑥誤謬の訂正に関する注記	○	○	○	○	○
⑦（連結）貸借対照表に関する注記	○	○	○	−	○
⑧損益計算書に関する注記	○	○	○	○	−
⑨（連結）株主資本等変動計算書に関する注記	○	○	○	○	○
⑩税効果会計に関する注記	○	○	○	−	−
⑪リースにより使用する固定資産に関する注記	○	○	○	−	−
⑫金融商品に関する注記	○	○	○	−	○
⑬賃貸等不動産に関する注記	○	○	○	−	○
⑭持分法損益等に関する注記	○	−	−	−	−
⑮関連当事者との取引に関する注記	○	○	○	−	−
⑯1株当たり情報に関する注記	○	○	○	−	○

242

⑰重要な後発事象に関する注記	○	○	○	−	○
⑱連結配当規制適用会社に関する注記	○	○	−	−	○
⑱-2 収益認識に関する注記	○	○	−	−	○
⑲その他の注記	○	○	○	○	○

（※）連結注記表では「連結計算書類の作成のための基本となる重要な事項に関する注記等」となります。

　なお，連結注記表を作成する会社は，下記の個別注記表は作成を要しないとされています。

　⑫金融商品に関する注記

　⑬賃貸等不動産に関する注記

　また，連結計算書類を作成する会社は，下記の個別注記表は作成を要しないとされています。

　⑭持分法損益等に関する注記

KEYWORD

　▶**公開会社**：その発行する全部又は一部の株式の内容として，譲渡による当該株式の取得について株式会社の承認を要する旨の定款の定めを設けていない株式会社をいう。

---

3. 附属明細書（計算書類関係）

　附属明細書は計算書類の内容を補足するものです。該当項目のないものは作成を要しません。また，会社計算規則に規定されている附属明細書の記載項目

は最小限度のものなので、株主等にとって有用であると判断した場合には、項目を適宜追加して記載することが望まれます。

附属明細書には下記のものがあります。

(1) 有形固定資産及び無形固定資産の明細

様式としては、下記の2種類がありえます。

① 帳簿価額による記載

区分	資産の種類	期首帳簿価額	当期増加額	当期減少額	当期償却額	期末帳簿価額	減価償却累計額	期末取得価額
有形固定資産								
	計							
無形固定資産								
	計							

② 取得価額による記載

区分	資産の種類	期首残高	当期増加額	当期減少額	期末残高	期末減価償却累計額	当期償却額	差引期末帳簿価額
有形固定資産								
	計							
無形固定資産								
	計							

重要な増減については、その設備等の具体的な内容及び金額を脚注します。

(2) 引当金の明細

期首又は期末のいずれかに残高がある場合のみ作成します。

科　目	期首残高	当期増加額	当期減少額		期末残高
			目的使用	その他	

「当期減少額」の欄のうち、「その他」の欄には、目的使用以外の理由による減少額と理由を記載します。

「当期減少額」の欄を区分しないで記載する方法もあります。

(3) 販売費及び一般管理費の明細

概ね販売費、一般管理費の順に、その内容を示す適当な科目で記載します。

●留意点

・計算書類の各数値と整合性が取れていることが大事です。

・閲覧用に会社の本店、支店に備え置き、株主総会等に提出する必要はありません。

4. 事業報告

下記事項は全ての株式会社の事業報告で記載が求められています。

・会社の状況に関する重要な事項

・内部統制システムについての決定又は決議の内容（大会社以外は、「決定」した場合のみ）

・株式会社の財務及び事業の方針決定を支配する者の在り方に関する基本方針（買収防衛策など）を定めているときは、その基本方針の内容の概要等

「会社の状況に関する重要な事項」については，特段決まった記載事項はありません。会社法施行規則で，「株式会社の現況」，「株式」，「新株予約権等」，「会社役員」，「会計監査人」等を区分して規定されているほか，日本経済団体連合会（経団連）が事業報告のひな型を公表していますので，これに沿った形で開示している企業が多いです。

その他の記載事項に関しては，公開会社，会計参与設置会社又は会計監査人設置会社のケースに応じて会社法施行規則に定めがあります。

5. 附属明細書（事業報告関係）

事業報告の内容を補足するものです。公開会社の場合は，「他の会社の業務執行取締役等を兼ねる会社役員の兼務状況の明細」を記載する旨が定められています。なお，計算書類の附属明細書と同様，閲覧用に会社の本店，支店に備え置き，株主総会等に提出する必要はありません。

6. 招集通知

原則，株主総会の2週間前（非公開会社の場合は1週間前）までに，株主に対して**招集通知**を発送しなければなりません。ただし，定款によりこの期間を短縮することができます。また，株主全員の同意があれば，招集手続自体が不要とされております。

招集通知には，株主総会の開催日時，場所，目的事項などを記載します。目的事項とは，株主総会の議題（例えば，取締役3名選任の件）のことをいいます。

●株主総会資料の電子提供制度

会社法改正により2023年3月1日以降に開催される上場会社等の株主総会から株主総会資料の電子提供制度が利用されることになりました。株主総会資料の電子提供制度とは，株主総会資料（事業報告，計算書類，連結計算書類など）を自社のホームページ等（自社のウェブサイトに障害等が発生する可能性を考慮し，バックアップとして補助的に利用することを前提に東証の投資者向け公衆閲覧用のウェ

ブサイトを媒体の一つとできます）に掲載し，株主に対しそのウェブサイトのアドレス等を書面で通知することによって，株主総会資料を紙ではなく電子的に提供することができる制度をいいます。上場会社等は電子提供制度の導入が法令上義務付けられています。非上場会社は定款変更により電子提供制度を利用することができます。

　株主総会資料のウェブサイトへの掲載を開始する日は，株主総会日の3週間前の日又は招集通知の発送日のいずれか早い日とされています。

　この制度により会社は印刷や郵送に要した時間や費用を削減できるようになります。株主においても従来より早期に株主総会資料を閲覧することができるようになります。

　株主総会資料をウェブサイトで閲覧することが困難な場合等は，書面交付請求することで株主総会資料を書面で受け取れます。

7. 株主総会参考書類

　招集通知に記載された議題や議案を判断するために，参考となる事項が記載されたものです。株主総会に出席しない株主が書面によって議決権を行使することができると定めた場合に，株主総会の招集の通知に際して，取締役が議決権行使書面とともに交付しなければならないとされています。また，株主総会に出席しない株主が電磁的方法によって議決権を行使することができると定めた場合も株主総会参考書類を交付することになります。

　その内容は，一般的な議案として下記のようなものがあり，これらの議案に関する議決権行使についての参考となるべき事項が記載されます。

　・剰余金の処分の件

　・定款一部変更の件

　・取締役，監査役選任の件

　・会計監査人選任の件

　・取締役及び監査役の報酬の件

8. 決算公告

　決算公告とは，会社法に規定された財務情報の開示をいいます。定時株主総会の終了後に遅滞なく行わなければなりません。大会社においては，貸借対照表及び損益計算書を公告し，それ以外の会社は，貸借対照表のみの公告が求められています。

● 公告媒体

(1) 官報や日刊新聞紙（全国紙でも地方紙でも構いません）等の紙媒体

　この場合は，要旨のみの開示が認められております。

(2) 電子公告

　定時株主総会終了の日から5年間継続公開すれば，定款に定める公告の方法が官報や新聞によるものであったとしても，通常の決算公告に代替することができます。貸借対照表等が掲載されるホームページのURLを登記する必要があります。なお，電子公告の場合は，紙媒体と異なり，その全文を記載する必要があります。

(3) 不要の場合

　金商法に定める有価証券報告書の提出義務がある会社は，決算公告は不要です。

9. 臨時計算書類

　臨時計算書類とは，臨時決算日を設けて作成される計算書類のことです。貸借対照表と損益計算書のみが作成されます。臨時の決算を行って期中の損益を取り込むことにより，剰余金の分配や自社株の取得に利用します。作成は会社の任意です。ただし，取締役会の承認が必要です。また，監査役設置会社は監査役の監査，会計監査人設置会社は会計監査人の監査を受けなければなりません。

10. 監査報告

計算書類等の監査の概要を示すと下記のようになります。

監査対象	監査人
計算書類及びその附属明細書 連結計算書類 臨時計算書類	監査役 会計監査人
事業報告及びその附属明細書	監査役

① 監査役会

監査役が作成した監査報告に基づき，**監査役会の監査報告**を作成します。監査役の監査報告と監査役会の監査報告の内容が異なる場合には，当該事項に係る監査役の監査報告の内容を監査役会監査報告に付記することができます。

② 会計監査人

資本金5億円以上又は負債200億円以上の会社法上の大会社は，**監査法人又は公認会計士（会計監査人）による監査**が義務付けられています。また，監査等委員会設置会社及び指名委員会等設置会社も大会社の取扱いと同様，会計監査人による監査が義務付けられています。任意に会計監査人を設置することもできます。このような会社の会計監査人は，計算書類，その附属明細書，連結計算書類，臨時計算書を監査します。

11. 会計参与

取締役等と共同して計算書類等を作成する株式会社の機関です。定款で会計参与を設置する旨を定めることができます。資格者は，税理士，税理士法人，公認会計士，監査法人に限られています。株主総会で選任され，登記簿に記載されます。

職務内容は，他の役員とは独立した立場を維持しつつ，取締役と共同して計算関係書類を作成します。

12. 法体系

会社法関係の法体系は次のようになっております。

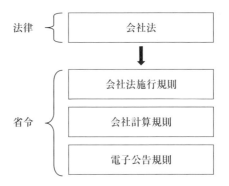

◆ 金商法による開示のポイント

金商法による開示は，投資家保護のために行われます。即ち，大量の有価証券が一般公衆に対して，募集，売出し，流通する場合，投資者が十分に投資判断をできるように発行会社の事業の状況，財政状態，経営成績，キャッシュ・フローの状況等を開示する必要があります。

1. 体　系

金商法で定める開示には大きく，発行開示と継続開示の2つがあります。

⑴ 発行開示

株式や社債を発行する場合の発行市場において開示する書類には，下記のようなものがあります。

書　類	内　容
有価証券届出書	発行総額が1億円以上となる有価証券の募集，売出し等に該当する場合に，有価証券の条件や企業の事業内容，経理の状況などを記載し，提出が義務付けられています。
有価証券通知書	有価証券届出書の提出を要しない一定規模以下（発行総額が1千万円超1億円未満）の有価証券の募集，売出し等に該当する場合に，有価証券の条件や企業の内容等を記載し，提出が義務付けられています。
発行登録書 発行登録追補書類	発行登録書及び発行登録追補書類とは，発行登録制度のもとで記載される書類で，有価証券の発行条件等の証券情報等を記載したものです。
目論見書	有価証券の募集，売出しのために，公衆に提供する当該有価証券の発行者の事業に関する説明を記載した文書です。

(2) 継続開示（本書執筆 2023 年 8 月時点）

　流通市場において開示する書類には，下記のようなものがあります。

書　類	内　容
有価証券報告書	事業年度ごとに作成される書類で，企業の事業内容や経理の状況を記載したもの。
四半期報告書	四半期ごとの企業の事業内容や経理の状況を記載した書類のこと。
半期報告書	半期ごとの企業の事業内容や経理の状況を記載した書類のこと。四半期報告書を提出しない有価証券報告書提出会社が対象です。
内部統制報告書	企業が事業内容の適正さを証明するために作成する書類のこと。
臨時報告書	親会社又は特定子会社の異動，主要株主の異動，重要な災害の発生等企業の重要事項が決定又は発生した場合に作成する書類です。
自己株式買付状況報告書	自己株式の取得を決議した場合に，決議された取得期間内は毎月作成する書類です。
親会社等状況報告書	親会社が有価証券報告書提出会社ではない場合に，当該親会社等の事業年度ごとに，親会社の情報を開示する書類です。
訂正報告書	有価証券報告書等に訂正事項があった場合に提出する書類です。

また，各書類の提出先等は下記のとおりとなっております。

書　類	提出義務者	提出時期	提出先	公衆縦覧期間
有価証券報告書	上場有価証券発行会社等	事業年度経過後3カ月以内	内閣総理大臣（関東財務局又は管轄財務局）	5年
四半期報告書	上場有価証券発行会社等	各四半期の期間経過後45日以内	内閣総理大臣（関東財務局又は管轄財務局）	3年
半期報告書	上場有価証券発行会社等	中間期末期間経過後3カ月以内	内閣総理大臣（関東財務局又は管轄財務局）	3年
内部統制報告書	金融商品取引所に上場されている有価証券の発行者その他の政令で定めるもの等	有価証券報告書の提出に併せて	内閣総理大臣（関東財務局又は管轄財務局）	5年
臨時報告書	事業内容，財務状況等に重要な影響を及ぼす事象が発生したとき	その都度	有価証券報告書提出先	1年
自己株式買付状況報告書	上場会社等で自己株式の取得に関する株主総会又は取締役会の決議があったとき	翌月15日まで	内閣総理大臣（関東財務局又は管轄財務局）	1年
親会社等状況報告書	上場会社等で親会社がある場合	親会社等の事業年度終了後3カ月以内	内閣総理大臣（提出子会社が有価証券報告書を提出する財務局）	5年
訂正報告書	開示書類提出後，記載内容の訂正が必要とされる重要な虚偽記載等が判明したとき	その都度	各開示書類提出先	元となる書類と同じ

Column 12　四半期開示等の見直しの動向（本書執筆2023年8月時点）

1. 現況

　企業開示の効率化の観点から，2022年に金融庁の金融審議会「ディスクロージャーワーキング・グループ」より金商法上の四半期報告書の廃止などをとりまとめた報告がなされた。

　その後，2023年3月14日，第211回通常国会に四半期報告書の廃止などを盛り込んだ金商法等の改正案が提出された。しかし，2023年6月，当該法律の可決・成立は見送られ継続審議となっている。

2. 金商法等の改正案の主な概要

　2024年4月1日より四半期報告書を廃止する。2024年4月1日より前に開始した四半期に係る四半期報告書の提示については従前のまま。四半期報告書が廃止されることに伴って，有価証券報告書の提出義務者は半期報告書の提出が義務付けられる。第1，第3四半期の開示については，金融商品取引所のルールに基づく四半期決算短信に一本化される。

　また，2024年4月1日以後に受理される半期報告書，臨時報告書の公衆縦覧期間が延長され，5年となる。

3.「ディスクロージャーワーキング・グループ」の報告事項の主な概要（上記2.以外）

- 当面は四半期決算短信を一律義務付け。今後，適時開示の充実の状況等をみながら，四半期決算短信の任意化については継続的に検討。
- 四半期決算短信に対する監査人によるレビューについては任意。会計不正等が起こった場合には監査人によるレビューを一定期間義務付け。
- 半期報告書について，上場企業等は現行の第2四半期報告書と同程度の記載内容と監査人のレビューを求めることとし，提出期限は決算後45日以内に。非上場企業も上場企業と同じ枠組みを選択可能。

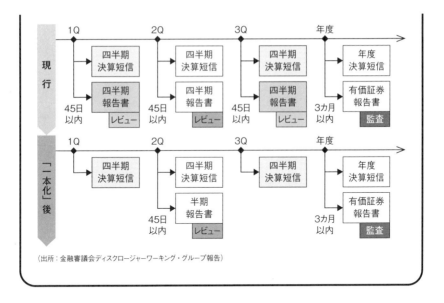

（出所：金融審議会ディスクロージャーワーキング・グループ報告）

● 提出媒体

　有価証券報告書，半期報告書，有価証券届出書及び自己株式買付状況報告書等の提出は，EDINET（エディネット）を使用して行わなければならないこととなっています。

2. 有価証券報告書

(1) 提出義務者

下記の有価証券を発行している会社が該当します。

① 金融商品取引所に上場されている有価証券

② 流通状況が上記に準ずるものとして政令で定める有価証券

③ その募集・売出しについて有価証券届出書又は発行登録追補書類を提出した有価証券

④ 事業年度末又は前4年以内に開始した事業年度末のいずれかにおいて所有者数が1,000名以上の株券又は優先出資証券（ただし，資本金5億円未満の会社を除く）及び所有者数が500名以上の金商法2条2項に定めるみなし有価証券（ただし，出資総額が1億円未満である場合を除く）

● 有価証券報告書の提出免除

① 上記③に関し有価証券届出書の提出以後5年間毎事業年度末の株券所有者が300名未満で有価証券報告書を提出しなくても公益又は投資家保護に欠けることはないものとして内閣総理大臣の承認を受けた場合

② 上記④に関し事業年度末における当該有価証券の所有者の数が300名未満となった場合

③ 上記③又は④に関し，有価証券報告書を提出しなくても公益又は投資家保護に欠けることはないものとして内閣総理大臣の承認を受けた場合

(2) 開示内容

開示府令において，その様式や記載内容が定められています。概略を示すと次のとおりです。

Ⅰ. 企業情報

　1. 企業の概況

　　主要な経営指標等の推移

　　沿革

　　事業の内容

　　関係会社の状況

　　従業員の状況

　2. 事業の状況

　　経営方針，経営環境及び対処すべき課題等

　　サステナビリティに関する考え方及び取組

　　事業等のリスク

　　経営者による財政状態，経営成績及びキャッシュ・フローの状況の分析

　　経営上の重要な契約等

　　研究開発活動

　3. 設備の状況

　　設備投資等の概要

　　主要な設備の状況

　　設備の新設，除却等の計画

　4. 提出会社の状況

　　株式等の状況（株式の総数等，新株予約権等の状況　等）

　　自己株式の取得等の状況

　　配当政策

　　コーポレート・ガバナンスの状況等

　5. 経理の状況

　　連結財務諸表等

　　財務諸表等

　6. 提出会社の株式事務の概要

　7. 提出会社の参考情報

　　提出会社の親会社等の情報

　　その他の参考情報

Ⅱ. 提出会社の保証会社等の情報

2023年3月期より（早期適用可）開示が拡充された事項

多様性に関する次の指標の記載が追加されました。

・女性管理職比率

・男性育児休業取得率

・男女間賃金格差

（女性活躍推進法等に基づく公表義務のない企業は省略可）

サステナビリティ情報の記載欄が新設され，次の事項を開示します。

・ガバナンス

・戦略のうち重要なもの

・リスク管理

・指標及び目標のうち重要なもの

・人的資本については，人材の育成及び社内環境整備方針を戦略に記載し，それに関する指標の内容，当該指標を用いた目標及び実績を記載

次の事項の記載が追加されました。

・取締役会等の活動状況（開催頻度，具体的な検討内容，個々の取締役等の出席状況等）

・監査役等の活動状況（開催頻度，具体的な検討内容，個々の監査役等の出席状況等）

・内部監査の実効性を確保するための取組

・政策保有株式の発行会社との営業上の取引，業務上の提携等の概要

　金融庁から投資家と企業との建設的な対話に資する充実した企業情報の開示を促すため，「記述情報の開示の好事例集」が公表されています。投資家，アナリストが期待する開示のポイントや実際の開示例をあげて好事例として着目したポイントなどが記載されています。有価証券報告書の作成において参考に資するものとなっています。

(3) 提出時期

　有価証券報告書は，決算日後3カ月以内に提出することになっています。従前は定時株主総会後の提出でしたが，平成21年（2009年）12月31日以後終了する事業年度に係る有価証券報告書から，定時株主総会開催前に有価証券報告書等の提出が可能になりました。ただし，株主総会前に有価証券報告書を提出するケースは少ないのが現状です。

3. 有価証券報告書の記載内容の適正性に関する確認書（本書執筆2023年8月時点）

　略して「確認書」と呼ばれており，当該文書は有価証券報告書等の記載内容が金商法に基づき適正であることを代表者が確認した旨を記載するものです。経営者が宣誓することで，情報開示制度の信頼性を高める目的があります。

　対象書類は，「有価証券報告書」「四半期報告書」「半期報告書（四半期報告書提出会社は不要）」です。提出が義務付けられるのは，有価証券報告書の提出会社のうち，金融商品取引所に上場されている有価証券の発行者等です。

4. 四半期報告書（本書執筆2023年8月時点）

(1) 四半期（連結）財務諸表の範囲

・四半期（連結）貸借対照表

・四半期（連結）損益計算書

・四半期（連結）キャッシュ・フロー計算書

四半期連結財務諸表を開示する場合には，四半期財務諸表（単体）の開示は要しません。

(2) 会計処理の原則及び手続

原則：四半期特有の処理を除き，原則として年度の財務諸表の作成にあたって採用する会計処理の原則及び手続に準拠します。

例外：財務諸表利用者の判断を誤らせない限り，簡便的な会計処理によることができます。内容としては，次のとおりです。

・一般債権の貸倒見積高の算定における前期末の貸倒実績率等の使用

・実地棚卸の省略

・経過勘定項目の概算額の計上

・減価償却費の定率法の算定にあたり年度減価償却費の期間按分

・退職給付引当金の簡便法

(3) 四半期特有の会計処理

四半期特有の処理として，下記のものがあります。

・原価差異の繰延処理

・税金費用の計算（税効果会計の簡便法適用）

5. 内部統制報告書

財務報告に係る内部統制の有効性に関して，経営者による評価範囲や手順，評価結果，付記事項等を記載します。**内部統制報告書に記載された内容は，原則として，監査法人又は公認会計士の監査の対象となります**（詳細は，下巻「29. 内部統制」参照）。

6. 臨時報告書

投資家保護のために，企業内容等に関して臨時的に発生した重要な事実を，有価証券報告書又は四半期報告書の定期報告を待つことなく，事実が発生した

都度，内容を開示するために設けられています。

　主な開示項目として，災害による損害，財政状態及び経営成績に著しい影響を与える事象等があります。なお，提出会社に係るものは提出会社の財務諸表に，連結子会社に係るものは連結財務諸表に及ぼす具体的な数値上の影響によって提出要否が決まります。

7. 公認会計士監査

　金商法上の公認会計士監査の概要は下記のようになります（本書執筆2023年8月時点）。

書　類	種　類	内　容
有価証券報告書	監査	財務諸表が，一般に公正妥当と認められる企業会計の基準に準拠して，企業の財政状態，経営成績及びキャッシュ・フローの状況を全ての重要な点において適正に表示しているか否かについての意見を表明
四半期報告書	レビュー	四半期財務諸表について，一般に公正妥当と認められる四半期財務諸表の作成基準に準拠して，企業の財政状態，経営成績及びキャッシュ・フローの状況を適正に表示していないと信じさせる事項が全ての重要な点において認められなかったかどうかに関しての結論を表明
半期報告書	監査	中間財務諸表が，一般に公正妥当と認められる中間財務諸表の作成基準に準拠して，企業の財政状態，経営成績及びキャッシュ・フローの状況に関し，有用な情報を表示しているか否かについての意見を表明
内部統制報告書	監査	内部統制報告書が，一般に公正妥当と認められる財務報告に係る内部統制の評価の基準に準拠して，財務報告に係る内部統制の評価について，全ての重要な点において適正に表示しているか否かについての意見を表明

● KAM の適用

　金商法上，令和3年（2021年）3月31日以後に終了する連結会計年度及び事業年度から公認会計士監査の監査報告書に KAM を記載することが義務付けられました。KAM とは，Key Audit Matters の略で「監査上の主要な検討事項」をいいます。財務諸表監査の過程で監査役等と協議した事項のうち，職業的専門家として当該監査において特に重要であると判断した事項を監査報告書に記載します。監査意見ではなく，あくまで監査の重要なプロセスを記載するものです。

目的	監査人が実施した監査の透明性を高め，監査報告書の情報価値を高めます。
性質	・経営者が行う注記を代替するものではなく，会社の状況に関する開示を適切に行う責任は経営者にあり，会社に代わって事業上のリスクを監査人が報告することを意図したものでもありません。 ・除外事項を付すべき状況において，除外事項を代替するものではありません。監査意見の形成は従来通りであり，除外事項付き監査意見に至った根拠は除外事項として記載します。 ・継続企業の前提に関する重要な不確実性に関して，監査人が利用者に注意喚起するために行う報告を代替するものではありません。 ・個々の監査上の主要な検討事項について，個別の監査意見を述べるものではありません。
適用対象	金商法に基づく監査報告書に適用されます。 非上場企業のうち，資本金5億円未満又は売上高10億円未満，かつ負債総額200億円未満の企業は除かれます。 会社法に基づく監査報告書への記載は任意とされています。

8. 法体系

金商法関係の法体系は次のようになっております（本書執筆 2023 年 8 月時点）。

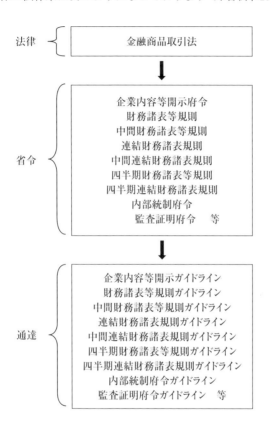

法律 ── 金融商品取引法

省令 ──
企業内容等開示府令
財務諸表等規則
中間財務諸表等規則
連結財務諸表規則
中間連結財務諸表規則
四半期財務諸表等規則
四半期連結財務諸表規則
内部統制府令
監査証明府令　　等

通達 ──
企業内容等開示ガイドライン
財務諸表等規則ガイドライン
中間財務諸表等規則ガイドライン
連結財務諸表規則ガイドライン
中間連結財務諸表規則ガイドライン
四半期財務諸表等規則ガイドライン
四半期連結財務諸表規則ガイドライン
内部統制府令ガイドライン
監査証明府令ガイドライン　　等

コーポレートガバナンス

1. コーポレートガバナンスとは

　近年大企業の不祥事が発覚し，企業の暴発を防ぐためには誰がどのように企業を統治すべきなのかという観点から，我が国においてもコーポレートガバナンスが注目されるようになった。コーポレートガバナンスは，会社が株主をはじめ顧客・従業員・地域社会等，様々なステークホルダーの立場を踏まえた上で，透明・公正かつ迅速・果断な意思決定を行うための仕組みのことをいう。

2. コーポレートガバナンス・コードとは

　2015年3月に金融庁と東証が共同事務局となり，会社の持続的な成長と中長期的な企業価値向上に向けた「コーポレートガバナンス・コード」が有識者会議によって取りまとめられ，同年6月より導入が開始された。なお，規制の対象となるのは上場会社である。

(1) 目的

　会社に対してガバナンスに関する適切な規律を求めることにより，経営者には健全な企業家精神の発揮を促し，会社の持続的な成長と中長期的な企業価値向上を図ること。

(2) 特徴

・プリンシプルベース・アプローチ（原則主義）

　本コードは，会社が取るべき行動について詳細に規定する「ルールベース・アプローチ（細則主義）」ではなく，会社が各々置かれた状況に応じて，実効的なコーポレートガバナンスを実現することができるよう「原則主義」を採用している。原則主義はアングロサクソン的な考え方であり，長く日本が規範としてきた大陸由来の細則主義とは対照的な考え方であるといってよい。

・順守せよ，さもなくば説明せよ（コンプライ・オア・エクスプレイン）

　本コードは関連するスチュアードシップ・コードとともに，法的拘束力を有する規律ではなく，その実施にあたっては「原則を順守する（コンプライ）か，順守しない場合には，その理由を説明（エクスプレイン）せよ」というアプローチを採用している。

(3) 概要

　５つの「基本原則」と，基本原則の内容を詳細に規定した「原則」，そして「原則」の意味を明確にするための「補充原則」の３部から構成されている。

○基本原則１：株主の権利・平等性の確保

・上場会社は，株主がその権利を適切に行使することができる環境の整備を行うこと。

・また，株主の実質的な平等性を確保すべきこと。

・少数株主や外国人株主については，権利行使に係る環境や実質的な平等性の確保に課題や懸念が生じやすい面があるので十分に配慮すること。

○基本原則２：株主以外のステークホルダーと適切な協働

・上場会社は，株主，従業員，顧客等，様々なステークホルダーによるリソースの提供や貢献の結果であることを十分に認識し，これらのステークホルダーとの適切な協働に努めること。

・取締役会・経営業務執行者は，これらのステークホルダーの権利・立場や健全な事業活動倫理を尊重する企業文化・風土の醸成に向けてリーダーシップを発揮すること。

○基木原則３：適切な情報開示と透明性の確保

・上場会社は，会社の財務情報はもとより，経営戦略・経営課題，リスク情報等の非財務情報についても主体的かつ適切に管理すること。

・その際，取締役会は，開示・提供される情報が株主との間で建設的な対話を行う上での基盤となることも踏まえ，そうした情報（とりわけ非財務情報）が，

正確でわかりやすく，情報として有用性の高いものにすること。

○基本原則４：取締役会等の責務

　取締役会は，株主に対する受託者責任・説明責任を踏まえ，会社の持続的成長と中長期的な企業価値の向上を促し，収益力・資本効率等の改善を図るため，

・企業戦略等の大きな方向性を示すこと

・経営幹部による適切なリスクテイクを支える環境整備を行うこと

・独立した客観的な立場から，執行役員を含む経営陣・取締役に対する実効性の高い監督を行うこと

　こうした役割・責務は，監査役会設置会社，指名委員会等設置会社，監査等委員会設置会社などいずれの機関設計を採用する場合にも，等しく適切に果たされるべきである。

○基本原則５：株主との対話

　上場会社は，その持続的な成長と中長期的な企業価値の向上に資するため，株主総会の場以外においても，株主との間で建設的な対話を行うべきである。経営陣・取締役はこうした対話を通じて株主の声に耳を傾け，その関心・懸念に正当な関心を払うとともに，自らの経営方針を株主に分かりやすい形で明確に説明しその理解を得る努力を行い，株主を含むステークホルダーの立場に関するバランスのとれた理解と，適切な対応に努めるべきである。

(4) 開示

　上場会社は適時開示の一環として，「コーポレートガバナンスに関する報告書」を開示することが求められている。

3. まとめ

(1) コーポレートガバナンスとは企業がきちんと経営（業務執行）されているかどうかを監視するシステムのこと。

　・取締役会によるモニタリンク機能

　・事故，不祥事を未然に防ぐ内部統制システムの構築と運用

・これらの牽制機能が健全に働くためのプラットフォームの整備

（2）運用にあたってのポイント

・組織内に自浄能力が存在するか

・組織運営の透明性が確保できているか

・組織の中にヤジロベーもしくはジャイロコンパスのような制度が組み込まれ，機能しているか

これらの復元力がないと，経営に歯止めが効かなくなり後戻りできず，会社が倒産の危機に瀕する。

近年，社外取締役の数を何名にするかという議論が活発であるが，2～3名が平均的ではないか。しかし取締役会を機能させるには少なくとも過半数の社外取締役が必要である。

 ズバリ，ここが実務ポイント！

▶開示書類に提出期限が定められているものが多いため，スケジュール管理が大事。

▶法令，基準の改正を適時に把握し，適切な作成を心がける。

▶他社開示例を参考に作成するのも有効かつ効率的。

12. 中長期計画管理

中長期計画は，大企業ですと通常経営企画部門が担当し，経理・財務部門は数値面で経営企画部門のサポートをすることが多いため，一般的にはなじみがうすいかもしれません。しかし，中長期計画は企業の将来の方向性に関する経営者の意思表示であり，企業がさらなる成長，発展のためには中長期の計画的な経営戦略を持つことが重要です。即ち，中長期計画は企業経営にとっての大きな羅針盤とも言え，経理・財務部門においても，最も重要な業務の一つと考えられます。

企業が効率的な経営を行うには下記のステップを踏む必要があります。

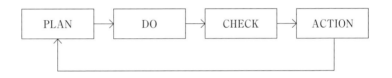

経営計画を策定し（PLAN），経営計画を周知して実行し（DO），計画の進捗状況を管理し（CHECK），計画と実績の差異を分析し解決策を見出します（ACTION）。そして，そこから，経営計画を修正し（PLAN），実行していくという「ＰＤＣＡサイクル」の確立が必要です。

◆ 業務の流れ

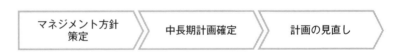

1. マネジメント方針策定

　経営理念，経営方針といったマネジメント方針を策定します。自社を取り巻く経営環境や業界動向，同業他社の情報を把握していきます。また，定性的情報だけでなく，自社の過去の財務情報，同業他社の財務情報といった定量情報も確認します。

　策定されたマネジメント方針は，具体的な計画方針作成のため必要に応じて関係部署とのヒアリングを行いながら部門別に展開したり，必要な補足データを作成したりします。そして，各部門に計画案を通知及び説明をします。実施段階において，各部門の協力がどのくらい得られるかがこの段階で左右されますので，説明は十分に行う必要があります。また，各部門からの問い合わせにも対応します。

2. 中長期計画確定

　計画案を各部門とすり合わせを行い，全社的な中長期計画を策定します。部門段階での計画では部門の利益のみを追求し全社的な利益を損なうこともあり得ます。全社として最適な計画にするため調整を行うことが大事です。こうして策定された中長期計画を最終結果として，経営者層及び各部門に報告，説明を行っていきます。

3. 計画の見直し

　業務の進捗によっては当初見込めなかった経営環境の変化や事前の情報不足等により，当初のままでの中長期計画では役に立たないことが出てきます。その場合は，適時に中長期計画の見直しをする必要があります。見直しに際しては，見直しに至る経緯を把握し，必要なデータを入手します。この段階で差異分析を行うのも有効です。その上で，当初の中長期計画と同様の手続を踏んでいきます。

◆ 中長期計画のポイント

1. 意　義

中長期計画の意義としては，次のようなものが挙げられます。

(1) 目標設定

経営目的の達成に向けた経営活動を遂行するために目標を設定します。定性的な目標だけでなく，定量的な目標も設定することで，経営目的の達成がより早くより確実になるでしょう。

(2) 経営管理

企業が経営目的の達成に向けて実施した経営活動の遂行結果に対する評価基準となり，経営管理に役立ちます。数量目標を掲げていれば，これを通じた進捗管理が行えます。また，経営計画を通じて経営者と従業員，従業員同士のコミュニケーションを引き出すこともできます。加えて，目標が定まることで社内のモチベーションアップにもつながり，経営管理ツールとして有効です。

(3) 資金調達

銀行等からの融資を実行してもらうために，経営計画を作成し提出することで，返済計画の実現可能性に対する根拠を提示できます。資金提供者の信用を獲得するための機能もあります。

2. 作成の流れ

1	経営理念, 経営方針を明らかにします
2	外部環境分析　(1)マクロ環境分析　(2)市場環境分析 　　　　　　　(3)競合環境分析　(4)事業環境分析
3	内部環境分析　(1) 製品分析　(2) 営業力分析 　　　　　　　(3) 生産力分析　(4)技術力分析
4	目標の設定, 調整, 決定 (販売計画, 生産計画, 要員計画, 設備計画, 資金計画等)
5	予算編成 (「13. 年次予算管理」参照)
6	実施
7	チェック
8	見直しへ

3. 立案と組織

　中長期計画の策定に関して, 実働部隊としては企画部又はプロジェクトチームとして編成されたメンバー等が担うことになります。また, 経営者や主要部門長も必ず関与することが大事です。

　トップマネジメントが経営戦略を決定し, その経営戦略に基づいて利益捻出を主目的とした経営戦術を各部門長以下で決定, 実行することになります。これらに必要な情報収集やデータの作成, 相互の連絡役として, 企画部又はプロジェクトチーム等の役割が必要になってきます。特に, 経営者と各部門長とのコミュニケーションにギャップがあってはならないため, 情報の共有が大事です。

4. 対象期間

　多くの企業が, 経営計画を①長期②中期③短期というように計画対象期間によって分けています。それぞれの期間がどの程度のものなのかは, 明確には定められておりません。一般的には, 次のようになると考えられます。

長期計画	5年から10年ないし10年以上
中期計画	3年ないし5年
短期計画（≒年次予算）	6カ月ないし1年

　本章では，中長期計画として，3年ないしは5年を想定して記述していきます。

5. 中長期計画と短期計画の特徴

　概括的に中長期計画と短期計画には，下記のような特徴があります。

項　目	中長期計画	短期計画
特　性	目標的，指標的性格を持っています。戦略プログラムです。	戦略プログラムを実現するための実施計画です。オペレーションプログラムです。
目標設定	経済変動・環境の変化に対応して中長期利益目標を設定します。	中長期計画の一環として，年次利益目標を設定します。
目　的	企業の収益性，成長性，安定性を均衡させ，経営基盤の確立を期すことを目的とします。	現状の経営能力を十分に発揮し，年度の経営目標を達成することを目的とします。
内　容	自社に即した経営目標の確立，経営の前提条件の検討，将来の需要予測等が必要です。そして，将来の方向性を示すものであるため計数的にあまり詳細なものは求めていません。	中長期計画の一環であり，収益，費用，資産，負債，純資産を含め，予算化された実行計画であるため，詳細な計画が必要です。

6. 経営理念と経営方針

⑴ 経営理念

　企業及び経営者自身が持つ価値観をまとめることになります。企業の存在意義や経営哲学を言葉としてまとめます。経営理念は，環境や時代の変化等に関係なく，大きく変わるものではありません。経営者，従業員全てが共通認識をもつことが大事です。

⑵ 経営方針

経営理念を実践し，達成するための具体的な経営のルールを決めることです。企業の行動規範を定めます。

⑶ ダイバシティーマネジメントと経営戦略

ここ 30 年，日本は高度成熟社会に入り，国内市場の大きな成長性は望むべくもありません。今後日本企業の国際化はますます進展するものと思われます。高度成長期に確立した日本企業の経営モデル，その一つである日本人従業員の企業に対するロイヤルティの高さとそれを支えてきた年功序列制度は今や崩れつつあります。

国際化が進展する中で，組織を構成する人材の多様性が企業の売上や発展に貢献し，競争力の源泉となるというのは間違いないでしょう。**ダイバシティー**即ち多様性と理解されていますが，その具体的手段として女性管理職比率を増加させることで企業文化を変え，専門性にすぐれた外部プロフェッショナルの中途採用を常態化させることでより強固な組織を作ることができます。

ダイバシティーの推進は日本企業が世界の競合と戦っていく重要な経営戦略の一つです。中長期の経営戦略策定にあたり，忘れてはならないポイントであると考えます。

7. 外部環境分析

⑴ マクロ環境分析（ＰＥＳＴ分析）

マクロ環境分析とは，政治（Politics），経済（Economics），社会（Society），技術（Technology）といった分野について事業や市場に影響を与える情報やデータを調査，分析する手法です。

① 政治的環境要因（P:Politics）

法規制や税制の見直しなどを調査します。最近では環境や教育に関心の高いNPOなどの市民団体の活動も事業や市場に大きな影響を与えることもあり，

そうした動きを把握しておくことも重要です。

【主な推計する指標】：法令改正，規制緩和，経済金融政策，判例，政府，
関連団体の行動

② 経済的環境要因（E:Economics）

景気動向，デフレ又はインフレの進行，為替，金利等の経済に関する情報や
データが対象になります。

【主な推計する指標】：ＧＤＰ成長率，金利，為替，物価水準，個人消費，
公共投資，民間設備投資

③ 社会的環境要因（S:Society）

人口動態，世論調査等を調査します。人口や世帯数等は市場規模に直接影響
することからある程度定期的に情報収集する必要があります。また，世論調査
等も今後の事業展開を検討する際に有益な情報となるため，公表データ等を把
握しておくことが重要です。

【主な推計する指標】：人口動態，生活スタイル

④ 技術的環境要因（T:Technology）

自社が開発している技術ではなく，自社が活用できる技術という視点で分析
します。新聞，雑誌等で報道される新技術から自社のビジネスでの活用イメー
ジが想定できる新技術を抽出し，実用に向けた課題や開発年数等の情報を収集
することが求められます。

【主な推計する指標】：新技術の開発，情報技術の発展

(2) 市場環境分析

市場に影響を与える要素を分析して，市場規模や変化を調査，分析する手法
です。市場規模については，顧客数，購買単価，購買頻度のパラメーターから
推計する手法が一般的です。次のような要因と推計項目があります。

要　因	推計項目
市場環境要因	・市場規模 ・市場の成長性 ・新製品, 代替品の出現可能性 ・市場への新規参入, 退出
生産環境要因	・原材料, 労働力の需給動向 ・業界内での設備投資
販売環境要因	・販売チャネル ・広告, 販促方法 ・物流

(3) 競合環境分析

　市場における競合他社と自社のポジションを調査, 分析する手法です。競争を有利に進めるためには市場における競合他社に対する相対的なポジションを認識することが重要になります。次のような要因と推計項目があります。

要　因	推計項目
市場シェア要因	・自社, 主要な競合他社, 業界の売上高
利益要因	・自社, 主要な競合他社, 業界の経常利益, 粗利率等

　具体的な分析手法として下記のものがあります。

● ＳＷＯＴ分析

　競合他社に対する自社の優劣を軸に検討する方法ですが, 代表的なフレームワークがＳＷＯＴ分析です。

　ＳＷＯＴ分析とは, 下記に表されます。

・自社の強み（Strength）：目標達成に貢献する企業の特質

・弱み（Weakness）：目標達成の障害となる企業の特質

・市場の機会（Opportunity）：目標達成に貢献する外部の特質

・脅威（Threat）：目標達成の障害となる外部の特質

これらを調査し，各々の組合せで自社の採るべき戦略や施策を検討します。

区　分	強　み	弱　み
機　会	<積極攻勢> 機会を捉え，強みを活かすことにより，どのような事業展開を行うかを記載します。	<段階的施策> 弱みが原因で機会を逃さないために，どのような施策を実行するかを記載します。
脅　威	<差別化戦略> 強みを活かし，どのように脅威を回避していくかを記載します。	<防衛又は撤退> 弱みにより，脅威を回避できず最悪な状況に陥らないためにはどのような施策を実行するかを記載します。

⑷ 事業環境分析

　事業構造に着目し，利益の源泉や阻害要因を特定する分析手法です。利益をもたらしているものは何なのか，損失を拡大する原因は何なのかを経営戦略や生産設備，生産技術，広告戦略等を調査して，ビジネスモデルを分析します。

　具体的な分析手法として下記のものがあります。

● 5フォース分析

　5フォース分析は，事業の関係者，即ち①競合他社②売り手③買い手④新規参入者⑤代替品の5者の影響力を分析するものです。この分析により，事業の利益の源泉となる要因や逆に収益性を阻害する要因を抽出し，適切な施策を検討していきます。

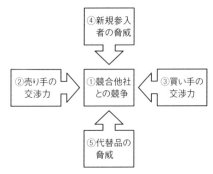

8. 内部環境分析

(1) 製品分析

　自社製品の売上高や利益率を分析し，各製品の製品ライフサイクル上のポジションを把握するための分析手法です。製品分析により，各製品の成長性や競争優位性を強化するための実施施策や製品構成の最適化を検討します。

●製品ライフサイクル

　製品が市場に投入されると，①導入期②成長期③成熟期④衰退期といったステージを経ながら製品の売上が変化していくことを示すものです。

ステージ	状　況	施　策
①導入期	製品が市場に登場したばかりの段階で，製品の知名度や売上高は低く，広告活動や研究開発のコストにより利益はマイナスの状態にあります。	この段階では，製品のブランド名や機能を知ってもらうために広告活動に力を注ぎ，早期にマーケットシェアを確保して量産体制を整えられるようにすることが重要となります。
②成長期	製品の知名度が高まり市場に浸透して売上高が急速に成長し，また，規模の経済性により製造コストが低下し利益も上昇する段階です。	市場に参入する企業も多いため，自社製品と競合製品との差別化ポイントを明確に顧客に伝え，自社製品の指名買いを促進するためのプロモーション活動が重要となります。また，量産体制を構築するなどコストダウン努力も必要となります。
③成熟期	需要が飽和状態に達して売上高が頭打ちになり，価格競争の激化などにより利益率が低下する段階です。	競争が激化して基本機能での差別化ができなくなるため，新機能の追加やサービス面での差別化による固定顧客の確保が重要となります。一方で，今後の市場の衰退も視野に入れて，新製品の開発を進めていく必要があります。
④衰退期	製品の需要が低下して売上高も利益も下降線をたどる段階です。	利益を確保できる生産性を維持しつつ，今後の市場の動向を見極めた上で市場からの撤退時期を検討します。

(2) 営業力分析

　自社の売上高の推移を予測，販売施策を立案するために，自社の営業活動や広告・販売促進活動，顧客の分析を行います。

① 営業活動分析

　営業部員の営業能力が今後どの程度向上するのか，営業部門が売上高に対してどの程度のコストをかけているのかということを分析します。営業能力の向上については，各営業部員の経験年数や過去の実績を踏まえて予測することが可能です。また，営業部門のコスト構造を把握するためには ABC（Activity Based Costing）分析が有効です。

② 広告・販売促進活動分析

　自社の行っている広告・販売促進活動が期待した効果を発揮するためには，どのような広告・販売促進活動が効果的であるかを分析することです。大企業であれば多額の資金を投入して大規模な広告・販売促進活動を行うことが可能ですが，中小企業では資金が限られているため，最も効果の期待できるところに集中的に配分する必要があります。

③ 顧客の分析

　自社製品の顧客数を増加させるために顧客の購買時の行動パターンを分析します。また，効果的な営業を行うために顧客別の販売実績を分析します。優良顧客を識別し，優良顧客に対してきめの細かいサービスを提供することで取引関係を強化し，収益基盤をより強固なものとすることが求められます。

> ### KEYWORD
>
> ▶ＡＢＣ分析：アクティビティ分析ともいわれている。組織におけるアクティ
> ビティ（活動）を識別し記述をする。即ち，ある部門でどのような活動が行われ
> ているか，そのような活動に何人の人が従事しているか，またどれぐらいの時間
> をかけているか，活動を実行するためにどのような資源が必要か，そして，活動
> は組織にとってどのような価値を持つかなどを，インタビュー，観察，記録の点
> 検等によって確認していく。これらの分析を原価計算やマネジメントに役立てて
> いく。

(3) 生産力分析

　自社の生産力の最適化に向けた施策を立案，実施するために，自社の生産能
力や生産性，さらには自社の保有する技術力を分析することをいいます。生産
工程全体の視点から改革を行うためのデータを分析します。そこで重要なのが
ベンチマーキングという考え方です。

① ベンチマーキング

　ベンチマーキングとは同じような業務や作業について，自社内や競合他社の
生産性や品質を比較し，どの程度改善すべきか，改善すべきポイントはどこか
を把握するための分析手法です。

　次の２つの視点に留意する必要があります。

全体最適の視点	各生産工程の品質，生産性，技術力を向上させることだけに目を奪われ，改革が部分最適に終わる恐れがあります。そうした事態を避けるために，常に全体最適の視点で改革を推進します。
外部化の視点	外部に自社よりも優れた生産能力を持つ事業者が存在するのであれば，アウトソーシングすることを視野に入れて改革を検討します。アウトソーシングすることで，品質，生産性，技術上の問題を解決することが可能な場合もあります。

② アウトソーシング

　アウトソーシングは内製化していた生産工程をより優れた生産能力を有する外部事業者に外注することをいいます。一般的に以下のような効果が期待できます。

　　・自社の全体的な生産能力の向上
　　・自社の全体的な生産コストの削減　等

　一方で，アウトソーシングを実施する際には，以下のようなリスクが発生しないかを十分に検討しておく必要があります。

　　・外注先の交渉力が強まり，期待した効果を享受できなくなること（突然の価格上昇や契約解除等）。
　　・技術やノウハウが消滅すること（再度内製化しようとしても技術やノウハウを再現できない等）。
　　・従業員を再配置できないこと（無理な他の生産工程への再配置による生産性の低下等）。

(4) 技術力分析

　効果的，効率的な研究開発投資を検討することを目的として，自社の保有する技術の優位性と自社にとっての当該技術の重要度を分析し評価することです。

　技術の優位性を評価するための項目には，次の3つがあります。

競合性	・当該技術を有する企業がどの程度存在しているか ・自社に比べ競合他社の技術力は高いか低いか，先行しているか遅れているか
新規性	・当該技術は従来の技術に対して連続的な技術か非連続的な技術か ・当該技術に関する特許を取得可能か
収益性	・当該技術を開発するのに必要な投資額はいくらか ・当該技術の市場価値はどのくらいか

　自社にとっての当該技術の重要度を評価するための項目には，次の3つがあります。

生　産	・当該技術はその製品の市場価値を決定付けるような影響力をもっているか ・当該技術による製品の機能や性能は向上する余地があるか
戦　略	・当該技術は企業のコアコンピタンスに密接に関連しているか ・当該技術は自社の他の技術とシナジーを生み出す余地があるか
事　業	・当該技術を軸とした事業展開におけるリスク，リターンはどの程度か ・当該技術を軸とした事業展開は他の事業とのシナジーを生み出す余地があるか

　以上のような技術評価の結果を基に，自社の技術ポートフォリオを作成します。この技術ポートフォリオにより，各技術に対する今後の投資方針を決定していきます。

9. 目標の設定，調整，決定

　外部環境分析，内部環境分析から明らかになった戦略課題を整理します。どのように改善を図っていくのかを項目別に目標を定め，調整，決定に至るプロセスです。

⑴ 作成のプロセス

　目標の作成プロセスを階層別に示すと下記のようになります。

	担　当	内　容
1	経営者	全社目標数値の設定
2	事務局（企画部又はプロジェクトチーム等）	各部門への目標の策定依頼 フォーマットを定型化しておきます
3	各部門	部門による作成

4	事務局（企画部又はプロジェクトチーム等）	全社目標数値と部門集計値との整合性のチェック
5	関係者	各部門とのすり合わせ
6	関係者	会社数値計画の最終検討

(2) 全社目標数値の設定

　全社目標数値を設定するにあたり，まずは利益目標が必要になります。この算出基準と算出方法の一例を示すと下記のようなものがあります。

算出基準	算出方法
過去の実績値	過去1〜5年程度の実績を参考に算出します
キャッシュ・フロー法	資金面より算出します
ROI，ROE，EVA	一定率又は金額を目標に掲げ，算出します
必要配当	一定率又は一定額の配当を実施するのに必要な利益から算出します
人員	人員×一人当たり売上高又は純利益をもとに算出します
業界見通し	業界平均値及び業界トップ企業の値を参考に算出します
競合企業	当面のライバル企業の値を参考に算出します

　これらの基準値から主要数値項目を決定します。過去の固定費や限界利益率を参考に売上高，営業利益等を算出するのが一般的です。

KEYWORD

▶**ＲＯＩ（return on investment）**：投資利益率。投資した資本に対して得られる利益の割合のこと。企業の資産や設備の収益性を測る指標である。一般的には下記算式で求める。

$$ROI = \frac{当期経常利益+減価償却費}{株主資本+有利子負債} \times 100$$

▶**ＲＯＥ（return on equity）**：株主資本利益率。株主の持分に対して得られる利益の割合のこと。企業収益性を示す指標で，長期的な企業のトレンドを示すという特徴がある。計算式の利益には，当期純利益を用いるのが一般的。

$$ROE = 当期純利益 \div 株主資本$$

▶**ＥＶＡ（economic value added）**：経済的付加価値。企業がどれだけ経済的付加価値を生み出したかを示す指標。投資家の期待収益を超える利益を測る指標をいう。

$$EVA = 税引後営業利益 － （投下資本額 \times 加重平均資本コスト）$$

▶**限界利益率**：限界利益を売上高で除した比率のこと。限界利益とは，売上高から変動費を控除した金額のこと。固定費を回収し利益を生み出す貢献額を示す。

(3) 個別計画の策定

　全社数値目標の設定を受けて，戦略の具体化，数値化を図っていきます。項目ごとに行動計画と数値化をしていきます。項目ごとの具体的数値は次のようになります。

項　目	具体的数値例
販売計画	商製品別売上，顧客別売上，セグメント別売上，必要に応じて数量も策定します
生産計画	製造原価（材料費，労務費，経費），仕入，必要に応じて数量も策定します
要員計画	人員，採用，人件費関係
設備計画	有形固定資産，減価償却費，投資等
資金計画	現預金，有価証券，借入金，社債，支払利息

① 販売計画

　どのような基本方針に基づき，どの市場をターゲットにするのか，対象ユーザーは誰か，どのようにアプローチするのかを検討します。販売ルート，売上比率，価格体系について，実現可能性を考慮にいれながら計画していきます。

【数値例】売上高計画

製品名	第5期 T1年3月期			第6期 T2年3月期			第7期 T3年3月期		
	数量	単価 （円）	売上高 （千円）	数量	単価 （円）	売上高 （千円）	数量	単価 （円）	売上高 （千円）
X-1	2,000	40,000	80,000	3,000	38,000	114,000	4,500	35,000	157,500
X-2	500	45,000	22,500	1,200	42,000	50,400	3,000	36,000	108,000
X-3				100	40,000	4,000	800	38,000	30,400
合計	2,500		102,500	4,300		168,400	8,300		295,900

販売計画の説明

　第5期は生産体制，販売体制とも下期より本格稼働する。現状の受注状況に基づき固めに計画している。
　第6期は新製品「X-3」を販売開始する予定である。
　第7期はコストダウン効果による販売価格の値下げが実現し，数量の増加を見込んでいる。この結果，売上のほぼ倍増を想定している。

② 生産計画

　製品の生産に関わる技術，設備，生産形態，外注状況等を検討します。そして，製品ごとに，生産数量・製品原価の計画を作成します。在庫や仕入，販売との整合性がとられていることが大事です。

【数値例】製造原価計画

製品名	第5期 T1年3月期			第6期 T2年3月期			第7期 T3年3月期		
	数量	単価 (円)	原価 (千円)	数量	単価 (円)	原価 (千円)	数量	単価 (円)	原価 (千円)
X−1	2,200	20,000	44,000	3,300	20,000	66,000	5,000	16,000	80,000
X−2	550	28,000	15,400	1,500	25,000	37,500	3,000	24,000	72,000
X−3				200	30,000	6,000	1,000	28,000	28,000
合計	2,750		59,400	5,000		109,500	9,000		180,000

生産計画の説明

> 量産化に向け製造コスト削減を実施している。3年間で約20%のコストダウンを
> 図ることを目標としている。具体的施策は次のとおりである。
> ・製品間での部品や材質の共通化
> ・オートメーション化による労務費の削減

③ 要員計画

　人員面から事業計画の具体性及び実現可能性を検討します。具体的には，以下のような手順が考えられます。

(a) 人別に個別に積み上げて各年度の人件費を見積もります。

(b) 正社員については，職種別に給与の年平均単価を見積もり，それに人員数をかけて人件費を算出します。

(c) パート等の場合は，各人ごとの「勤務時間×時給」を積み上げた給与総額を，人員数で割り返すことにより年平均単価を計算します。

【数値例】 人員計画・人件費計画　　　　　　　　　　　　　　　　　（単位：千円）

職　種	第5期 T1年3月期			第6期 T2年3月期			第7期 T3年3月期		
	数	単　価	人件費	数	単　価	人件費	数	単　価	人件費
役員	3	8,000	24,000	3	8,000	24,000	4	8,000	32,000
販売員	3	3,000	9,000	4	4,400	17,600	5	4,800	24,000
企画	1	5,000	5,000	1	5,500	5,500	1	5,800	5,800
管理	1	4,000	4,000	1	4,500	4,500	2	5,000	10,000
経費計	8		42,000	9		51,600	12		71,800
技術	1	5,500	5,500	1	5,500	5,500	2	5,500	11,000
監督	1	5,000	5,000	1	5,000	5,000	2	5,500	11,000
工員	5	3,000	15,000	7	3,300	23,100	5	3,500	17,500
原価計	7		25,500	9		33,600	9		39,500

④ 設備計画

　設備計画とは，店舗等の土地・建物，工場の機械設備，事務所賃借に際しての敷金・保証金等の固定資産等に対して資金を投下することをいいます。また，固定資産等に対して投下する資金の調達方法についても検討していきます。そして，費用化としての減価償却費予定額を算定します。

【数値例】 設備投資スケジュール　　　　　　　　　　　　　　　　　（単位：千円）

物件名		第5期 T1年3月期	第6期 T2年3月期	第7期 T3年3月期
（購入・支出） X-3製造装置 X製品新機械			5,000	10,000
購入合計			5,000	10,000
（リース等） OA機器		200	200	300
リース等合計		200	200	300
減価償却費予定額		1,700	1,400	3,500
（内訳）	原　価	1,200	900	3,000
	販管費	500	500	500

⑤ 資金計画

資金計画の策定にあたっては，資金のショートがおきないようにすることが大切です。具体的な策定方法については，下巻「28.資金管理」参照。

10. 予算編成

中長期計画作成後，チェックを行い問題がなければ予算編成に移ります。予算編成については，「13.年次予算管理」で記述します。

●チェックに際しての留意点

⑴ 自社の現状を客観的に捉えているかどうか

収益性，安全性等の財務数値を算出し，競合他社等と比較し，推移に問題はないか。また，過去の業績等から現在の自社の経営構造，管理体制からみて異常はないかどうか。

⑵ 今後の成功要因を明らかにしているかどうか

自社の選ぶべき事業分野の設定に誤りはなかったか，その事業分野での成功要因に照らして計画に無理はないか。

⑶ 阻害要因をクリアするために課題が明確になっているか

阻害要因となりうる事項に対して，それをクリアするための課題を把握し対策等を練っているか。

⑷ 計画推進のための管理体制は明確になっているか

中長期計画を確実に実行に移すための責任者，報告形態等の監視，管理体制が明確になっているか。

11. 中長期計画策定，実施上の弊害要因

中長期計画の作成において，下記の弊害要因があります。

(1) 見通し，予測の不確実性

中長期計画はあくまでも予測です。見通し誤り，予測不能事項の発生により経営状況に激変が生じた場合は予定通りにいきません。

(2) 情報や資料の入手不足

情報や資料の入手不足があった場合，計画にズレが生じる可能性があります。また，情報や資料の入手には時間やコストがかかる問題もあります。

(3) 必要性の認識不足

中長期計画作成の必要性を認識していない部門が存在すると，安易なものしか作成されなかったり，実行力が伴わず計画自体を否定される可能性があります。

◆ 会計上のポイント

1. 原価計算への影響

中長期計画は当該計画から導き出される予算を通じて，原価計算に影響を与えます。原価計算において，標準原価計算といった予算をベースに計算を行う方法があります。この計算のベースとして中長期計画が影響を与えます。

2. 税効果会計への影響

税効果会計において繰延税金資産の回収可能性が論点としてあります。この回収可能性の判定において，スケジューリングを行う場合，中長期計画と整合がとれていなければなりません。不整合があれば，スケジューリングの妥当性が疑われ，税効果会計に影響を与えます（詳細は，「14. 税効果会計業務」参照）。

3. 継続企業の前提に関する注記への影響

継続企業の前提に関する事項の注記を行う場合，中長期計画がベースとなっ

て記載を行うケースがあります。中長期計画は注記の記載内容に影響を与え，投資家の意思決定にも影響を及ぼします。

4. 会計上の見積りに関する注記への影響

　財務諸表を作成する過程で，計上する項目の金額を算出するにあたり会計上の見積りが必要になるものがあります。この会計上の見積り内容について，財務諸表利用者の理解に資する情報を開示する目的として，開示項目として識別されたものは注記されます。見積りを中長期計画に基づいた仮定を用いて算出することがあり，注記内容に影響を与えます。具体的には，固定資産の減損において，将来キャッシュ・フローの見積りを中長期計画に基づいて行っている旨を記載するケース等があげられます。

 ズバリ，ここが実務ポイント！

▶経営者，各部門との連携が大事。コミュニケーションを大事にする。

▶重要な目標については，必要な経営資源を投下する。

13. 年次予算管理

　予算とは，通常1年間における企業の具体的な目標を，数値を中心に表現したものです。企業の経営理念等に基づいて作成された中長期計画をより短期に，かつ各業務に落とし込んで作成されます。

　予算管理は，設定した予算達成に向けて，企業の業務や活動を統制する管理手法のことです。企業が成長，発展するための第1歩として予算管理は行われます。この予算管理も中長期計画と同様に，下記のステップを踏みます。

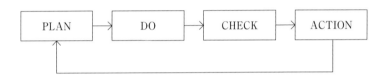

　予算を策定し（PLAN），業務を実施し（DO），管理を行い（CHECK），予算と実績の差異を分析，解決します（ACTION）。また，状況の変化に合わせて，適時修正を行い，さらに翌期の予算にもフィードバックしていきます。

◆ 業務の流れ

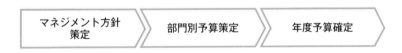

1. マネジメント方針策定

　まずは，マネジメントから各部門への目標売上高，目標利益等が示達されます。この示達は，中長期計画をベースとしてなされます。従って，策定根拠となる経済環境や市場動向を中長期計画と照らし合わせながら確認し，予算編成部署（一般的には，企画部又は経理部等）は，各部門に通知，説明することにな

ります。この場合，策定のスケジュールも明確にする必要があります。

2. 部門別予算策定

　次に，各部門において予算を策定します。予算作成においては，実現可能性を加味しつつ，項目ごとに作成していきます。主な項目には，売上予算，製造原価予算，設備投資予算，資金予算等があります。項目が部門をまたぐこともありますので，関係部門との調整も必要になります。また，予算編成部署は作成に関する指導やサポートを行い，適切な予算が作成できるように努めます。

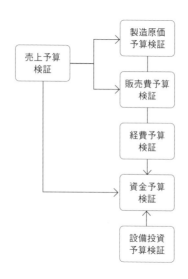

3. 年次予算確定

　この段階では，各部門から提出された予算をとりまとめ，総合予算を確定していきます。これにより全社としての予算が組まれます。予算編成部署が中心となって行いますが，とりまとめにおいては中長期計画との整合性や部門間の整合性等に留意します。必要があれば，適宜修正をしていきます。関係者との調整が済んだら，経営者層の承認を取ります。こうして確定した予算は，各部門，従業員に通知，説明されます。この通知，説明が適正に浸透しないと，実行がおぼつかないこともありますので，周知徹底することが大事です。

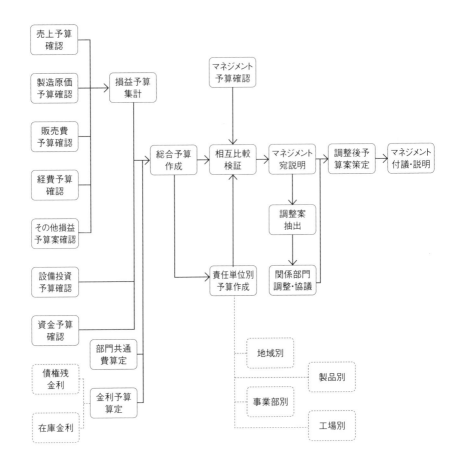

◆ 予算管理のポイント

1. 意　義

　中長期計画を作成しただけでは不十分であり，この実行の裏付けとして予算が必要になります。具体的には下記の意義が挙げられます。

(1) 目標設定

　中長期計画で掲げられる目標は少なくとも３年から５年にわたるものです。予算においては，通常向こう１年間の短期間の目標を掲げます。これにより，

より具体的な目標設定が可能となります。業績目標達成のための，第1歩となるものです。

(2) 経営管理

　より具体化された予算により，目標数値が明確化されます。この予算値をもとに企業として全社コントロールが有効に行えるようになります。即ち，進捗管理，予算と実績との比較を通じて統制ができるようになります。また，中長期計画と同様，予算を通じて，経営者と従業員，従業員同士のコミュニケーションを引き出すこともでき，社内のモチベーションアップにつながります。

2. 作成の流れ

1	予算編成方針
2	各予算項目の設定，調整，決定
3	総合予算策定
4	実施へ
5	予算と実績の差異分析
6	対策の検討

3. 設定方式

予算の設定方式には下記の3つがあります。

方　式	内　容	メリット	デメリット
トップダウン方式	経営者の意思を反映させる方式です。即ち,トップ・マネジメントの設定した利益目標に基づいて,ライン末端の具体的な目標まで分解するものです。	・意思決定と予算策定がほぼ同時に行われるため,迅速な予算設定が行えます。 ・経営者からブレイクダウンされるため,全体として有機的な予算設定となり得ます。	・現実と乖離した理想論の予算設定になるおそれがあります。 ・一般従業員の意思が反映されず,押し付けられた予算になり,動機付けが難しくなる可能性があります。
ボトムアップ方式	予算を実行する従業員の意思を反映させる方式です。即ち,下からの積上げを行い,全社予算として統合するものです。	・現場を知る担当者から設定されるため,実現可能性のある予算設定が行えます。 ・従業員の意思を反映した予算となるため,実行に際し,従業員のモチベーションが高まります。	・下からの積上げを行うため,予算設定までに時間がかかるおそれがあります。 ・従業員の過去の経験に基づいた予算設定となり,目的志向が薄くなりがちで,容易な数字の積上げになる可能性があります。 ・統合作業がうまくなされないと,全体のバランスを欠いたものになりがちです。
折衷方式	上記の両方を組み合わせた方式です。即ち,経営者の意思を予算方針とし,その方針に基づき,各部門が予算を策定,統合していきます。	・経営者と各部門との意思が反映され,バランスの良い予算設定となります。	・予算方針を各部門に示達し,下から吸い上げ統合するため,予算設定までに時間がかかるおそれがあります。 ・経営者と部門又は各部門間の調整がうまくいかないと摩擦を生み出す原因となり得ます。

4. 予算編成担当

　予算編成に関して，とりまとめや調整を行う実働部隊としては，企画部又は経理部等が行うことになります。予算は数値面が中心となるため，計数を扱う部門が中心とならざるを得ません。

　トップマネジメントに予算編成方針決定のための情報を提供し，その予算編成方針の指示に基づいて，各部門に予算作成を依頼し，ライン部門から集まった予算の調整を行います。

　そして，予算が実行された場合には，予算と実績の差異分析を行い，マネジメントに報告します。

5. 予算期間

　予算期間は予算編成の意義に照らして企業の実状に応じて定めます。通常は，1年とします。年度の決算との比較や作成頻度，手間を考慮して1年にしているところが多いようです。最近は，予算管理制度の普及やITの発達により，半期予算，四半期予算，月次予算を定めているところもあります。

6. 予算の単位

　どの部門まで予算編成を行うかが問題となることがあります。予算の単位は管理をどこまで行うかによります。即ち，目標値を設定し，この実行を管理したい単位，予算統制したい単位で設けることになります。具体的には，部や課，プロジェクト，物件，勘定科目などが挙げられます。

7. 中長期計画との関係

　年次予算は，中長期計画をより具現化したもの，詳細化したものになります。即ち，中長期計画を実行計画として落とし込まれたものになります。予算の設定においては，中長期計画と整合性がとれていなければなりません。両者の特徴については，「12.中長期計画管理」参照。

8. 予算の体系

　予算体系は，企業の予算設定の意義や実状によって異なります。一例を示すと下記のようになります。

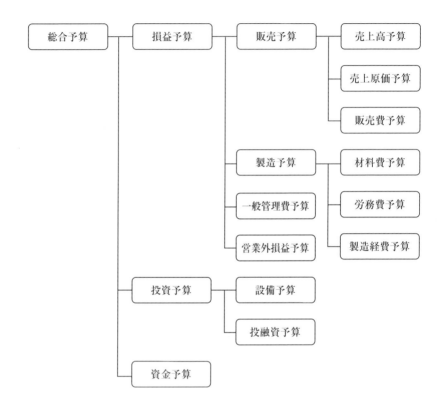

9. 販売予算

⑴ 売上高予算

　売上高予算の内容は，ある程度中長期計画の販売計画の中で詳細に決定されているケースが多く，各部門から積み上げられた商製品別，相手先別等の売上高計画を作成します。構成要素として，販売数量，販売単価に分けて作成していきます。経済状況，競合他社の動向等を加味しながら，過年度からの推移を考慮した上で作成します。当年度に特殊要因があればこれも反映させます。月次ベースを作成して年間売上を算出する方法も有効です。この場合は，季節的

変動要因も考慮します。

⑵ 売上原価予算

　売上原価予算は,売上高予算との対応関係がポイントになります。商製品別,相手先別売上原価予算を作成することになります。また,売上原価予算も販売数量と原価単価に分けて作成する場合は,販売数量が売上原価と整合していなければなりません。販売単価と一定の比率関係があるならば,原価率を用いた算出方法もあります。売上原価予算が売上高予算を上回るような,いわゆる赤字予算になったり,金額の内訳の根拠があいまいにならないよう注意します。

⑶ 販売費予算

　販売費のうち,発送費,梱包費等,売上高と比例的関係にあるものが主な対象となります。販売費予算も売上高予算との対応関係に留意します。販売数量が増加する場合は通常発送費も増加しますので,整合性が保たれていることが大事です。

　また,広告宣伝費等,売上高とは必ずしも連動しない費用も販売費予算には含まれます。この場合は,販売計画や過去の支出のトレンドを考慮して商製品別など積上げ計算を行っていきます。企業によっては広告宣伝費を売上高の何％というように売上比率で予算を組んでいるケースもあります。

10. 製造予算

　中長期計画の生産計画を踏まえて,製品別生産予定数量を考慮して予算を設定することになります。また,コストダウン施策等も予定しているならば,これらの事象も反映させます。

⑴ 材料費予算

　生産計画に沿った製品別生産予定数量との整合性がポイントになります。また,生産予定数量は,販売数量を参考に作成されていますので,売上高予算と

の対応関係にも気を付けます。材料の種類ごとに，仕入数量，仕入単価に分けて算出していきます。販売数量の伸びに対して，材料の仕入数量が多い場合は，在庫となって期末に残ります。期首，期末の在庫を考慮に入れ，売上高予算を参考に，適正な在庫回転率や在高を反映させることが大事です。材料費予算を組む際，過年度の推移を踏まえて，歩留率も見込むことが必要です。

(2) 労務費予算

　労務費予算は，技術者，監督者，工員といった職種による分類，正社員，パートといった雇用形態による分類に分けて予算を設定します。正社員のように生産量に関係なく固定費として発生するものは，一人当たり年平均給与額と人数とに分けて，両者の積として予算化します。他方，パートといった生産量や作業時間に応じて変動費として発生するものは，「勤務時間×時給」を積み上げた給与総額を人員数で割り返すことにより年平均単価を計算し，これに人数を掛けて算出します。あるいは，作業時間当たりの賃金額が分かっているならば，これに作業時間を掛けて求めることもあります。発生態様に応じた構成要素を設定し，予算を算出します。また，一人当たり年平均給与額は，定期昇給等のベースアップを考慮します。なお，個人別に積上げ計算して，この集計による予算の算出方法もあります。

(3) 製造経費予算

　まず，外注加工費は，材料費予算と同様に，生産予定数量に比例して発生します。売上高に対する外注加工費率を用いるなどして予算を求めます。売上高予算との整合性がポイントです。

　次に，外注加工費以外の経費は，変動費と固定費に分けます。動力費や燃料費など**操業度**に応じて比例的に発生するものは，科目ごとに変動費率をもとに計算します。変動費率は，経済環境や過年度からの推移を考慮した上で設定します。また，減価償却費や賃借料などの操業度に関係なく発生する固定費は，各々の経費の性格に応じて，予算を作成します。例えば，減価償却費は，ほぼ

毎期一定の金額が発生します。新規取得や売却等を加減算して予算を求めます。設備計画との整合性が大事です。

> **KEYWORD**
>
> ▶**操業度：** 生産設備能力の利用度ないしは稼働の程度をいう。機械設備の稼働時間や直接作業時間，生産量等が一般的に用いられる。

11. 一般管理費予算

人件費に関しては，基本的に固定費として取り扱います。一人当たり年平均給与額と人数とに分けて，両者の積として予算化します。一人当たり年平均給与額は，定期昇給などのベースアップを考慮します。また，個人別に積上げ計算する方法もあります。中長期計画の要員計画によっては，必要人数が足らないというケースもあり得ます。その場合は，採用活動に伴う費用，教育費，異動，配置換えによる費用等も見込みます。

人件費以外の経費については，こちらも固定費的に発生するものが多く，科目ごとに過年度の状況を斟酌して予算を算出します。なお，過年度のトレンドに基づいて算出すると保守的になり経費を多めに計上する傾向があります。総額経費の枠を各部門に割り当てて，経費削減に向けた予算化も必要です。

12. 営業外損益予算

(1) 事業関係収益

仕入割引や雑収入等，事業関係の収益については，販売計画等の関連計画との整合性や過年度の傾向を踏まえて，予算を作成します。

(2) 金融関係収益

受取利息や受取配当金等は，中長期計画の資金計画や見積貸借対照表を参考に，予想金利，予想配当率等に基づいて算出します。

(3) 金融関係費用

　支払利息等は，金融関係収益と同様に，中長期計画の資金計画や見積貸借対照表を参考に予想金利等に基づいて算出します。なお，長期借入金の場合で，固定金利の場合は，あらかじめ発生額が確定しているという特徴もあります。ただし，資金計画によっては繰上返済等もありえますので，整合性に注意します。

(4) 金融関係以外の費用

　過年度の発生状況を参考に，科目別に予算を求めます。

13. 投資予算

(1) 設備予算

　中長期計画の設備計画を落とし込んだ形で作成します。大規模な設備投資については，設備計画に従った新規設備購入額等を反映させます。小規模な設備投資は設備計画に織り込まれていないこともありますので，過年度の傾向を踏まえて，各部門の実状にあわせて必要額を計上します。

(2) 投融資予算

　投融資予算も中長期計画の資金計画等関連計画に沿った形で作成します。基本的には中長期計画で織り込み済みの案件がほとんどですので，予算の計上漏れに気を付けて作成します。

14. 資金予算

　資金の収入，支出を予算として編成します。これは，損益予算や設備予算，投融資予算の各科目金額の結果として求められることが多いです。資金ショートを起こさずに，必要な運転資金及び投資資金をどのようにして確保するかといった資金調達方法も検討します。大型の設備投資が予定されている場合はその資金調達を金融機関からの借入にするのか，社債の発行にするのか，増資による直接調達にするのかの判断が必要になります。会計的な発想とは別の最適

な事業ポートフォリオの検討が必要です。

　また，財務体質の目標値を設けて，資金予算を作成することも必要です。即ち，**自己資本比率**，**流動比率**，**固定長期適合比率**など企業の財務をいかに目標値に近づけるかを予算編成の中で検討します。企業の安全性を確保するため，予算統制の要になります。

KEYWORD

▶**自己資本比率**：総資産に占める自己資本の割合を示す指標。安全性分析の一指標。

自己資本比率（％）＝自己資本÷総資産×１００

▶**流動比率**：流動資産に対する流動負債の割合を示す指標。この比率が高いほど短期的な資金に余裕があるといわれる。一般的には２００％が理想とされている。

流動比率（％）＝流動資産÷流動負債×１００

▶**固定長期適合比率**：固定資産が，どの程度自己資本と長期の借入金で賄われるかを示す指標。

固定長期適合比率（％）＝固定資産÷（自己資本＋固定負債）×１００

---

15. 総合予算

　各部門が作成した各予算を統合して，全社としての**総合予算**を作成します。ポイントは，全社の意向と部門の意向との最適点で総合予算を組むことです。部門にとっては最適でも，全社としてみればそれは部分最適になっているだけかも知れません。全体最適となる予算を作成します。そのためには，予算編成部署が中心となって，経営者層と部門及び各部門間の調整を行う必要があります。予算間の矛盾の解消，実現可能性への精度の向上，企業の成長に向けた施策が盛り込まれているかどうかを詰めていきます。

16. 予算の見直し

　予算を設定したら絶対的にこの予算に沿って実施しなければならないというものではありません。予算管理において，その目的の達成のために必要があれば適宜見直しを行います。予算設定の前提条件が変化したら実績と比較する意味がありません。実績が目標に達しないから予算を変更するのは論外ですが，弾力的に運用することが大事です。

17. 予算の進捗管理

　予算を策定したら管理を行う必要があります。管理は事後的だけではなく，タイムリーに行うことが大切です。誤った方向に行ってから軌道修正しても遅いことがあります。業績結果だけでなく，企業が成長するためのレベルアップを目指します。

⑴ 日常の管理

　主として，各部門の管理者が日常的に行っていくことになります。管理者が部下の達成状況の把握，途中経過の報告，指導，サポートを通じて管理していきます。この手法について管理者の能力に任せるのではなく，組織としてルール等を設けます。具体的には，諸規程やマニュアルが効果的に働きます。

⑵ 月次の管理

　予算統制の中心となり得るのがこの月次管理です。月次管理は，前月の実績データや前年同月の実績データも加味しながら，予算を基準として実績との差異を分析します。経営者層や各部門長がその役割を担います。具体的には，月次での会議，個別ヒアリング等を通じて業務の進捗を管理します。

　差異の内容によっては，業務の改善を行います。各部門に情報をフィードバックし，改善策を練っていきます。

(3) 半期の管理

　半期(6カ月)は経済環境の予測違いや業務の進行状況の遅れを把握しやすく，予算の見直し等の軌道修正が行いやすいタイミングであります。目標と実績との乖離が大きくなった場合，未達成部分を下期にまわし，業績を回復させるには困難な状況があります。目標の達成意欲が減退し，モチベーションが低くなるケースもあります。通年での目標達成をするために，期の途中で適宜予算の進捗状況を把握し，通期の着地見込みを考慮しながら予算管理を行っていくことが重要です。

(4) 予算責任者の明確化

　進捗管理を行うにしても，予算責任者がいなければ実効性が伴いません。予算管理単位ごとに，予算管理責任者を定めます。責任者には，目標達成に必要な権限も付与します。明確化により，管理者及びその部下に対して，目標達成のための動機付けを行うことができます。目標達成のためには最終的に個々人の評価と結びつかねば意味がありません。個々人の責任を明確化しモチベーションを上げる方法として目標管理制度にコミットメントを取り入れることが考えられます。この制度を導入するにあたって注意しなければならないことは①個人の目標達成が評価基準になってしまい，何のための目標設定か忘れられてしまうこと，②コミットメントは経営者自ら目標設定をし，それを組織内で開示すること，が重要です。

18. 予算と実績の差異分析

　予算と実績の差異分析は，予算統制に必須の行為です。差異には有利に働いた場合と不利に働いた場合があります。いずれにおいてもその差異理由を把握する必要があります。有利な差異でも偶然的要素によって生じた場合があり，業務の努力の成果でないことがあるからです。不利な差異の場合は，この差異を埋めるための改善策を検討します。差異分析はこのように企業の業務改善だけに役立つだけでなく，次のような効果もあります。管理者の業績評価に役立

ちます。予算未達の場合の責任を明確にし，業績評価に結び付きます。さらに，分析結果によって，翌年度において重点的に取り組むべきものがあれば，翌年度の予算に反映していきます。経理・財務部門はマネジメントに対し，月次の予実分析報告をもって「こと足れり」としないことです。重要なことは足元の業績がどうなのか，四半期（又は上半期）の着地見込がどうなのか，未達であれば何が原因なのかを把握し，目標達成のためには何をすべきなのか冷静な財務データを最高意思決定機関に報告し，マネジメントが議論するバックアップデータを提供することです。

Column 14 ローリング・フォーキャスト（Rolling Forecast）

通常予算は1年に1回，膨大な時間を費やして策定されるが，近年のように経営環境が激変する世の中では，苦労して策定した予算もすぐに陳腐化してしまう。そこで，予算に縛られず，定期的にフォーキャスト（業績予測）の精度をあげてこれを予算の代わりにコントロールしていくという，**ローリング・フォーキャスト**を採用している企業が外資系企業中心にみられる。

主に四半期ごとにフォーキャストを行い，より実態に応じた情報を反映させていくというもので，柔軟性があり，経営環境の変化に対応できるというメリットがある。これを継続的に行っていくことで，1年という会計期間に縛られず，より継続的な事業コントロールが可能となる。外資系の経理・財務部門では，フォーキャストを重視し，FP&A（Financial Planning & Analysis）という専門の部門まで置いている。

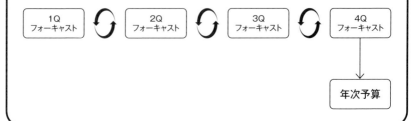

◆ 会計上のポイント

1. 原価計算への影響

　予算管理は，原価計算に影響を与えます。原価計算において，標準原価計算といった予算をベースに計算を行う方法があります。適切な予算設定が行われていないと，原価計算の目的が達せられないおそれがあります（詳細は，「6. 原価管理」参照）。

2. 業績修正に与える影響

　上場会社の場合，決算短信発表時に翌期の売上高及び純利益の予測データを開示します。その後，売上高においては10％，利益水準においては30％等の乖離が発生すると思われる場合，業績修正を発表しなければなりません。いつ，何を，どのように発表するかは経営上，重要な判断になります。社内基準を設け，一定の手続を踏み，予算管理部門の統制のもと，インサイダー取引等の特定の開示にならないよう実施しなければなりません。

 ズバリ，ここが実務ポイント！

▶中長期計画との整合性をとって作成することが大事。

▶予算と実績との差異分析が経営に生かされる。

14. 税効果会計業務

　損益計算書では，税引前当期純利益から税法に基づいて算定された当期の法人税，住民税及び事業税（以下「法人税等」といいます）を控除して当期純利益が計算されます。

　法人税等の金額は，企業会計上の「利益」ではなく，税務上の「所得」（以下「課税所得」といいます）を基礎として算出されます。

　企業会計上の「利益」は「収益」から「費用」を差し引き，「課税所得」は「益金」から「損金」を差し引いて求めることになりますが，企業会計と課税所得計算ではその目的が異なることから，この「収益・費用」と「益金・損金」は認識時点や資産又は負債の定義が相違します。

　このため，課税所得を基礎に計算された法人税等の額が，企業会計上求められた税引前当期純利益と対応しなくなるという問題が生じます。

　このような法人税等と税引前当期純利益との期間対応のずれを修正し，両者を合理的に期間対応させる会計手法が「**税効果会計**」です。

　なお，税効果会計は中小会計要領においては特に触れられておりません。

【「収益・費用」と「益金・損金」の差異】

例：税率を 30% と仮定

損益計算書（税効果会計適用前）

税引前当期純利益	2,000	（企業会計上の利益）
法人税等	△ 900	（法人税法上の税額）
当期純利益	1,100	⇒ 2,000×（1 − 30%）と一致しない
		⇒ 業績評価の指標とならない

損益計算書（税効果会計適用後）

税引前当期純利益	2,000	（企業会計上の利益）
法人税等	△ 900	（法人税法上の税額）
法人税等調整額	300	（税効果会計適用）
当期純利益	1,400	⇒ 2,000×（1 − 30%）と一致
		⇒ 業績評価の指標となる

◆ 業務の流れ

1. 一時差異算定

　税効果の対象となる**一時差異**を把握し，**将来減算一時差異**と**将来加算一時差**異を抽出した後，一時差異額を確定します。

KEYWORD

▶**一時差異**：会計上の「資産」「負債」と，税務上の「資産」「負債」の認識時点の違いのこと。一時差異は解消されるまで，会計上の資産及び負債と税法上の資産及び負債との差額として蓄積され，この一時差異が税効果会計の適用対象となる。一時差異には「将来減算一時差異」と「将来加算一時差異」がある。

　ちなみに，税務上の繰越欠損金等は，将来減算一時差異と同じ効果があり，税効果の対象となるが，会計上と税務上の認識時点の違いの定義とは異なるものであるため，一時差異とはいわず，「一時差異に準ずるもの」と扱われる。「一時差異」と「一時差異に準ずるもの」を合わせて「一時差異等」という。

▶**将来減算一時差異**：解消するときに，その期の課税所得を減額する効果をもつ
一時差異のこと。

▶**将来加算一時差異**：解消するときに，その期の課税所得を増額する効果をもつ
一時差異のこと。

▶**永久差異**：「一時差異」に対して「永久差異」というものがある。永久差異と
は，会計の考える収益費用の概念と税法の考える益金損金の概念が異なることに
より，会計上費用又は収益として計上されても，課税所得の計算上永久に損金又
は益金に算入されない項目のこと。税効果会計は法人税等と税引前当期純利益と
の期間対応のずれを修正し，両者を合理的に期間対応させる会計手法になるため，
永久差異のように差異が永久に解消されないものについては税効果会計の対象に
はならない。

2. 繰延税金資産・負債計上

(1) 繰延税金資産

　将来減算一時差異額の確認後，将来回収が行われると予想される期の税率に
基づいて法定実効税率を算定し，一時差異額に乗じて**繰延税金資産**を計上しま
す。

(2) 繰延税金負債

　将来加算一時差異額の確認後，将来支払が行われると予想される期の税率に
基づいて法定実効税率を算定し，一時差異額に乗じて**繰延税金負債**を計上しま
す。

KEYWORD

▶繰延税金資産：将来支払うべき法人税等を減額する効果をもつ一時差異等（将来減算一時差異等）に対して計上される資産のこと。税務上の税額計算には含まれているが，会計上の税金費用の計算上翌期以降の期に帰属すると認められるため，会計上は前払税金としての性格を有し，資産計上される。なお，繰延税金資産は，将来の課税所得を減額する効果を有する範囲においてのみ計上が認められ，その資産性について毎期見直しを行う必要がある。

▶繰延税金負債：将来の法人税額を増額させる効果をもつ一時差異（将来加算一時差異）に対して計上される負債のこと。税務上の税額計算には含まれていないが，会計上の税金費用の計算上当期に帰属するものと考えられるため，会計上は未払税金としての性格を有し，負債計上される。

▶法定実効税率：繰延税金資産・負債の金額を計算する場合に使う税率のこと。「法定税率」は会社が所在する国・地域の法律で定められている税率のこと。「実効税率」は納税者が実際に負担する税額の課税標準に対する割合のこと。つまり法定実効税率とは，法律により定められている税率をもとに計算された，課税標準に対する税額の負担率のこと。

（法定実効税率の算式）

$$\frac{\text{法人税率}\times\left(1+\text{住民税率}+\frac{\text{地方法人}}{\text{税率}}\right)+\text{事業税率}+\frac{\text{事業税}}{\text{標準税率}}\times\frac{\text{特別法人}}{\text{事業税率}}}{1+\text{事業税率}+\frac{\text{事業税}}{\text{標準税率}}\times\frac{\text{特別法人事業}}{\text{税率}}}$$

[参考：法定実効税率（東京都の税率）]

資本金	法定実効税率
1億円以下	34.59%
1億円超	30.62%

◆ 会計上のポイント

1. 税効果会計の対象となる税金

　利益（所得）に関連する金額を課税標準とする税金が対象となります。主なものを挙げると次のとおりです。

税　目		P/L	対　象
法人税		法人税，住民税及び事業税	○
地方法人税		法人税，住民税及び事業税	○
住民税	法人税割	法人税，住民税及び事業税	○
	均等割	法人税，住民税及び事業税	×
事業税	所得割	法人税，住民税及び事業税	○
	付加価値割	販売費及び一般管理費	×
	資本割	販売費及び一般管理費	×
特別法人事業税		法人税，住民税及び事業税	○
消費税		販売費及び一般管理費	×
固定資産税（償却資産税を含む）		販売費及び一般管理費	×
事業所税		販売費及び一般管理費	×
延滞税等		法人税，住民税及び事業税	×

2. 繰延税金資産が計上される場合の調整の流れ

【設　例】

・X1期に会計上計上した費用100が税務上損金として認められず，税務上は次期のX2期に税務上の損金となるものと認められた。

・会計上X1期，X2期とも200の利益が発生。法定実効税率は30％とする。

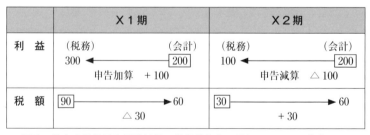

	X1期	X2期
利　益	（税務）　　　　　（会計） 300 ◄──── 200 申告加算　＋100	（税務）　　　　　（会計） 100 ◄──── 200 申告減算　△100
税　額	90 ───► 60 △30	30 ───► 60 ＋30

※ □ の数字は税効果会計適用前の損益計算書に計上されている数字

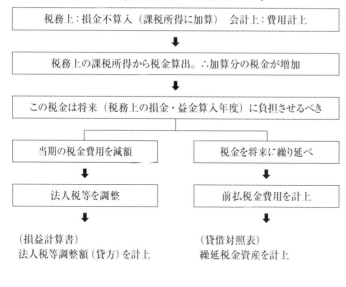

【税効果会計の考え方のフロー】

税務上：損金不算入（課税所得に加算）　会計上：費用計上

↓

税務上の課税所得から税金算出。∴加算分の税金が増加

↓

この税金は将来（税務上の損金・益金算入年度）に負担させるべき

| 当期の税金費用を減額 | 税金を将来に繰り延べ |

↓ ↓

| 法人税等を調整 | 前払税金費用を計上 |

↓ ↓

（損益計算書）
法人税等調整額（貸方）を計上

（貸借対照表）
繰延税金資産を計上

【税効果会計の仕訳】

（X1期：差異の発生期）

| （借）繰延税金資産　　30　　（貸）法人税等調整額　　30 |

　X1期において税務上費用として認められなかった100に相当する税額30は，X2期について税務上費用（損金）とされることとなるため，X1期においてその分が翌期の税金減少に寄与するという意味で，繰延税金資産という資産に計上されます。

（X2期：差異の解消期）

| （借）法人税等調整額　　30　　（貸）繰延税金資産　　30 |

　X2期においてはその年に損金として認められ，不一致が解消しますので，X1期に計上した税金資産を取り崩し，会計上はニュートラル（損益の影響なし）として取り扱うことになります。

【損益計算書の表示】

	X1期	X2期
税引前当期純利益	200	200
法人税, 住民税及び事業税	90	30
法人税等調整額	△30	30
差引（又は計）	60	60
当期純利益	140	140

3. 繰延税金負債が計上される場合の調整の流れ

【設　例】

・X1期に税務上損金算入した300については会計上費用として認められず，この300については会計上次期のX2期からX4期までの3期にわたって100ずつ費用計上している。

・会計上毎期500の利益が発生。法定実効税率は30％とする。

	X1期	X2期
利　益	（税務）　　　　　　（会計） 200 ◀ ─────── 500 　　申告減算　△300	（税務）　　　　　　（会計） 600 ◀ ─────── 500 　　申告加算　＋100
税　額	60 ──────▶ 150 　　　＋90	180 ──────▶ 150 　　　△30

※ □の数字は税効果会計適用前の損益計算書に計上されている数字

※ X3期，X4期もX2期と同様の調整となる。

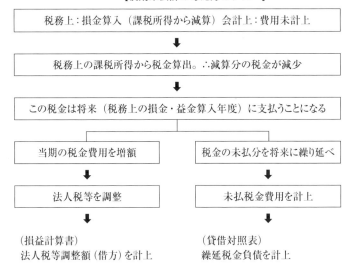

【税効果会計の考え方のフロー】

税務上：損金算入（課税所得から減算）会計上：費用未計上

⬇

税務上の課税所得から税金算出。∴減算分の税金が減少

⬇

この税金は将来（税務上の損金・益金算入年度）に支払うことになる

| 当期の税金費用を増額 | 税金の未払分を将来に繰り延べ |

⬇ ⬇

| 法人税等を調整 | 未払税金費用を計上 |

⬇ ⬇

（損益計算書）　　　　　　　　（貸借対照表）
法人税等調整額（借方）を計上　繰延税金負債を計上

【税効果会計の仕訳】

（X1期：差異の発生期）

| （借）法人税等調整額　90　（貸）繰延税金負債　90 |

　X1期において税務上損金になり，会計上は費用として認められなかった300に相当する税額90は，X2期以降について会計上は費用とされることとなるため，X1期においては，その分が翌期以降の税金負担となるという意味で，繰延税金負債という負債に計上されます。

（X2～X4期：差異の解消期）

| （借）繰延税金負債　30　（貸）法人税等調整額　30 |

　X2期においてはその年に3分の1が費用として認められ，不一致が解消しますので，X1期に計上した繰延税金負債の3分の1を取り崩し，会計上はニュートラル（損益の影響なし）として取り扱うことになります。

【損益計算書の表示】

	X 1 期	X 2 期
税引前当期純利益	500	500
法人税, 住民税及び事業税	60	180
法人税等調整額	90	△30
差引 (又は計)	150	150
当期純利益	350	350

4. 繰延税金資産及び繰延税金負債の計算に用いる税率

　決算日において国会で成立している法人税法等や地方税法等に規定されている税率によります。

　住民税 (法人税割) 及び事業税 (所得割) について, 改正された地方税法等を受けて改正された条例が決算日以前に各地方公共団体の議会等で成立している場合は, 決算日において成立している税率によります。他方, 条例が成立していない場合は, さらに次のパターンに応じた税率によります。

決算日において成立している条例に標準税率で課税することが規定されているとき	改正地方税法等に規定されている標準税率
決算日において成立している条例に超過課税による税率で課税することが規定されているとき	改正地方税法等に規定されている標準税率に, 決算日において成立している条例に規定されている超過課税による税率が改正直前の地方税法等の標準税率を超える差分を考慮する税率

　決算日後に税率の変更があった場合には, その内容及び影響額を注記します。なお, 当該変更された税率により計算した繰延税金資産及び繰延税金負債の額を当該決算日における財務諸表には反映しません。

グローバル・ミニマム課税に対応する法人税法の改正に係る税効果会計の適用に関する当面の取扱い

2023年3月28日に成立した改正法人税法において，グローバル・ミニマム課税制度の創設が含まれている。グローバル・ミニマム課税制度の適用は2024年4月1日以後開始する対象会計年度からであるが，その適用が見込まれる企業は，改正法人税法の成立日以後に終了する決算（四半期決算を含む）において，グローバル・ミニマム課税制度を前提として税効果会計を適用すべきか否かを検討する必要がある。しかし，当面の間，改正法人税法の成立日以後に終了する決算における税効果会計の適用にあたっては，グローバル・ミニマム課税制度の影響を反映しないこととしている。

5. 繰延税金資産・負債の貸借対照表上の表示

原則，繰延税金資産は「投資その他の資産」に表示し，繰延税金負債は「固定負債」に表示します。

なお，同一納税主体の繰延税金資産と繰延税金負債とは双方を相殺して表示します。異なる納税主体の繰延税金資産と繰延税金負債は，双方を相殺せず表示します。

6. 繰延税金資産の回収可能性

(1) 回収可能性の検討

将来減算一時差異は減算時にその年度の課税所得を減額する効果があるため，繰延税金資産を計上します。

仮に一時差異の解消年度に課税所得がゼロだとすると，減算しても税額を減らす効果がありません。このような場合には繰延税金資産の回収可能性がなく，繰延税金資産の計上は認められません。

繰延税金資産の回収可能性があるかどうかを検討するには，次の3つの要素を加味する必要があります。

① 収益力に基づく課税所得の十分性

　将来減算一時差異の解消年度課税所得が発生する可能性が高いと見込まれるかどうか検討します。繰越欠損金がある場合には，この繰越がいつまで可能かも合わせてシミュレーションする必要があります。

② タックスプランニングの存在

　タックスプランニングとは将来発生する課税所得について，その金額及び発生時期を計画することです。

　将来減算一時差異の解消年度及び欠損金の繰戻し・繰越し期間に含み益のある固定資産又は有価証券を売却する等，課税所得を発生させるようなタックスプランニングが存在する場合には，将来減算一時差異の解消が見込めると判断できます。ただし，この計画は取締役会等により決定されているなどの具体的な計画であることが必要です（注：広い意味で，連結ベースでの国際税務戦略をタックスプランニングと呼ぶこともあることに留意）。

③ 将来加算一時差異の十分性

　将来加算一時差異があり，繰延税金負債が計上されている場合に，解消による加算額により将来減算一時差異の解消額を吸収できるかどうか検討することが必要です。

(2) 回収可能性の判断に関する手順

　回収可能性を判断する場合の具体的な手順は次のとおりです。

①	期末における将来減算一時差異の解消見込年度のスケジューリングを行います。
②	期末における将来加算一時差異の解消見込年度のスケジューリングを行います。
③	将来減算一時差異の解消見込額と将来加算一時差異の解消見込額とを，解消見込年度ごとに相殺します。
④	③で相殺し切れなかった将来減算一時差異の解消見込額については，解消見込年度を基準として繰戻・繰越期間の将来加算一時差異（③で相殺後）の解消見込額と相殺します。
⑤	上記により相殺し切れなかった将来減算一時差異の解消見込額については，将来の一時差異等加減算前課税所得の見積額と解消見込年度ごとに相殺します。
⑥	⑤で相殺し切れなかった将来減算一時差異の解消見込額については，解消見込年度を基準として，繰戻・繰越期間の一時差異等加減算前課税所得の見積額（⑤で相殺後）と相殺します。
⑦	上記により相殺し切れなかった将来減算一時差異に係る繰延税金資産の回収可能性はないものとし，繰延税金資産から控除します。

　期末に税務上の繰越欠損金を有する場合，その繰越期間にわたって，将来の課税所得の見積額（税務上の繰越欠損金控除前）に基づき，繰越欠損金の控除見込年度及び控除見込額のスケジューリングを行い，回収が見込まれる金額を繰延税金資産として計上します。

⑶ 企業の分類に応じた回収可能性に関する取扱い

　収益力に基づく一時差異等加減算前課税所得等に基づいて繰延税金資産の回収可能性を判断する際に，次の要件に従って企業を分類し，当該分類に応じて回収が見込まれる繰延税金資産の計上額を決定します。

分類	要件	繰延税金資産の計上額
1	次の要件をいずれも満たす企業 ① 過去（3年）及び当期の全ての事業年度において，期末における将来減算一時差異を十分に上回る課税所得が生じている。 ② 当期末において，近い将来に経営環境に著しい変化が見込まれない。	原則として，繰延税金資産の全額について回収可能性がある。
2	次の要件をいずれも満たす企業 ① 過去（3年）及び当期の全ての事業年度において，臨時的な原因により生じたものを除いた課税所得が，期末における将来減算一時差異を下回るものの，安定的に生じている。 ② 当期末において，近い将来に経営環境に著しい変化が見込まれない。 ③ 過去（3年）及び当期のいずれの事業年度においても重要な税務上の欠損金が生じていない。	一時差異等のスケジューリングの結果，繰延税金資産を見積もる場合，回収可能性があるものとする。 なお，原則として，スケジューリング不能な将来減算一時差異に係る繰延税金資産について，回収可能性がないものとする。ただし，スケジューリング不能な将来減算一時差異のうち，税務上の損金の算入時期が個別に特定できないが将来のいずれかの時点で回収できることを企業が合理的な根拠を持って説明する場合，当該スケジューリング不能な将来減算一時差異に係る繰延税金資産は回収可能性があるものとする。
3	次の要件をいずれも満たす企業 ① 過去（3年）及び当期において，臨時的な原因により生じたものを除いた課税所得が大きく増減している。 ② 過去（3年）及び当期のいずれの事業年度においても重要な税務上の欠損金が生じていない。	将来の合理的な見積可能期間（概ね5年）以内の一時差異等加減算前課税所得の見積額に基づいて，当該見積可能期間の一時差異等のスケジューリングの結果，繰延税金資産を見積もる場合，回収可能性があるものとする。 上記にかかわらず，臨時的な原因により生じたものを除いた課税所得が大きく増減している原因，中長期計画の達成状況，過去（3年）及び当期の課税所得の推移等を勘案して，5年を超える見積可能期間において繰延税金資産が回収可能であることを企業が合理的な根拠をもって説明する場合，回収可能性があるものとする。

| 4 | 次のいずれかの要件を満たし，かつ，翌期において一時差異等加減算前所得が生じることが見込まれる企業
① 過去（3年）又は当期において，重要な税務上の欠損金が生じている。
② 過去（3年）において，重要な税務上の欠損金の繰越期限切れとなった事実がある。
③ 当期末において，重要な税務上の欠損金の繰越期限切れが見込まれる。 | 翌期の一時差異等加減算前課税所得の見積額に基づいて，翌期の一時差異等のスケジューリングの結果，繰延税金資産を見積もる場合，回収可能性があるものとする。
上記にかかわらず，重要な税務上の欠損金が生じた原因，中長期計画，過去における中長期計画の達成状況，過去（3年）及び当期の課税所得又は税務上の欠損金の推移等を勘案して，将来の一時差異等加減算前課税所得を見積もる場合，将来において5年超にわたり一時差異等加減算前課税所得が安定的に生じることを企業が合理的な根拠をもって説明するときは分類2に該当するものとして取扱い，将来において概ね3年から5年程度は一時差異等加減算前課税所得が生じることを企業が合理的な根拠をもって説明するときは分類3に該当するものとして取り扱う。 |
| 5 | 次の要件をいずれも満たす企業
① 過去（3年）及び当期の全ての事業年度において，重要な税務上の欠損金が生じている。
② 翌期においても重要な税務上の欠損金が生じることが見込まれる | 原則として，繰延税金資産の回収可能性はないものとする。 |

7. 税効果会計の注記

(1) 注記の内容

　税効果会計の適用に伴って，財務諸表上に注記しなければならない内容は次の項目です。

① 繰延税金資産及び繰延税金負債の発生原因別の主な内訳

② 税引前当期純利益又は税金等調整前当期純利益に対する法人税等（法人税等調整額を含む）の比率と法定実効税率との間に重要な差異があるときは，当該差異の原因となった主要な項目別の内訳

③ 税率の変更により繰延税金資産及び繰延税金負債の金額が修正されたときは，その旨及び修正額

④ 決算日後に税率の変更があった場合には，その内容及びその影響

(2) 繰延税金資産及び繰延税金負債の発生原因別の主な内訳（(1)①について）

「繰延税金資産及び繰延税金負債の発生原因別の主な内訳」の注記では，注記例のように，「繰延税金資産」と「繰延税金負債」それぞれについて内訳内容を表示しますが，重要性がない項目については「その他」として表示をすることもできます。

「繰延税金資産」については回収可能性を考慮して，回収可能性が乏しい額については，「**評価性引当額**」として控除します。

税務上の繰越欠損金を記載している場合であって，当該税務上の繰越欠損金額が重要であるときは，評価性引当額は，税務上の繰越欠損金に係る評価性引当額と将来減算一時差異等の合計に係る評価性引当額に区分して記載します。また，評価性引当額に重要な変動が生じている場合，当該変動の主な内容を記載します。さらに，繰越期限別の①税務上の繰越欠損金額に法定実効税率を乗じた額②評価性引当額③繰延税金資産の額を計算します（当該繰延税金資産を回収可能と判断した主な理由も記載します）。

【注記例】

繰延税金資産	
貸倒引当金	1,000
未払事業税	500
税務上の繰越欠損金（＊2）	1,200
退職給付に係る負債	600
その他	<u>340</u>
繰延税金資産小計	3,640
税務上の繰越欠損金に係る評価性引当額（＊2）	△100
将来減算一時差異等の合計に係る評価性引当額	△100
評価性引当額小計（＊1）	<u>△200</u>
繰延税金資産合計	3,440

繰延税金負債	
固定資産圧縮積立金	△ 900
繰延税金資産の純額	2,540

（＊1）（評価性引当額に重要な変動が生じている場合，主な内容を記載）

（＊2）税務上の繰越欠損金及びその繰延税金資産の繰越期限別の金額

	1年以内	1年超2年以内	2年超3年以内	3年超4年以内	4年超5年以内	5年超	合計
税務上の繰越欠損金	―	―	―	1,100	―	100	1,200
評価性引当額	―	―	―	―	―	△100	△100
繰延税金資産	―	―	―	1,100	―	―	（※）1,100

（※）（当該繰延税金資産を回収可能と判断した場合は主な理由を記載）

8. 連結財務諸表における税効果会計

　連結財務諸表は，各連結会社の個別財務諸表を単純合算した後，一定の必要な連結仕訳を行って作成されます。

　ここで，連結財務諸表上計上される法人税等の税金費用は，税効果会計適用前においては，各連結会社の個別決算で計上された税金費用の単純合計となっています。

　よって，連結仕訳を行った後に確定される連結上の税引前利益に対応した税金費用が適切に計上されるためには，税効果会計適用後の個別財務諸表における資産・負債と連結財務諸表上における資産・負債の一時差異に係る税効果会計の適用が必要になります。

(1) 連結財務諸表固有の一時差異

　連結財務諸表を作成する過程で新たに一時差異が発生しますが，連結財務諸表固有の　時差異には以下に掲げるようなものがあります。

① 連結子会社の資産及び負債の時価評価による評価差額

　資本連結手続で，子会社の資産及び負債は，投資取得日又は支配獲得日の時価で評価されます。この結果，子会社の個別貸借対照表と連結貸借対照表で，

資産及び負債の価額に差異が生じます。

② 連結会社間取引から生じる未実現利益消去

連結上未実現利益は消去しますが，売却元の会社で課税される法人税等には未実現利益に対する部分も含まれています。つまり連結財務諸表上，未実現利益が実現した場合には課税されません。そこでこれを一時差異と考えます。

③ 連結会社間の債権債務相殺消去に伴う貸倒引当金の減額修正

連結上，連結会社間の債権債務相殺消去が行われますが，相殺された債権に対応する貸倒引当金が減額修正されます。

(a) 減額修正される貸倒引当金が税務上損金計上できる場合

連結貸借対照表上の貸倒引当金は，税務上の貸倒引当金（＝個別財務諸表の貸倒引当金）より小さくなるので，連結財務諸表固有の将来加算一時差異が生じます。

(b) 減額修正できる貸倒引当金が税務上損金計上できない場合

個別貸借対照表上の貸倒引当金は，税務上の貸倒引当金より大きくなるため，個別財務諸表上将来減算一時差異が発生しますが，連結上貸倒引当金の減額修正が行われるので，結果として個別財務諸表上で発生した将来減算一時差異が消滅することになります。

この場合は連結固有の一時差異が発生するのではなく，個別で生じていた一時差異が連結では消滅するため個別での税効果計上処理を連結上で修正するという意味になります。

④ 連結上の会計方針の統一に伴う一時差異

原則的には，連結子会社の会計方針は，子会社の財務諸表作成の際に採用している会計方針を連結グループで採用する会計方針に統一ということになって

おりますが，親会社で連結財務諸表を作成する際に子会社の財務諸表を修正することも認められております。

この場合には，税額計算の基礎となる子会社の財務諸表上の資産・負債の貸借対照表計上額と連結財務諸表上での計上額が異なるケースが出てくるため，連結上の一時差異が発生します。

(2) 連結上の税効果に係る繰延税金資産の回収可能性

連結手続上生じた将来減算一時差異（未実現利益の消去に係る将来減算一時差異を除く）に係る税効果額は，各納税主体ごとに個別貸借対照表上の繰延税金資産の計上額（繰越外国税額控除に係る繰延税金資産を除く）と合算し，個別税効果と同じ回収可能性の判断要件及び繰延税金資産の連結貸借対照表への計上の可否及び計上額を決定し，計上した繰延税金資産の修正を行う必要があります。

なお，回収可能性の判断要件を適用するにあたり，未実現損失の消去に係る将来加算一時差異の将来における解消見込額を「将来加算一時差異の十分性」に含めることはできません。

9. 四半期財務諸表における税効果

四半期財務諸表は，一事業年度内を構成する部分的な会計期間の財務諸表であることから，**実績主義**と**予測主義**の2つの考え方がありますが，我が国では**実績主義**が採用されています。

実績主義の考え方から，四半期財務諸表における税効果会計についても，基本的には年次決算と同様の会計処理を行うこととされています。

ただし，適時開示の要請や四半期決算という特殊性から，年度決算と異なる取扱いや簡便的な会計処理が認められています。

(1) 原則法の会計処理

① 四半期決算を一事業年度とみなして，年次決算と同様に法人税等の税額計算を行います。

② 適用税率は，回収又は支払が行われると見込まれる期の税率，四半期決算日現在における税法規定に基づく税率（法定実効税率）によります。

(2) 簡便法の会計処理

簡便法は「見積実効税率法」ともいわれ，税引前四半期純利益に**見積実効税率**を乗じて計算します。

$$見積実効税率 = \frac{予想年間税金費用（※1）}{予想年間税引前当期純利益}$$

※1　（予想年間税引前当期純利益±一時差異等に該当しない差異）×法定実効税率－税額控除額

◆ 税務上のポイント

1. 一時差異と永久差異

(1) 一時差異の類型

① 将来減算一時差異に該当する申告調整項目

・棚卸資産等の評価損否認

・未払事業税

・貸倒損失否認

・引当金等の繰入限度超過額

・減価償却費限度超過額

・税務上の繰越欠損金（一時差異等に該当）

・繰越外国税額控除（一時差異等に該当）　等

② 将来加算一時差異に該当する申告調整項目

・積立金方式による固定資産圧縮積立金

・積立金方式による特別償却準備金　等

(2) 永久差異

税効果会計の対象とならない申告調整項目になります。永久差異には次のようなものがあります。

・法人税，住民税

・損金にならない延滞税，過怠税等

・損金にならない役員給与

・交際費の損金不算入額

・寄附金の損金不算入額

・受取配当等の益金不算入額

2. グループ法人税制における税効果

グループ法人税制とは，完全支配関係（原則として，発行済株式の全部を直接又は間接に保有する関係をいいます）にあるグループ内の法人に対して，一つの法人であるかのようにとらえて課税する仕組みをいいます。

グループ法人税制は，完全支配関係にあるグループ内の法人全てに強制適用される制度ですが，設置された規定のうち，主に以下の①②の場合に一時差異が発生し，税効果による調整が必要となります。

① 100％グループ内の法人間の「資産の譲渡損益の繰延べ」

② 100％グループ内の法人間の「寄附金」

3. グループ通算制度における税効果

　グループ通算制度とは，完全支配関係にある企業グループ内の各法人を納税単位として，各法人が個別に法人税額の計算及び申告を行い，その中で，損益通算等の調整を行う制度です。

　グループ通算制度の対象となるのは法人税及び地方法人税であるため，グループ通算制度の対象とされていない住民税及び事業税については，それぞれ法人税及び地方法人税とは区別して，税効果会計を適用します。また，住民税の税額計算は，グループ通算制度によって算定された法人税額からグループ通算制度による影響を控除して算定するため，これを考慮して繰延税金資産の回収可能性の判断を行います。さらに，繰延税金資産及び繰延税金負債の計算に用いる税率も税金の種類ごとに算定します。

　連結財務諸表においては，納税申告書の作成主体は各法人となりますが，企業グループの一体性に着目し，グループ通算制度を適用するグループ全体が「課税される単位」となると考えられるため，グループ内のすべての納税申告書の作成主体を一つに束ねた単位に対して，税効果会計を適用することとされています。

◆ 内部統制上のポイント

1. 繰延税金資産の回収可能性のチェック

(1) 会社分類の適切性

　「◆会計上のポイント」6. で記載したように繰延税金資産の計上に際しては，まず会社の収益力の状態を5つに分類し，それぞれの分類ごとに繰延税金資産の計上ルールが決められています。従って，この分類を間違うと繰延税金資産が不適切に計上されることになります。そこで内部統制上のポイントは以下のとおりとなります。

① 過去の課税所得水準と「◆会計上のポイント」6. で記載した分類基準と比

較し，会社分類の妥当性を検討する。

② 将来減算一時差異残高が平均の年間課税所得水準を超過する場合は，分類2から検討を始めることをチェックポイントとして明示する。

③ 過去の課税所得水準が上下に変動する場合は，分類3から検討を始めることをチェックポイントとして明示する。

④ 分類4では，平均年間課税所得を超える繰越欠損金は「重要な欠損金」と判断することをチェックポイントとして明示する。

⑤ 分類5は，継続企業の前提に疑義が生じるような状況が想定されるので，別途継続企業の前提の存在の判断と整合性をとることをチェックポイントとして明示する。

(2) 将来課税所得水準見積の合理性

　繰延税金資産の回収可能性を検討するためには，将来獲得する課税所得水準を合理的に見積もらなければなりません。

　この将来課税所得の見積りは，合理的な利益計画を基礎とすることになります。この利益計画が不適切なものである場合，将来課税所得の見積りの合理性は認められないものと考えなければなりません。内部統制上のポイントは以下のとおりとなります。

① 過去の課税所得水準を参考として，将来予測の合理性を検討する。

② 将来課税所得の見積りに際しては，現在の経営環境が今後どのように変化するかを合理的に予測し，諸条件の設定に誤りがないかチェックする。

③ 将来予測には，「希望」は入れず，あくまで客観的条件のみが考慮されているか検証する。

④ 将来課税所得予測値は，取締役会等重要な意思決定機関の承認を受ける。

⑤ 経営管理目的で設定した予算及び中長期計画との整合性を確認する。

(3) 将来減算一時差異のスケジューリングの適正性

　繰延税金資産の回収可能性は，将来減算一時差異等（税務上の繰越欠損金等を含む）の将来にわたる年度ごとの申告減算予測によって，各年度ごとの回収可能性を第一段階として判断することが求められます。各年度において申告減算予測に対してその年度の課税所得が不足しており回収できないものは，税務上の繰越欠損金となり，その年度以降の課税所得により回収可能かを第二段階として判断することになります。

　繰延税金資産の回収可能性は，このように将来減算一時差異等の申告減算スケジューリングの合理性の判断が極めて重要となります。このスケジューリングが適正に行われていない場合は，回収可能性の判断が合理的に行われないことになります。

　このスケジューリングにおける内部統制上のポイントは以下のとおりとなります。

① スケジューリングとは，将来の申告減算予測であることの十分な理解が必要なため，担当者教育を適切に行う。

② スケジューリング可能一時差異とスケジューリング不能一時差異の識別を行うことをチェックポイントして明示する。

③ スケジューリング可能一時差異は，より具体的に申告減算項目と減算時期を指定し，かつ，実行可能な環境にあることが必要であることをチェックポイントとして明示する。

④ スケジューリングの内容は，取締役会等重要な意思決定機関の承認を受ける。

(4) 回収可能性の見直し

　回収可能性は，事業計画等の予測により判断されているため，法人の毎決算日現在で当年度の計上額及び過年度計上分も含めて見直し，回収可能性の判断要件を満たしているかどうか検討します。見直しの際は，上記(1)から(3)の内部

統制上のポイントを考慮します。

2. 法定実効税率のチェック

　担当者は，法人税，住民税，事業税の決算日現在の税法規定に基づく税率を官報並びに関係省庁及び地方公共団体のウェブサイト等で確認します。前年度と変更がなければ，法律により定められている税率をもとに計算された法定実効税率が前年度と同率であることを確認します。複数の担当者での確認が有効です。

　税率の変更がある場合は，誤りが生じやすいので，注意を要します。法定実効税率の計算に用いる税率の適用誤りがないか確認します。また，法定実効税率の計算が適正かどうか確認します。この確認も複数の担当者で行うことが内部統制上，有効です。

 ズバリ，ここが実務ポイント！

▶税効果会計は税金計算の知識も必要な非常にテクニカルな分野である。企業会計上の概念，法人税法上の概念をしっかり押さえましょう。

▶繰延税金資産の回収可能性の判定次第で，法人税等調整額が大きくブレてしまうため，回収可能性の判定は非常に重要。毎決算期ごとに手順をしっかり踏んで確実に行うこと。

15. 消費税申告・インボイス制度

消費税は経理実務とは切っても切り離せない税金です。2023年10月より適格請求書等保存方式（以下「インボイス制度」といいます。）が導入され，経理・財務スタッフにとって，これまで以上に消費税の仕組みを理解することが重要になってきました。

本章では，業務の流れ〜内部統制上のポイントの説明に入る前に，まずは消費税の仕組みと適格請求書（以下「インボイス」といいます。）の目的について理解を深めることにしましょう。

1. 消費税の仕組み

消費税は，「多段階課税」の「付加価値税」（VAT）の一種であり，また，「間接税」に分類される税金です。

下の図を見てください。消費税では，取引の各段階で，各事業者は，売上に係る消費税（売上税額）から，仕入時に支払った消費税（仕入税額）を控除して，その差額を国に納税します。例えば，下の図で事業者Bは売上税額7,000円から仕入税額3,000円を控除し，付加価値部分である差額4,000円を納税します。

「多段階課税」とは，このように事業者A→事業者B→事業者Cという取引の各段階で課税されることをいい，「付加価値税」とは，各取引段階の付加価値部分が課税標準とされる税金のことをいいます。

また，消費税を納税するのは各取引段階の事業者ですが，消費税の最終的な負担者は消費者です。消費者は，各取引に係る消費税の合計10,000円（＝3,000円＋4,000円＋3,000円）を負担しますが，直接このお金を納税するわけではなく，納税するのはA，B，Cの各事業者です。このように納税者と税金負担者が異なる税金を「間接税」といいます。

【消費税の仕組み】

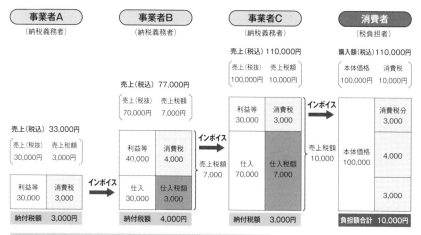

●事業者が納税した消費税の合計＝3,000円＋4,000円＋3,000円＝10,000円
●消費者が負担した消費税額＝10,000円

2. インボイス制度の目的

　2023年10月から消費税のインボイス制度が導入されました。日本の消費税はEU型の付加価値税を模倣したものですが，消費税法の成立が難産だったこともあって，当初，EU型付加価値税で採用されているインボイス方式は導入されず，世界的にも珍しいといわれる帳簿方式（事業者の帳簿の記載に基づいて仕入税額控除を計算する方式）が採用されました。その後，軽減税率の採用等を経て，インボイス制度の導入に至っています。

　インボイス制度の導入は，消費税の転嫁を正しく行うことを目的としています。

　上の図で，もし仮に事業者Aが適格請求書発行事業者でない免税事業者であったとした場合についてインボイス制度の導入前と導入後とを比較してみると，この点を理解することができます。

　下の図「インボイス制度の導入前」を見てください。事業者Aが免税事業者の場合，納税額は0円ですが，インボイス制度導入前は，事業者Bは仕入れに

係る消費税額（仕入税額）3,000円を売上げに係る消費税額（売上税額）7,000円から控除できるため，納税額は4,000円となります。このため，最終消費者が負担する消費税額は10,000円であるにもかかわらず，国庫に納入される税金の合計は7,000円（事業者Bの納税額4,000円＋事業者Cの納税額3,000円）で，両者の金額は一致しません。

次に「インボイス制度の導入後」を見てください。インボイス制度導入後は，事業者Aはインボイスを交付できないため，事業者Bは仕入税額3,000円を売上税額7,000円から控除できず，国に納税する税額は7,000円となります。この結果，国庫に納入される税金の合計は10,000円（事業者Bの納税額7,000円＋事業者Cの納税額3,000円）となり，最終消費者が負担する消費税額の10,000円と一致することになります。

つまり，インボイス制度の導入によって，インボイスによる消費税の転嫁が適正に行われるようになると考えられるわけです。

また，さらに言えば，税率ごとの消費税額がインボイスに明記されることによって，帳簿に取引を記帳する際の消費税に係る不正やミスが起こりにくくなるという側面もあり，課税がより適正化されると考えられています。

【インボイス制度の導入前】

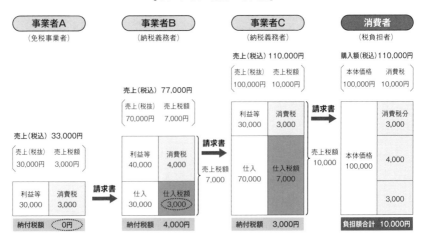

【インボイス制度の導入後】

3. 免税事業者等からの仕入れに係る経過措置

インボイスを交付するためには，適格請求書発行事業者の登録申請を行い，登録を受ける必要があります。

上図「インボイス制度の導入後」で，事業者Ｂは事業者Ａからインボイスの交付を受けられないため，仕入税額控除がゼロとなっていますが，実際には，制度導入から6年間は，適格請求書発行事業者以外の者（以下，「免税事業者等」といいます。）からの課税仕入れであっても，仕入税額相当額の一定割合を仕入税額とみなして控除できる経過措置が設けられています。ただし，この経過措置の適用を受けるためには，税率ごとに区分した税込価額等を記載した請求書（区分記載請求書等と同様のもの）と帳簿に通常の記載内容に加えて「80％控除」などと記載（消費税コード等による対応も可）し，保存することが必要です。

【免税事業者等からの仕入れに係る経過措置】

期間	割合
2023年10月1日～2026年9月30日	仕入税額相当額の80％
2026年10月1日～2029年9月30日	仕入税額相当額の50％

なお，免税事業者でもインボイス発行事業者の登録をすることは可能ですが，登録を受けるためには，原則として課税事業者選択届出書を提出することにより課税事業者になる必要があります。ただし，2023 年 10 月 1 日から 2029 年 9 月 30 日までの日を含む課税期間中に登録を受ける場合は課税事業者選択届出書を提出しなくても登録できる経過措置が設けられています（登録を受けた日から課税事業者になります）。

◆ 業務の流れ

　消費税に関する業務は，期中の業務と決算時の業務で大きく以下のように分けられます。

期中の業務	決算申告・納付
・課税区分等管理 ・インボイス管理 ・中間申告・納付	・申告額算定 ・確定申告・納付

◆ 会計上のポイント

1. 消費税の課否判定

　消費税は何に課税されるのか，何が非課税なのかを把握することは大変重要です。その取引が消費税の課税，非課税，不課税，免税のどの区分に該当するかを適確に判断（課否判定といいます。）できなければ，日々の会計処理を正しく行うことができません。

【消費税の課税区分の判定フロー】

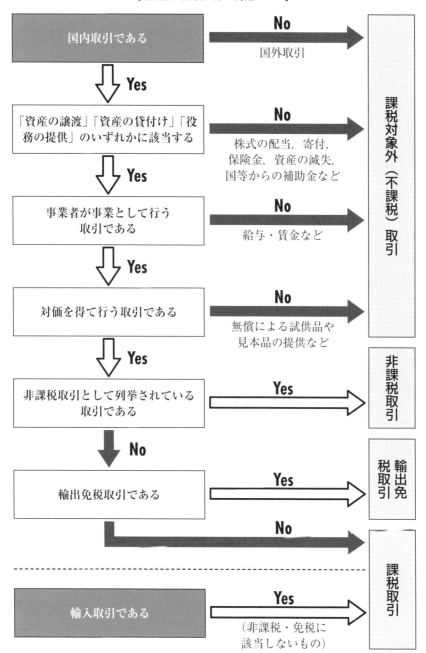

消費税の課税区分の判定フローに係る留意点は次表のとおりです。

【判定フローの留意点】

	区分	意義
1	国内取引とは?	国内取引か国外取引かの判定（内外判定）は次による。 (1) 資産の譲渡又は貸付けの場合 　原則として、その譲渡または貸付けが行われる時においてその資産が所在していた場所で国内取引かどうかを判定する。 (2) 役務の提供の場合 ① 原則 　その役務の提供が行われた場所で国内取引かどうかを判定する。 ② 国内及び国外にわたって行われる役務の提供 　国内対応部分と国外対応部分の対価が契約において合理的に区分されている場合は、その区分されているところにより、そうでない場合は、役務の提供を行う者の役務の提供に係る事務所等の所在地で内外判定を行う。 ③ 電気通信利用役務の提供の場合 　電子書籍・音楽・広告の配信、クラウドサービスの提供などが電気通信回線（インターネット等）を介して行われる場合、その役務の提供（以下「電気通信利用役務の提供」という。）は、役務の提供を受ける者の住所等で国内取引かどうかを判定する。これにより、国内に住所等を有する者に対する「電気通信利用役務の提供」については、国外から提供を行っても国内取引となる。
2	非課税取引とは?	非課税取引とは、本来は課税取引に該当する取引であるが、消費に負担を求める税の性格から消費税の課税になじまない取引や社会政策的配慮から消費税を課税しないこととした取引をいう。具体的に以下のものが非課税取引として定められている。 ① 土地の譲渡および貸付け（ただし、1カ月未満の土地の貸付け及び駐車場などの施設の利用に伴って土地が使用される場合は、非課税取引には当たらない。） ② 有価証券等の譲渡（ただし、株式・出資・預託の形態によるゴルフ会員権などの譲渡は非課税取引には当たらない。） ③ 銀行券、政府紙幣、小額紙幣、硬貨、小切手、約束手形、仮想通貨（暗号資産）などの支払手段の譲渡 ④ 預貯金や貸付金の利子、信用保証料、合同運用信託や公社債投資信託の信託報酬、保険料、保険料に類する共済掛金などを対価とする役務の提供等 ⑤ 日本郵便株式会社などが行う郵便切手類の譲渡、印紙の売渡し場所における印紙の譲渡及び地方公共団体などが行う証紙の譲渡 　(注) 郵便切手の譲渡は非課税だが、郵便サービスは課税 ⑥ 商品券、プリペイドカードなどの物品切手等の譲渡 ⑦ 住宅の貸付け（契約において人の居住の用に供することが明らかにされているものに限られる。1カ月未満の貸付けなどは非課税取引には当たらない。） ⑧ その他 ・国、地方公共団体等の行政手数料 ・外国為替業務に係る役務の提供 ・社会保険医療等 ・介護保険法に基づく保険給付の対象となる居宅サービス、施設サービスなど ・医師、助産師などによる助産に関するサービスの提供等 ・火葬料、埋葬料 ・身体障害者用物品の譲渡、貸付けなど ・学校等の授業料等 ・教科用図書の譲渡

| 3 | 輸出免税
取引とは? | 　輸出免税取引とは，内国消費税である消費税は外国で消費されるものには課税しないという考えから消費税が免除されている輸出取引等をいう。輸出免税の適用を受けるためには，その取引が輸出取引等である証明が必要。
　輸出免税となる取引は具体的には以下のとおりである。
① 本邦からの輸出として行われる資産の譲渡又は貸付け
② 外国貨物の譲渡又は貸付け
③ 国内及び国外にわたって行われる旅客又は貨物の輸送
④ 外航船舶等の譲渡又は貸付けで船舶運航事業者等に対するもの
⑤ 外航船舶等の修理で船舶運航事業者等の求めに応じて行われるもの
⑥ 専ら国内と国外又は国外と国外との間の貨物の輸送の用に供されるコンテナーの譲渡，貸付けで船舶運航事業者等に対するもの又は当該コンテナーの修理で船舶運航事業者等の求めに応じて行われるもの
⑦ 外航船舶等の水先，誘導，その他入出港若しくは離着陸の補助又は入出港，離着陸，停泊若しくは駐機のための施設の提供に係る役務の提供等で船舶運航事業者等に対するもの
⑧ 外国貨物の荷役，運送，保管，検数又は鑑定等の役務の提供
⑨ 国内と国外との間の通信又は郵便
⑩ 非居住者に対する無形固定資産等の譲渡又は貸付け
⑪ 非居住者に対する役務の提供（国内において直接便益を享受するもの等一定のものを除く） |
| 4 | 消費税の
課税対象
となる輸
入取引と
は? | (1) 輸入取引の意義
　輸入取引とは，外国貨物の保税地域からの引取りをいう。保税地域とは輸入手続きの済んでいない外国貨物を保管，加工，製造等ができる場所として財務大臣に指定された場所のこと。輸入取引には消費税が課税される。
(2) 納税義務者
　輸入取引は，輸入品を引き取る者が納税義務者になり，国内取引のように事業者に限定されない。ただし，輸入したのが事業者の場合，輸入の際の消費税は仕入税額控除の対象になる。
(3) 非課税取引
　国内における非課税取引とのバランスを図るため，輸入取引のうち次のものは非課税とされている。
　有価証券等，郵便切手類・印紙・証紙・物品切手等，身体障碍者用物品，教科用図書 |

2. 経理処理方法（税抜経理方式と税込経理方式）

(1) 税抜経理方式

　税抜経理方式は，取引を消費税額と本体価格とに分けて記帳する経理方法です。税抜経理方式では，消費税額部分は「仮受消費税」，「仮払消費税」等の勘定科目を使用して仕訳処理します。税抜経理方式は，個別の経理処理で消費税を意識する必要があり，税込経理方式と比較すると事務が煩雑となりますが，基本的には消費税が損益に影響を与えない点で優れており，原則的な経理処理

方法です。

① 売上計上時

(借) 売掛金	5,500	(貸) 売上	5,000
		仮受消費税	500

② 仕入計上時

(借) 仕入	2,000	(貸) 買掛金	2,200
仮払消費税	200		

③ 中間申告・納付時

(借) 仮払税金(仮払金)	100	(貸) 普通預金	100

④ 決算時

(借) 仮受消費税	500	(貸) 仮払消費税	200
		仮払税金（仮払金）	100
		未払消費税	200

⑤ 確定納付時

(借) 未払消費税	200	(貸) 普通預金	200

※簡易課税の適用を受けている場合には「仮受消費税」と「仮払消費税」の差額と納付税額が一致しないこととなりますので，その不一致額は損益（「雑収入」等）に計上します。また，原則課税の場合であっても端数分の不一致額が発生しますが，その場合も当該課税期間を含む事業年度において損益に計上します。

(2) 税込経理方式

　税込経理方式は，取引を消費税額と本体価格とに分けずに，消費税込みの金額で記帳する経理方法です。消費税を意識せず経理処理ができますので，事務負荷は税抜経理処理に比べ軽くなるというメリットがありますが，売上高や仕

入高の金額が消費税額の分だけ税抜経理方式に比べて増額して集計されるとともに，消費税の納税額が租税公課に計上されるため，損益に影響を与えてしまうというデメリットがあります。

① 売上計上時

（借）売掛金	5,500	（貸）売上	5,500

② 仕入計上時

（借）仕入	2,200	（貸）買掛金	2,200

③ 中間申告・納付時

（借）租税公課	100	（貸）普通預金	100

④ 決算時

（借）租税公課	200	（貸）未払消費税	200

⑤ 確定納付時

（借）未払消費税	200	（貸）普通預金	200

⑶ 免税事業者等からの仕入計上時の経理処理

前述（本章冒頭「3. 免税事業者等からの仕入れに係る経過措置」）のとおり，インボイス制度の導入後6年間（2023年10月～2029年9月）は，免税事業者等からの仕入れについても仕入税額の80％または50％を控除できる特例が設けられています。この特例の適用を受ける場合の仕訳については，税抜経理方式の場合，以下のとおり2通りの方法があります。

① 控除可能額を仕入計上時に反映させる方法

(仕入計上時)　　　　　［税率10%・80%控除の経過措置の例］

(借)	仕入	1,020	(貸)	買掛金	1,100
	仮払消費税	80			

② 仕入計上時には10%の仮払消費税を計上し，控除できない部分を別途租税
公課等の科目に集計する方法

(仕入計上時)　　　　　［税率10%・80%控除の経過措置の例］

(借)	仕入	1,000	(貸)	買掛金	1,100
	仮払消費税	100			

(決算時等)

(借)	租税公課	20	(貸)	仮払消費税	20

3.「電気通信利用役務の提供」に対する消費税の課税

(1) 電気通信利用役務の提供に係る内外判定

　電気通信利用役務の提供については，国外事業者が国内の事業者や消費者に
対して行った場合も国内取引となり，消費税の課税対象となります。

　電気通信利用役務の提供とは，具体的には次のようなサービスをいいます。

○ インターネット等を通じて行われる電子書籍・電子新聞・音楽・映像・ソフトウ
エアの配信
○ 顧客に，クラウド上のソフトウエアやデータベースを利用させるサービス
○ 顧客に，クラウド上で顧客の電子データの保存を行う場所の提供を行うサービ
ス
○ インターネット等を通じた広告の配信・掲載
○ インターネット上のショッピングサイト・オークションサイトを利用させるサービス（商
品の掲載料金等）
○ インターネット上でゲームソフト等を販売する場所を利用させるサービス

> ○ インターネットを介して行う宿泊予約，飲食店予約サイト（宿泊施設，飲食店
>   等を経営する事業者から掲載料等を徴するもの）
> ○ インターネットを介して行う英会話教室

(2) リバースチャージ方式による課税

　国外事業者が行う電気通信利用役務の提供のうち，例えばインターネットを介した広告の配信等，役務の性質や取引条件等からその役務の提供を受ける者が通常事業者に限られるものを「事業者向け電気通信利用役務の提供」といい，国内事業者（国外事業所を除く）が事業者向け電気通信利用役務の提供を受けた場合，その取引に係る消費税は，役務の提供をした者ではなく，役務の提供を受けた国内事業者（課税売上割合が95％以上である国内事業者を除く。）が申告・納税義務を負うこととされています。この課税方式を「リバースチャージ方式」といいます。

【リバースチャージ方式】

税務署

事業者向け取引に係る課税方式（リバースチャージ方式）

国内　国外

国内事業者〈納税義務者〉

申告納税　仕入税額控除

国外事業者

「事業者向け」のサービスについて，国内事業者が申告納税を行う。

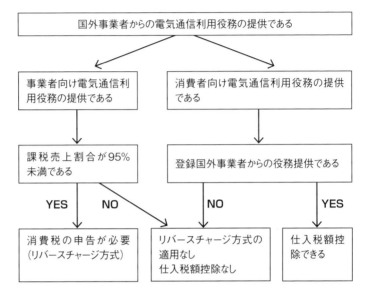

【国外事業者からの電気通信利用役務の提供に係る消費税の課税】

リバースチャージ方式では，その国内事業者は消費税を上乗せされることなく対価を支払って役務提供（以下「特定課税仕入れ」といいます。）を受け，その支払対価は，課税売上に計上される一方で，課税仕入れとして仕入税額控除の対象にもなります。

仕訳で示すと以下のようになります。

【リバースチャージ方式の仕訳例】

> 課税売上割合90％の国内事業者（一括比例配分方式を採用）が国外事業者からインターネットによる広告配信サービス（事業者向け電気通信役務の提供）を受けて対価10,000円を支払った場合

① 支払時

国外事業者との間で消費税の受払いはありませんが，仮払消費税と仮受消費税を同額で両建て計上します。

| （借） 広告宣伝費 | 10,000 | （貸） 現預金 | 10,000 |
| 仮払消費税 | 1,000 | 仮受消費税 | 1,000 |

② 決算時

特定課税仕入れの金額 10,000 円は課税標準額に含めるとともに，これに係る消費税相当額は課税仕入れ等の税額に含めて確定消費税額を計算します。

なお，課税売上割合の計算上は，特定課税仕入れの金額は考慮しません。

| （借） 仮受消費税 | 1,000 | （貸） 仮払消費税 | 1,000 |
| 租税公課（控除対象外消費税） | 100 | 未払消費税 | 100 |

※課税標準額に係る消費税額 = 10,000 × 10% = 1,000
　控除対象仕入税額 = 1,000 × 90%（課税売上割合） = 900
　控除対象外消費税 = 1,000 - 900 = 100

◆ 税務上のポイント

1. 消費税の納税義務者

(1) 納税義務

消費税の**納税義務者**は，原則として**基準期間**（原則として前々事業年度）における課税売上高が 1,000 万円を超える事業者です。消費税の納税義務を有する事業者を課税事業者といいます。

他方，基準期間における課税売上高が 1,000 万円以下の事業者は納税義務が免除されます。このような事業者を免税事業者といいます。

ただし，以下のようなケースは基準期間における課税売上高が 1,000 万円以下の事業者であっても納税義務は免除されません。

① 課税事業者を選択した場合

免税事業者が「消費税課税事業者選択届出書」を所轄税務署長に提出した場合には，その届出書の提出があった日の属する課税期間の翌課税期間（注）以

後の各課税期間については，課税事業者になることができます。ただし，課税事業者を選択した場合は最低2年の継続適用が強制されます。

(注) 事業開始，合併等があった場合は，その届出書の提出があった日の属する課税期間から課税事業者になることができます。

② 特定期間における課税売上高による納税義務の免除の特例

　法人のその事業年度に係る**特定期間**における課税売上高が1,000万円を超えるときは，納税義務は免除されません。

　なお，特定期間における課税売上高については，法人が特定期間中に支払った給与等の金額に代えることもできます。いずれかの一方の金額が1,000万円超であっても，他方の金額が1,000万円以下であるならば，免税事業者と判定されます。

KEYWORD

▶**基準期間：**納税義務があるかどうかを判定するための期間ことで法人の場合，原則として前々事業年度を指す。

▶**特定期間：**法人の場合，原則として，その事業年度の前事業年度開始の日以後6カ月の期間をいう。

【課税事業者・免税事業者】

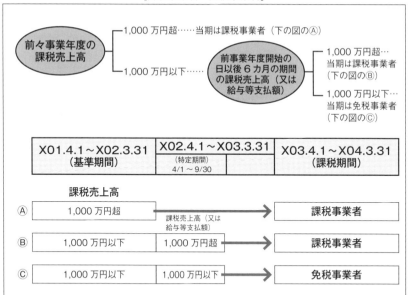

③ 特定新規設立法人の納税義務の免除の特例

次の(a)・(b)のいずれにも該当する新規設立法人については基準期間がない事業年度における納税義務は免除されません。

(a) その基準期間がない事業年度開始の日において、他の者によりその新規設立法人の株式等の50%超を直接又は間接に保有される場合等、一定の要件（特定要件）に該当すること

(b) 上記の特定要件の判定の基礎となった他の者及び一定の特殊な関係にある法人のうちいずれかの者（判定対象者）の基準期間相当期間における課税売上高が5億円を超えること

なお、特定新規設立法人に該当することとなった場合には、その旨を記載した届出書を速やかに納税地の所轄税務署長に提出しなければなりません。

(2) 免税事業者と課税事業者の税務上のメリット・デメリット

免税事業者の税務上のメリット・デメリットは次のとおりです。

	免税事業者	課税事業者
メリット	申告書の作成・提出，納付の義務なし ➡預かった消費税を収益にできる	還付申告できる（還付が受けられる）。
デメリット	還付申告できない（還付が受けられない）。 ➡支払った消費税はそのままコストになる	申告書の作成・提出，納付の義務あり

　輸出事業者のように，預かった消費税より支払った消費税が多い場合，免税事業者のままですと，還付を受けることはできません。この場合，課税事業者を選択することで，課税事業者になることができ，申告手続によって還付を受けることが可能となります。

2. 消費税の課税期間

　消費税の計算期間のことを課税期間といいます。法人の場合，課税期間は事業年度です。

　ただし，特例として「消費税課税期間特例選択・変更届出書」を提出することにより，課税期間を3月又は1月ごとに区分した期間に短縮することができます。この場合，その課税期間ごとに消費税額を計算して，申告・納付を行うことになりますので手間がかかりますが，輸出事業者のように，納付ではなく還付になるようなケースはこの短縮制度を利用することで，早く還付を受けて資金繰りを好転させることができます。

　なお，この課税期間の特例の適用を受けるためには適用を受けようとする課税期間の初日の前日までに届け出をする必要があります。また，課税期間の特例の適用をやめようとする場合もやめようとする課税期間の初日の前日までに届出をする必要がありますが，特例の効力が生じた日から2年間継続した後でなければ，課税期間の特例の適用をやめることはできません。

3. 消費税の税率

　消費税（国税）・地方消費税の税率は標準税率10%（国7.8%，地方2.2%），軽減税率8%（国6.24%，地方1.76%）の複数税率です。

軽減税率の適用対象

　軽減税率は，次の①及び②の品目が対象とされている。

① 飲食料品（酒類を除く。）

② 週2回以上発行される新聞（定期購読契約のもの）

　軽減税率の対象となる飲食料品とは，食品表示法に規定する食品（※1）をいい，一定の一体資産（※2）を含む。また，テイクアウトや出前・宅配のように単に飲食料品を届けるだけのものは軽減税率の対象となるが，外食（飲食店等での食事の提供）やケータリング（指定された場所で調理，給仕等の役務を伴う飲食料品の提供）は軽減税率の対象とはならない。

※1　食品表示法に規定する食品とは，人の飲用又は食用に供されるものをいい，医薬品，医薬部外品等が含まれず，食品衛生法に規定する添加物が含まれる。

※2　一体資産とは，例えばおもちゃ付きのお菓子など，食品と食品以外の資産があらかじめ一体となっている資産で，その一体となっている資産に係る価格のみが提示されているものをいい，一体資産のうち税抜価額が1万円以下であって，食品の価額の占める割合が2/3以上の場合に限り，その全体が軽減税率の対象となり，それ以外の場合は全体が標準税率の対象となる。

　企業は，たとえ軽減税率対象品目の売上がなくても，軽減税率対象品目の経費支出があることが普通である。軽減税率の対象であるかどうかは，領収書や請求書等の証憑に区分記載されているので，適用税率をよく確認して経理処理をする必要がある。

4. 消費税の計算方法

(1) 消費税の計算方法の概要

　消費税額は，課税売上げに係る消費税額（以下「売上税額」といいます。）から課税仕入れ等に係る消費税額を差し引く（これを「仕入税額控除」といいます。）ことにより計算します。

　「課税仕入れ等に係る消費税額」は，「国内において行った課税仕入れに係る消費税額」（以下「仕入税額」といいます。）と「特定課税仕入れに係る消費税額」と「課税貨物の引取りに係る消費税額」の合計です。

　なお，仕入税額控除は，一定の事項が記載された帳簿の保存とインボイス（適格請求書）の保存が要件となっています。

【消費税の計算方法】

※税率ごとに区分して計算します。

(2) 売上税額と仕入税額

　売上税額と仕入税額の計算は，それぞれ「積上げ計算」又は「割戻し計算」を選択することができます。ただし，売上税額につき積上げ計算を選択した場合は，仕入税額も積上げ計算しなければなりません。

【割戻し計算と積上げ計算】

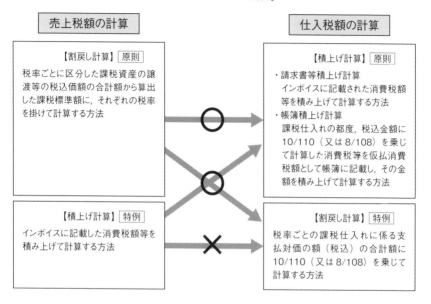

⑶ **特定課税仕入れに係る消費税額（リバースチャージ方式で課税される消費税）**

　前述（「電気通信利用役務の提供」に対する消費税の課税）のリバースチャージ方式で課税される場合に仕入税額控除の対象となる特定課税仕入れに係る消費税額です。

⑷ **課税貨物の引取りに係る消費税額（輸入消費税）**

　保税地域から引き取られる外国貨物には，消費税が課税されます。課税貨物を保税地域から引き取る者は，原則として引取りの時までに輸入申告書を提出し，消費税を納付しなければなりません。消費税額は以下のとおりです。

> 輸入消費税＝（CIF 価格＋関税）×消費税率
>
> 　※ CIF ＝商品価格（FOB 価格）＋輸入港までの運賃・保険料

　輸入消費税は，事業者の場合，消費税の確定申告時に税額控除をすることが

できます。

　この税額控除の適用を受けるためには，税関から交付された「輸入許可通知書」等を保存しておく必要があります。なお，納付期限の延長を受けて未納となっている輸入消費税額も仕入税額控除の対象となります。

(5) 仕入税額控除の計算

　売上税額から控除する課税仕入れ等に係る消費税額は，その課税期間中の課税売上高が5億円超または課税売上割合が95パーセント未満である場合は，課税仕入れ等に対する消費税額等の全額を控除することはできず，課税売上げに対応する部分の金額のみ控除できることになっています。

　課税売上げに対応する部分の金額は，下記の②個別対応方式か，③一括比例配分方式のいずれかの方法により計算します。

① 課税売上割合

　課税売上割合とは，全体の売上のうち課税売上高の占める割合のことで，以下の算式により計算します。なお，有価証券等及び金銭債権の譲渡（非課税売上高）については，課税売上割合の計算の際，その対価の額の全額ではなく，対価の5%相当額を使用することになっています。

【課税売上割合】

（分子）	課税資産の譲渡等の対価の額の合計額

$$課税売上割合＝\frac{課税売上高（税抜）＋輸出免税売上高}{課税売上高（税抜）＋輸出免税売上高＋非課税売上高}$$

（分母）	資産の譲渡等の対価の額の合計額

② 個別対応方式

　個別対応方式は，課税仕入れ等に係る消費税額を売上げとの対応関係（以下「用途区分」といいます。）に応じ，下の算式により仕入税額控除できる金額（「控除対象仕入税額」といいます。）を計算する方法です。個別対応方式を採用する場合，個々の取引を経理処理する際，消費税区分コード等により用途区分を記帳する必要があります。

【用途区分】

(ア) 課税売上げにのみ要する課税仕入れ等に係るもの
(イ) 非課税売上げにのみ要する課税仕入れ等に係るもの
(ウ) 課税売上げと非課税売上げに共通して要する課税仕入れ等に係るもの

〈算式〉

控除対象仕入税額 ＝ (ア) の消費税額＋((ウ) の消費税額×課税売上割合)

　この算式の考え方を図にすると次のようになります。

【個別対応方式】

課税仕入れ等に係る消費税額	ア 課税売上げにのみ対応するもの		控除対象仕入税額（控除する消費税額）
	ウ アとイの両方に共通するもの	課税売上割合であん分	
			控除できない消費税額
	イ 非課税売上げにのみ対応するもの		

③ 一括比例配分方式

　一括比例配分方式とは，課税仕入れ等に係る消費税額に課税売上割合を乗じて控除対象仕入税額を計算する方法です。

　個々の取引について用途区分の記帳がされていない場合は一括比例配分方式を適用することになります。また，用途区分の記帳がされている場合も，個別対応方式より一括比例配分方式の方が有利な場合は一括比例配分方式を選択す

ることができますが，いったん一括比例配分方式を選択したら少なくとも2年間は継続して適用する必要があります。

〈算式〉

| 控除対象仕入税額 ＝ （(ア) ＋ (イ) ＋ (ウ) の消費税額の合計）×課税売上割合 |

この算式の考え方を図にすると以下のようになります。

【一括比例配分方式】

| 課税仕入れ等に係る消費税額 | 課税期間中の課税仕入れ等に係る消費税額 | 課税売上割合であん分 | 控除対象仕入税額（控除する消費税額） |
| | | | 控除できない消費税額 |

(6) 簡易課税による仕入税額控除

原則的な控除対象仕入税額の計算は煩雑であることから，取引金額の小さい中小事業者向けに簡易課税制度が用意されています。簡易課税制度は，売上税額の一定割合を仕入税額とみなす方法です。

① 適用要件

次の要件を全て満たす必要があります。

【簡易課税の適用要件】

(a) 基準期間における課税売上高が5,000万円以下であること
(b) 簡易課税制度を適用しようとする課税期間の開始の日の前日までに税務署長に届出をすること

なお，簡易課税の適用を取りやめる場合は，取りやめようとする課税期間の開始の日の前日までに税務署長に届出をする必要があります。ただし，いったん簡易課税制度を選択したら最低2年間は継続しなければなりません。

また，簡易課税の選択をしていても，基準期間の課税売上高が5,000万円超となった場合，自動的に一般課税（原則課税）に移行することになります（その後，再び基準期間における課税売上高が5,000万円以下になった場合には自動的に簡易課税に戻ります）。

② 計算方法

次の算式により仕入税額を計算します。課税標準額に対する消費税額をもとに仕入税額を計算しますので，個々の課税仕入れの取引について，消費税の課税・非課税の記帳をする必要がありません。また，インボイスの保管も必要ありません。

〈算式〉

仕入税額＝課税標準額に対する消費税額×みなし仕入率

③ みなし仕入率

事業の種類		みなし仕入率
卸売業（第一種事業）	購入した商品を性質，形状を変更しないで，他の事業者に販売する事業をいいます。	90%
小売業等（第二種事業）	購入した商品を性質，形状を変更しないで，消費者に販売する事業をいいます。小売業のほか農業・林業・漁業（飲食料品の譲渡に係る事業）も第二種事業です。なお，製造小売業は第三種事業になります。	80%
製造業等（第三種事業）	農業・林業・漁業（飲食料品の譲渡に係る事業を除く。），鉱業，採石業，砂利採取業，建設業，製造業，製造小売業，電気業，ガス業，熱供給業，水道業をいいます。なお，加工賃等の料金を受け取って役務を提供する事業は第四種事業になります。	70%
飲食店業等（第四種事業）	第一種，第二種，第三種，第五種及び第六種以外の事業	60%
サービス業（第五種事業）	運輸通信業，金融業及び保険業，サービス業	50%
不動産業（第六種事業）	不動産業	40%

なお，2種類以上の事業を営んでいる場合には，原則として課税売上高を事

業の種類ごとに区分し，それぞれの事業区分ごとの課税売上高に係る消費税額にみなし仕入率を乗じて計算します（その他に特例計算もあります）。

Column 17　一般課税（原則課税）と簡易課税のメリット・デメリット

簡易課税の適用要件を満たしたとしても必ずしも簡易課税が有利であるとは言えないので下記のメリット・デメリットを比較検討し，決定する必要がある。

事業区分	一般課税（原則課税）	簡易課税
メリット	税額計算の結果，マイナスになった場合は還付される。	仕入税額控除の計算が簡易である。売上を確定することにより消費税額が確定する。
デメリット	事務負荷がかかる。また，仕入税額控除に関する帳簿・請求書の保存の必要がある。	税額計算の結果，マイナスになることはあり得ない（売上に係る消費税×みなし仕入率で税額控除を計算するため） ➡消費税が還付となることはない。

(7) 仕入税額控除の計算方法のまとめ

前項までに説明した仕入税額控除の計算方法をまとめると，以下のとおりとなります。

【仕入税額控除の４つの計算方法】

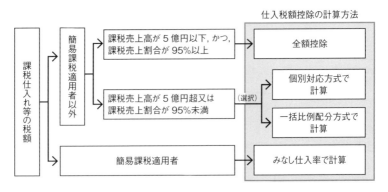

⑻ 値引き，返品，割戻し等（売上げに係る対価の返還等）を行った場合の税額の調整

　課税事業者は，課税売上げに係る値引き，返品，割戻し，販売奨励金の支払い，売上割引等があった場合，課税標準額は総売上高ベースで計算するとともに，売上値引き等に係る消費税額については別枠で税額控除します。

　なお，売上値引き等を売上高から減額する会計処理を継続して行っているときは，この処理も認められます。この場合，減額後の売上高をベースに課税標準額を計算することになりますので，税額控除はできません。

　この税額控除の適用を受けるには，売上げに係る対価の返還等をした金額の明細を記録した帳簿を課税期間の末日の翌日から2月を経過した日から7年間保存する必要があります。

⑼ 貸倒れに係る税額の調整

　課税売上げに係る売掛金その他の債権が貸倒れとなったときは，貸倒れとなった金額に対応する消費税額を貸倒れの発生した課税期間の課税標準額に対する消費税額から税額控除します。税額控除の対象となる貸倒れの範囲は，法人税法に規定する貸倒損失の計上基準と同様です。

　この税額控除の適用を受けるには，貸倒れのあった事実を証する書類を課税期間の末日の翌日から2月を経過した日から7年間保存する必要があります。

5. 控除できない消費税額等の処理（控除対象外消費税額等）

　税抜経理方式を採用している場合，その課税期間中の課税売上高が5億円超又は課税売上割合が95パーセント未満であるときは，仕入税額控除ができない仮払消費税等の額（これを「控除対象外消費税額等」といいます。）が生じることになります。

　この控除対象外消費税額等は，法人税法上，次に掲げる方法によって処理します。

(1) 資産に係る控除対象外消費税等

次のいずれかの方法によって損金の額に算入します。

① その資産の取得価額に算入し，それ以後の事業年度において償却費等として損金の額に算入します。

② ①の方法を選択しない場合で次のいずれかに該当する場合には，法人税法上は，損金経理を要件としてその事業年度の損金の額に算入します。

    (a) その事業年度の課税売上割合が80％以上であること。

    (b) 棚卸資産に係る控除対象外消費税額等であること。

    (c) 一の資産に係る控除対象外消費税額等が20万円未満であること。

③ ①，②に該当しない場合には，「繰延消費税額等」として資産計上し，5年以上の期間で損金経理により損金算入します。

〈算式〉

(a) 繰延消費税額等の生じた事業年度

$$損金算入限度額 = 繰延消費税額等 \times \frac{当期の月数}{60} \times \frac{1}{2}$$

(b) その後の事業年度

$$損金算入限度額 = 繰延消費税額等 \times \frac{当期の月数}{60}$$

(2) 資産に係るもの以外の控除対象外消費税等

全額をその事業年度の損金の額に算入します。

ただし，法人税の計算上，交際費等については，仕入税額控除ができなかった消費税の額は税抜きの本体価格に加算して損金不算入額を計算しますので注意が必要です。

6. インボイス（適格請求書）

インボイスは，正式には「適格請求書」といいます。インボイスは，ある取引の「売り手」が「買い手」に対して正確な適用税率や消費税額等を伝える役割があります。

以下，インボイス制度のもとでの「売り手」としての立場の留意点と「買い手」としての立場の留意点を整理します。

(1) 売り手の留意点（適格請求書発行事業者の義務）

適格請求書発行事業者には，以下の4つの義務が課されています。

【適格請求書発行事業者の義務】

① インボイスの交付
　取引の相手方の求めに応じて，適格請求書又は適格簡易請求書を交付すること　→ ※1，※2，※3，※4

② 適格返還請求書の交付
　返品や値引きなど，売上げに係る対価の返還等を行う場合に，適格返還請求書を交付すること（ただし，売上げに係る対価の返還等に係る税込価額が1万円未満である場合は交付義務は免除）→ ※5

③ 修正したインボイスの交付
　交付した適格請求書（又は適格簡易請求書，適格返還請求書）に誤りがあった場合に，修正した適格請求書（又は適格簡易請求書，適格返還請求書）を交付すること

④ 写しの保存
　交付した適格請求書（又は適格簡易請求書，適格返還請求書）の写しを保存すること（交付した日の課税期間の末日の翌日から2月を経過した日から7年間）

※1 インボイスの記載事項

インボイス（適格請求書）の様式は定められていませんが，適格請求書に記載しなければならない事項が６つ定められています。

このうち，⑤の消費税額等を計算する際の端数処理は，一の適格請求書につき，税率ごとに１回のみしか認められませんので，注意が必要です。

また，不特定多数の者に対して販売を行う小売業，飲食店業，タクシー業等に係る取引については，記載事項を一部簡略化した「適格簡易請求書」でもよいことになっています。

【インボイスの記載事項】

適格請求書	適格簡易請求書
① 適格請求書発行事業者の氏名又は名称及び登録番号 ② 取引年月日 ③ 取引内容（軽減税率の対象品目である場合はその旨も） ④ <u>税率ごとに区分して合計した対価の額（税抜き又は税込み）及び適用税率</u> ⑤ <u>税率ごとに区分した消費税額等</u> ⑥ 書類の交付を受ける事業者の氏名又は<u>名称</u>	① 適格請求書発行事業者の氏名又は名称及び登録番号 ② 取引年月日 ③ 取引内容（軽減税率の対象品目である場合はその旨も） ④ <u>税率ごとに区分して合計した対価の額（税抜き又は税込み）</u> ⑤ <u>税率ごとに区分した消費税額等又は適用税率</u>

【適格請求書】

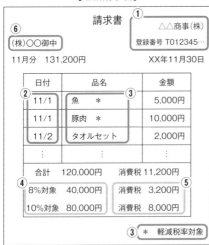

【適格簡易請求書】

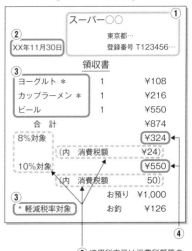

⑤ 適用税率又は消費税額等のどちらかを記載
　※両方記載することも可能

（出所　国税庁「適格請求書等保存方式の概要」）

※2 仕入明細書によるインボイス対応

　　インボイスは，売り手が買い手の求めに応じて発行するのが原則ですが，買い手が作成する一定の事項が記載された仕入明細書等に所定の事項を記載してインボイスとすることもできます。

　　この場合，仕入明細書には，課税仕入れの相手方（売り手）の名称と登録番号の記載が必要です。また，その仕入明細書は仕入れの相手方（売り手）の確認を受け，売り手と買い手の双方で保存する必要があります。

※3 複数書類によるインボイス対応

　　インボイスは，一の書類で要記載事項のすべてを満足する必要はなく，交付された複数の書類相互の関連が明確であり，適格請求書の交付対象となる取引内容を正確に認識できる方法（例えば，請求書に納品書番号を記載する方法など）で記載されていれば，その複数の書類によりインボイスの記載要件を満たすことができます。

　　また，事務所や駐車場の賃料など，賃貸借契約書に基づき口座振替等の方法で毎月定額の代金決済が行われるため，請求書の交付がないような取引の場合，例えば契約書に課税資産の譲渡等の年月日以外の事項が契約書に記載されているのであれば，契約書等とともに課税資産の譲渡等の年月日の事実を示す書類として通帳を併せて保存することにより仕入税額控除の要件を満たすこととなります。

※4 媒介者交付特例（交付方法の特例）

　　業務を委託する事業者（委託者）が媒介又は取次ぎに係る業務を行う者（媒介者等）を介して行う課税資産の譲渡等について，以下の要件を満たす場合には，媒介者等が自己の氏名又は名称及び登録番号を記載した適格請求書を委託者に代わって交付することができます。

【媒介者交付特例を適用するための要件】

---

① 委託者及び受託者が適格請求書発行事業者であること

② 委託者が受託者に，自己が適格請求書発行事業者の登録を受けている
　　旨を取引前までに通知していること

※5 適格返還請求書の記載事項

　　適格請求書発行事業者は，課税事業者に返品や値引き等の売上げに係る対価の返還等を行う場合，適格返還請求書を交付する義務が課されています。

　　適格返還請求書の記載事項は，次のとおりです。

【適格返還請求書の記載事項】

① 適格請求書発行事業者の氏名又は名称及び登録番号

② 売上げに係る対価の返還等を行う年月日

③ 売上げに係る対価の返還等の基となった取引を行った年月日

④ 売上げに係る対価の返還等の取引内容（軽減税率の対象品目である旨）

⑤ 税率ごとに区分して合計した対価の返還等の金額（税抜き又は税込み）

⑥ 売上げに係る対価の返還等の金額に係る消費税額等又は適用税率

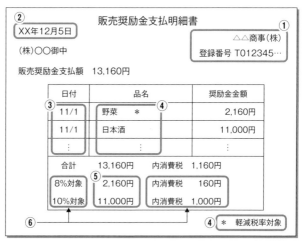

（出所　国税庁「適格請求書等保存方式の概要」）

Column 18　外貨建取引に係るインボイス

　　外貨建てによる取引（課税取引）の場合も，適格請求書に記載しなければならない事項は円貨による取引の場合と変わらないが，外貨と円貨のいずれで記載するかが問題となる。この点，基本的には外貨により記載することができるが，「税率ごとに区分した消費税額等」だけは円換算した金額で記載しなければならないこととされている。

　　「税率ごとに区分した消費税額等」の円換算の方法には，外貨ベースの対価の額を円換算後，消費税額等を算出する方法と外貨ベースで消費税額等（外貨）を算出後，円換算する方法とがある。

(2) 買い手の留意点（仕入税額控除の適用要件）

① 仕入税額控除の適用要件

　　仕入税額控除の適用要件は，一定の事項が記載された帳簿及び請求書等につき，課税期間の末日の翌日から2月を経過した日から7年間保存することです。

　　ただし，簡易課税制度を選択している場合は，課税期間における課税標準額に対する消費税額にみなし仕入率を掛けて計算した金額が控除対象仕入税額となりますので，適格請求書などの請求書等の保存は仕入税額控除の要件とはなりません。

② 保存すべき請求書等の範囲

　　保存が必要な請求書等は，次のとおりです。

【保存すべき請求書等】

・適格請求書又は適格簡易請求書
・適格請求書の記載事項が記載された仕入明細書，仕入計算書その他これに類する書類（課税仕入れの相手方において課税資産の譲渡等に該当するもので，相手方の確認を受けたものに限ります。）

売り手から交付を受けた適格請求書等の記載事項に誤りがあった場合，買い手は，売り手（適格請求書発行事業者）に対して修正した適格請求書又は適格簡易請求書の交付を求め，その交付を受けることにより，修正した適格請求書又は適格簡易請求書を保存する必要があります（自ら追記や修正を行うことはできません。）。

また，買い手において適格請求書の記載事項の誤りを修正した仕入明細書等を作成し，売り手である適格請求書発行事業者の確認を受けた上で，その仕入明細書等を保存することも可能です。

③ 帳簿の記載事項

仕入税額控除や売上対価の返還等の適用を受ける場合は，帳簿に一定の事項を記載する必要があります。帳簿に記載する事項は次の表のとおりです。

【帳簿の記載事項】

取引区分	記載事項
資産の譲渡等を行った場合	・取引の相手方の氏名・名称 ・取引年月日 ・取引内容，軽減税率の対象である場合はその旨 ・税率の異なるごとに区分した取引金額
売上返品，売上値引，売上割戻があった場合	・売上返品等にかかる相手方の氏名・名称 ・売上返品等にかかる年月日 ・売上返品等の内容，軽減税率の対象である場合はその旨 ・税率の異なるごとに区分した売上返品等に係る金額
仕入返品，仕入値引，仕入割戻があった場合	・仕入返品等にかかる相手方の氏名・名称 ・仕入返品等にかかる年月日 ・仕入返品等の内容，軽減税率の対象である場合はその旨 ・税率の異なるごとに区分した仕入返品等に係る金額
貸倒れがあった場合	・貸倒れの相手方の氏名・名称 ・貸倒れの年月日 ・貸倒れに係る資産又は役務の内容，軽減税率の対象である場合はその旨 ・税率の異なるごとに区分した貸倒れに係る金額
保税地域から課税貨物を引き取った場合	・納税地を所轄する税関長 ・課税貨物を保税地域から引き取った年月日 ・課税貨物の内容 ・課税貨物の引取りに係る消費税額及び地方消費税額又はその合計額

　また，次の取引については，請求書等の交付を受けることが困難であるなどの理由により，一定の事項を記載した帳簿の保存のみで仕入税額控除が認められます。

---

① 適格請求書の交付義務が免除される３万円未満の公共交通機関による旅客の運送

② 適格簡易請求書の記載事項（取引年月日を除きます。）が記載されている入場券等が使用の際に回収される取引

③ 古物営業を営む者の適格請求書発行事業者でない者からの古物の購入

④ 質屋を営む者の適格請求書発行事業者でない者からの質物の取得

⑤ 宅地建物取引業を営む者の適格請求書発行事業者でない者からの建物の購入

⑥ 適格請求書発行事業者でない者からの再生資源又は再生部品の購入

⑦ 適格請求書の交付義務が免除される３万円未満の自動販売機及び自動サービス機からの商品の購入等

⑧ 適格請求書の交付義務が免除される郵便切手類のみを対価とする郵便・貨物サービス（郵便ポストにより差し出されたものに限ります。）

⑨ 従業員等に支給する通常必要と認められる出張旅費等（出張旅費，宿泊費，日当及び通勤手当）

　この場合，帳簿の記載事項に関し，通常必要な記載事項に加え，たとえば次のように帳簿のみの保存で仕入税額控除が認められる仕入れである旨等の記載が必要となります。

・①に該当する場合　「３万円未満の鉄道料金」「公共交通機関特例」等

・②に該当する場合　「入場券等」等

・⑦に該当する場合　「○○市 自販機」,「××銀行□□支店 ATM」等）

・⑨に該当する場合　「出張旅費特例」等

7. 確定申告・納付

(1) 国内取引に係る申告・納付

課税事業者は課税期間ごとに課税期間の末日の翌日から2カ月以内に消費税と地方消費税の**確定申告書**を提出，納付金額を納付する必要があります。

但し，法人税の申告期限の延長の特例の適用を受けている法人は，消費税申告期限延長届出書を提出することにより消費税の確定申告期限を1カ月延長して法人税の申告期限と合わせることができます。

(2) 輸入取引に係る申告・納付

申告納税方式が適用される課税貨物（外国貨物のうち消費税が課税されるもの）を保税地域から引き取ろうとする者は，課税貨物を保税地域から引き取る時までに，その保税地域の所轄税関長に**輸入申告書**を提出するとともに，引き取る課税貨物に課される消費税額を納付しなければなりません。

(3) 納税方法

法人の場合，消費税の納税は，以下の方法が利用できます。

消費税等には国税分と地方税分とがありますが，合計額を一括して国に納付します。

① 金融機関，所轄税務署での納付書による現金納付

② ダイレクト納付（事前に届け出た指定口座からのe-Taxによる納税）

③ インターネットバンキングによる納付

※ 上記のほか，クレジットカード納付，スマホアプリ納付，コンビニ納付がありますが，いずれも納付できる金額に上限があります。また，振替納税（事前の届出口座からの自動引落し）は法人は利用できません。

8. 中間申告・納付

① 中間申告・納付義務

直前の課税期間の消費税額が48万円を超える法人は，下記の区分に従い，**中間申告・納付義務**があります。一方，48万円以下の事業者は中間申告は不

要ですが，所定の届出書を提出することにより，中間申告・納付を行うことも
できます（任意の中間申告・納付制度）。

直前の課税期間 の確定消費税額	48 万円超 400 万円以下	400 万円超 4,800 万円以下	4,800 万円超
中間申告の回数	年 1 回	年 3 回	年 11 回
中間申告期限， 納付期限	各中間申告の対象となる課税期間の末日の翌日から 2 カ月以内（※ 1）		
前年実績による 中間申告納付額	直前の課税期間の確定消費税額（※ 2）の 2 分の 1	直前の課税期間の確定消費税額の 4 分の 1	直前の課税期間の確定消費税額の 12 分の 1

（※ 1）年 11 回の中間申告における申告期限について，課税期間開始後の 1 カ月分は，
その課税期間開始の日から 2 カ月を経過した日から 2 カ月以内（例：3 月決算法
人の場合の 4 月分の申告期限は 7 月末日）とされています。但し，消費税の申告
期限の延長の特例の適用を受けている場合は，課税期間開始後の 2 カ月分は，そ
の課税期間開始の日から 3 カ月を経過した日から 2 カ月以内（例：3 月決算法人
の場合の 4 月・5 月分の申告期限は 8 月末日）となります。

（※ 2）確定消費税額とは，中間申告対象期間の末日までに確定した消費税の年税額で，
地方消費税は含みません。

② 中間申告の方法

中間申告は次のいずれかの方法を選択できます。

(a) 前年実績による方法

上記①の表に示すとおりです。

(b) 仮決算に基づく方法

中間申告対象期間を一課税期間とみなして税額計算し，申告する方法です。
例えば，課税売上高が前年度に比べ大きく落ち込むような場合，この方法を採
用すれば，中間納付額を減少させることができます。

この方法を選択する場合には，確定申告書の用紙を使用，付表も添付して提
出する必要があります。なお，仮決算に基づく方法を選択する場合，計算の結
果控除不足額が生じても還付にはなりません（控除不足額が生じた場合には，中
間納付税額が「0」となります）。また，仮決算に基づく中間申告書は，提出期限
を過ぎて提出することはできません。

◆ 内部統制上のポイント

1. インボイスの保管と帳簿の記載

　インボイス制度のもとで請求書等の保存や帳簿の記帳に関し注意すべき点は以下のとおりです。

【インボイス制度への対応に係るチェックポイント】

項目	チェックポイント
取引先の管理（取引先マスターの登録・更新）	・取引先は適格請求書発行事業者の登録をしているか
請求書等の交付	・取引先との間でどの証憑をインボイスとするか ・当社が発行する請求書等はインボイスの要件を満たしているか ・売上対価の返還等があった場合に，適格返還請求書を交付しているか ・インボイスの写しはどの部署が保存するのか，法定の年限の保存はされているか
請求書等の受領	・受領した請求書等はインボイスの要件を満たしているか ・インボイスを適切に保存しているか ・インボイスの要件はどの部署が確認・保存するのか
経理処理	・各経費処理の仕訳において消費税の課税コードはインボイスに対応して適切に入力されているか ・インボイスの交付を受けられない経費処理（免税事業者等との取引，公共交通機関の交通費，出張旅費等）について，帳簿に特例の適用を受ける旨が適切に記帳されているか ・免税事業者等との取引があった場合で，本体価格が「税抜価格＋控除対象外消費税」となる場合，交際費から除かれる5,000円以下の飲食費や資産計上等の判定は正しく行われているか

2. 月次決算でのチェック

　勘定科目ごと，税率区分ごとに本体価格とそれに係る仮受消費税等，仮払消費税等の金額とが税率見合いになっているか月次チェックします。

　特に，資産の譲渡，資産の取得があった場合は，消費税に係る本体価格が正しく計上されているか確認します。財務会計システムによって仕訳入力の仕方が区々なので注意が必要です。

【例 1】 器具備品を 11,000（消費税 10%込）で取得した場合

（誤）

（借） 器具備品【不課税】	11,000	（貸） 普通預金【不課税】	11,000

（正）

（借） 器具備品【課税 10%】	10,000	（貸） 普通預金【不課税】	10,000
仮払消費税	1,000		

【例 2】 保有する簿価 4,000 の器具備品を 10,000 で売却した場合

（誤）

（借） 普通預金【不課税】	10,000	（貸） 器具備品【不課税】	4,000
		固定資産売却益【課税 10%】	6,000

（正）

（借） 普通預金【不課税】	10,000	（貸） 器具備品【課税 10%】	4,000
		固定資産売却益【課税 10%】	6,000

※消費税の課税対象は売却益の 6,000 ではなく，譲渡対価は 10,000 です。財務会計システムによって，貸方の入力方法は区々であり，上記は一例です。

ズバリ，ここが実務ポイント！

▶消費税の各届出書は基本的にその適用を受けようとする事業年度開始の日の前日までという提出期限になっていることに注意。

▶会費，交際費などは取引内容によって課税か対象外（不課税）か判定が異なるため注意が必要（交際費の例では，接待交際費は原則，課税になるが，お祝い金は対象外（不課税）になるなど）。

▶売上に係る課税，非課税，免税，対象外（不課税）の判定に関しては課税売上割合の計算に関係してくるので，特に注意して判定していくことが必要。

▶インボイスは受領したものだけでなく，自社が交付したものも保存義務がある。

▶インボイスのない経費（公共交通機関の交通費，出張旅費，通勤手当等）について仕入税額控除をするためには特例適用の旨を帳簿に記載する必要がある。

索　引

【さ】

【し】

参考文献

・安部和彦著『税務調査と質問検査権の法知識 Q&A』（清文社）

・新井益太郎監修『ケース別勘定科目便覧』（ぎょうせい）

・一般社団法人　日本経済団体連合会　経済法規委員会企画部会『会社法施行規則及び会社計算規則による株式会社の各種書類のひな型（改訂版）』

・一般社団法人日本 CFO 協会企画『ＦＡＳＳ検定公式学習ガイド　2023 年版』（㈱CFO 本部）

・太田達也著『新会社法の完全解説』（税務研究会出版局）

・会計・監査ジャーナル 2007.5 月号『多賀谷充著・内部統制基準・実施基準の概要及びポイント解説』（日本公認会計士協会）

・角谷光一編『原価計算用語辞典』（同文舘）

・金児　昭著『「経理・財務＜上級＞」』（日本経済新聞社）

・金児　昭著『日本型「経理・財務」事典』（税務経理協会）

・金児　昭著『日本型 / 世界に広がる超やさしい経営会計』（税務経理協会）

・金児　昭著『日本型 / 世界に広がる超やさしい財務会計』（税務経理協会）

・金児　昭著『ビジネスゼミナール　会社「経理・財務」入門』（日本経済新聞社）

・金児　昭監修，中澤　進・石田　正著『包括利益経営　IFRS が迫る投資家視点の経営改革』（日経 BP 社）

・金児　昭監修，NTT ビジネスアソシエ㈱著『会社「経理・財務」の基本テキスト（三訂版）』（税務研究会出版局）

・金児　昭監修，NTT ビジネスアソシエ㈱著『会社「経理・財務」の基本テキストⅡステップアップ編』（税務研究会出版局）

・金児　昭総監修『CFO プロフェッショナル』Ⅰ～Ⅳ（㈱CFO 本部・㈱きんざい）

・㈱エイ・ジー・エスコンサルティング，ＡＧＳ税理士法人編『図解　経理マネージャーの業務マニュアル』（中央経済社）

・株式・社債実務研究会編『Q&A 株式・社債等の法務と税務』（新日本法規）

・監査法人トーマツ編『外貨建取引の経理入門』（中央経済社）

・監査法人トーマツ編『税効果会計の経理入門　第3版』（中央経済社）

・監査法人トーマツ編『デリバティブ取引の経理入門』（中央経済社）

・仰星監査法人著『会社経理実務辞典』（日本実業出版社）

・久保田政純編著『企業審査ハンドブック　第4版』（日本経済新聞社）

・金融広報中央委員会ウェブサイト『知るぽると』

　http://www.saveinfo.or.jp/index.html

・クリフィックス税理士法人・工藤雅俊著『超図解　ビジネス　最新会計基準入門　新版』
　（エクスメディア）

・経済産業省ウェブサイト『経理・財務サービス　スキルスタンダード』

　http://www.meti.go.jp/policy/servicepolicy/contents/management_support/files/
　keiri-zaimu.html

・経済産業省ウェブサイト『地域金融人材育成プログラム　テキスト』

　http://www.meti.go.jp/report/data/jinzai_ikusei2004_07.html

・公認会計士業務資料集第47号Ⅰ『経営委員会答申書・小規模会社が内部統制の評価を
　効率的に行う方法について検討されたい』（日本公認会計協会東京会）

・公認会計士業務資料集第48号Ⅰ『会計委員会答申書・財務報告に係る内部統制における
　「全社的な内部統制」及び「決算・財務報告プロセス統制」について，その整備・
　運用と評価の具体的方法を検討されたい』（日本公認会計協会東京会）

・小林磨寿美著『勘定科目別　法人税完全チェックマニュアル』（ぎょうせい）

・(財) 中小企業ベンチャー振興基金『企業情報開示書』

・ＣＳアカウンティング㈱編『改定版　経理・財務スキル検定　ＦＡＳＳ　テキスト＆
　問題集』（日本能率協会マネジメントセンター）

・ＣＳアカウンティング㈱編『4週間でマスターできる経理・財務基本テキスト』（税務
　経理協会）

・嶋津和明・樋口洋介・三重野研一著『ここからはじめる　図解・会計入門　会計処理
　の基礎と準備』（すばる舎）

・ジャスネットコミュニケーションズ㈱　編『経理実務の学校』テキスト

・新日本アーンストアンドヤング税理士法人『グループ法人税制・連結納税制度の実務ガイダンス』（中央経済社）

・新日本有限責任監査法人編『金融商品会計の実務（会計実務ライブラリー）』（中央経済社）

・新日本有限責任監査法人編『固定資産会計の実務（会計実務ライブラリー）』（中央経済社）

・新日本有限責任監査法人編『仕訳処理完全ガイド』（第一法規）

・鈴木　豊著『フローチャートでわかる経理のしくみ』（中央経済社）

・田中健二編『令和5年版図解消費税』（大蔵財務協会）

・田村雅俊・鈴木義則・佐藤昭雄編著『勘定科目別　仕訳処理ハンドブック』（清文社）

・蝶名林守編『令和5年版 図解法人税』（大蔵財務協会）

・出口秀樹税理士事務所編『はじめての税務調査100問100答』（明日香出版社）

・手塚仙夫著『取引別・勘定科目別　虚偽表示リスクを見抜く監査ノウハウ　第3版』（中央経済社）

・デットIR研究会編『デットIR入門　企業の資金調達と情報開示』（銀行研究社）

・東陽監査法人編『内部管理　実務ハンドブック　第4版』（中央経済社）

・中村慈美著『グループ法人税制の要点解説』（財団法人大蔵財務協会）

・中山　均著『図解部門のマネジメント　経理部管理者の仕事』（日本能率協会マネジメントセンター）

・仁木一彦，久保恵一著『図解　ひとめでわかる内部統制　第2版』（東洋経済新報社）

・日興コーディアル証券　ソリューション企画部編『図解証券投資の経理と税務』（中央経済社）

・日本公認会計士協会東京会編『相違点でみる会計と税務　実務ポイントQ&A』（清文社）

・日本証券業協会編『外務員必携』（日本証券業協会）

・堀　三芳監修，備後弘子・勝山武彦著『税理士のための法人税実務必携』（清文社）

・みずほ銀行　証券・信託業務部編著『私募債の実務　改訂版』（金融財政事情研究会）

・山本守之監修『法人税申告の実務全書』（日本実業出版社）

・有限責任監査法人トーマツ編『会計処理ハンドブック　第5版』（中央経済社）

・有限責任監査法人トーマツ編『トーマツ会計セレクション⑤連結会計』（清文社）

・優成監査法人編著『経理規程作成マニュアル』（税務経理協会）

・吉木伸彦・福田武彦・木村為義著『三訂版　税効果会計の実務がわかる本』（税務研究
　会出版局）

・渡辺昌昭監修『すぐに役立つ経理・財務実務全書』（日本実業出版社）

【監修者】

石田　正
<ruby>石<rt>いし</rt>田<rt>だ</rt></ruby>　<ruby>正<rt>ただし</rt></ruby>

公認会計士

一般社団法人 日本 CFO 協会主任研究委員

日本公認会計士協会組織内会計士協議会研修委員

[略歴]

1944 年東京生まれ。明治大学商学部卒業。

1972 年から 25 年間，アーサーヤング会計事務所（現アーンスト＆ヤング）及び朝日監査法人（現有限責任あずさ監査法人）にて日本及び米国基準の会計監査，財務アドバイザリー業務に従事，代表社員。監査法人在籍中に通算 10 年間，シンガポール及びロンドン事務所に駐在。1996 年以降，日本マクドナルド代表取締役副社長（CFO），セガサミーホールディングス専務取締役（CFO）を歴任。2011 年 2 月より 2022 年 6 月までカルビー株式会社常勤監査役を経て現職。

[著作等]

「人生 100 年時代を生き抜く 5 リテラシー」（生産性出版），「包括利益経営」（日経 PB 社），「IFRS 財務諸表の読み方」（中央経済社），「経理・財務実務マニュアル」（税務経理協会）執筆ならびに編著，「日経 BP 国際会計基準フォーラム」

講師など，セミナー・講演多数。

【執筆者】

青山　隆治　（担当：序章・1 章・19 章～ 28 章）
<ruby>青<rt>あお</rt>山<rt>やま</rt></ruby>　<ruby>隆<rt>りゅう</rt>治<rt>じ</rt></ruby>

税理士

税理士法人東京ユナイテッド所属

東京税理士会日本税務会計学会（国際部門）委員

[略歴]

1965 年京都市生まれ。大阪市立大学（現：大阪公立大学）経済学部卒業，筑波大学大学院ビジネス科学研究科博士前期課程修了。日本生命保険（主計部等），プライスウォーターハウスクーパースコンサルタント㈱，リソース・グローバル・プロフェッショナル・ジャ

パン㈱，独立経理・財務コンサルタント等を経て現職。30 年以上に及ぶグローバル企業等での財務会計・管理会計（FP&A）・税務・ファイナンス・内部監査・M&A・プロジェクトマネジメント等の経験から CFO 領域の課題解決に向けて手厚いサポートを行ってきた。また，産業能率大学大学院総合マネジメント研究科兼任教員，ビジネス・キャリア検定試験委員，経理・財務キャリアのコーチ等を歴任。

[著作等]

『外資系 CFO& コンサルタントが書いた外資系企業経理入門』（共著・2013 年・税務経理協会），『法人税実務マニュアル』（共著・2013 年・税務経理協会），『「経理・財務」用語事典』（共著・2016 年・税務経理協会），『キャリアアップを目指す人のための「経理・財務」実務マニュアルワークブック』（共著・2023 年・税務経理協会），「経理財務マネジャーのための英語力 UP 講座」（2019 年〜 2020 年・中央経済社『旬刊経理情報』連載）等がある。

馬場　一徳　（担当：2 章〜 5 章・8 章〜 9 章・15 章〜 16 章・18 章）

税理士

馬場一徳税理士事務所（メールアドレス：baba@office-baba.jp）

[略歴]

1965 年東京生まれ。一橋大学法学部卒業。筑波大学大学院ビジネス科学研究科博士前期課程修了。住友商事（株），住宅・都市整備公団，新創税理士法人等を経て，2007 年より馬場一徳税理士事務所を開業。平成 22 年〜平成 24 年に東京商工会議所窓口専門相談員（東京税理士会渋谷支部派遣）。令和 5 年〜東京税理士会理事（情報システム部委員）

[著作等]

『親が亡くなる前に知るべき相続の知識』（共著・2013 年・税務経理協会），『法人税実務マニュアル』（共著・2013 年・税務経理協会），『マンション建替えの法律と税務』（共著・2003 年・税務研究会出版局），『議事録・稟議書・契約書の書き方実務マニュアル』（共著・2015 年・税務経理協会），『「経理・財務」用語事典』（共著・2016 年・税務経理協会），『キャリアアップを目指す人のための「経理・財務」実務マニュアルワークブック』（共著・2023 年・税務経理協会）

奥秋 慎祐 おくあき しんすけ （担当：6章～7章・10章～14章・17章・29章）

公認会計士，税理士

サンセリテ会計事務所代表（メールアドレス：zeikin@sincerite-kaikei.jp）

［略歴］

東京生まれ。早稲田大学商学部卒業。22才で公認会計士2次試験に合格し，大手監査法人で上場企業の監査に携わる。その後，ロンドン留学を経て，少数精鋭の事務所に転職。そこで，中小企業，上場企業の税務，組織再編に取り組む。2008年に独立。

現在は，上場企業から中小企業，個人まで幅広いクライアントを持つユニークなオフィスを経営している。プライベートでは，2児の父として，「幸せな子育て」を実践しながら，クライアントの幸せと豊かさを様々な側面から応援している。早稲田大学商学部非常勤講師等を歴任。

［著作等］

『法人税実務マニュアル』（共著・2013年・税務経理協会）

『「経理・財務」用語事典』（共著・2016年・税務経理協会）

『キャリアアップを目指す人のための「経理・財務」実務マニュアルワークブック』（共著・2023年・税務経理協会）

ジャスネットコミュニケーションズ株式会社　http://www.jusnet.co.jp/

1996 年に公認会計士が創立。会計、税務、経理・財務分野に特化したプロフェッショナル・エージェンシー。

「会計プロフェッションの生涯価値の向上と、クライアントの価値創造への貢献を目指して。」

を企業理念とし、登録者一人ひとりのスキルやキャリアに応じて、様々な就・転職支援や教育サービスを提供。

登録者数は業界トップクラスの 65,000 名を超え、監査法人、税理士法人をはじめ 6,200 社を超える法人から支持を受けている。

季刊で発行する「アカウンタンツマガジン」は、日本の会計プロフェッションを牽引する、著名な公認会計士、税理士、CFO の素顔や生きざまに光をあて、その人生観・仕事観を紹介するヒューマンドキュメント誌。発行部数は 11,000 部を誇る。

簿記の知識と経理実務をつなぐ教育支援サービス「経理実務の学校（http://edu.jusnet. co.jp/）」を運営。2003 年より開始し、現在では日商簿記 3、2 級の試験対策から、日常経理、決算業務、管理会計など経理パーソンに役立つ 300 以上のセミナーや動画講座を提供し、受講者は業界、国を越えて広がり続けている。

キャリアアップを目指す人のための

「経理・財務」実務マニュアル 上 新版三訂版

2012年 4 月10日　初版発行
2013年11月10日　改訂版1刷発行
2015年11月10日　三訂版1刷発行
2018年12月30日　新版1刷発行
2022年 1 月30日　新版改訂版第1刷発行
2024年 3 月10日　新版三訂版第1刷発行

監修者	石田　正
著　者	青山隆治
	馬場一徳
	奥秋慎祐
発行者	大坪克行
発行所	株式会社 税務経理協会

〒161-0033東京都新宿区下落合1丁目1番3号
http://www.zeikei.co.jp
03-6304-0505

整版所	株式会社森の印刷屋
印刷所	光栄印刷株式会社
製本所	牧製本印刷株式会社

 本書についての
ご意見・ご感想はコチラ

http://www.zeikei.co.jp/contact/

ISBN 978-4-419-06970-4　C3034